软件和信息技术服务业IPO实务

天职国际会计师事务所（特殊普通合伙）行业专家委员会 ◎ 编著

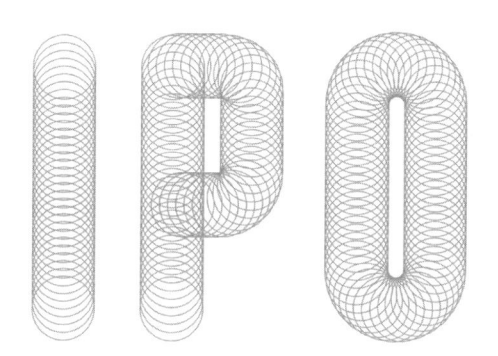

PRACTICE OF SOFTWARE AND
INFORMATION TECHNOLOGY SERVICES

中国市场出版社
China Market Press

·北京·

图书在版编目（CIP）数据

软件和信息技术服务业IPO实务：探寻审核关注要点 解锁问题应对思路 / 天职国际会计师事务所（特殊普通合伙）行业专家委员会编著. -- 北京：中国市场出版社有限公司, 2024.7. -- ISBN 978-7-5092-2575-2

I. F426.67；F719

中国国家版本馆CIP数据核字第2024VA5155号

软件和信息技术服务业IPO实务：探寻审核关注要点 解锁问题应对思路
RUANJIAN HE XINXIJISHU FUWUYE IPO SHIWU: TANXUN SHENHE GUANZHU YAODIAN JIESUO WENTI YINGDUI SILU

编　　著：	天职国际会计师事务所（特殊普通合伙）行业专家委员会
策划编辑：	白　琼
责任编辑：	张　瑶（zhangyao9903@126.com）
出版发行：	中国市场出版社 China Market Press
社　　址：	北京市西城区月坛北小街2号院3号楼（100837）
电　　话：	（010）68020337 / 68021338
网　　址：	http://www.scpress.cn
印　　刷：	河北鑫兆源印刷有限公司
规　　格：	170mm×240mm　16开本
版　　次：	2024年7月第1版
印　　张：	19.75
印　　次：	2024年7月第1次印刷
字　　数：	257千字
定　　价：	98.00元
书　　号：	ISBN 978-7-5092-2575-2

版权所有　侵权必究　　印装差错　负责调换

编委会

（按姓氏笔画排序）

主　　任：周　睿

主　　编：熊　赓

副 主 编：王　淇　　乐路萍　　冯俭专　　李冰慧　　齐红玉　　朱海琴
　　　　　闫丽娜　　周　垚　　谷云莉

参编人员：王　青　　王　娇　　王宇擎　　文冬梅　　刘　丹　　刘昶畅
　　　　　汪　娟　　张　磊　　张　琼　　张　科　　苏鸿辉　　周　芬
　　　　　赵钢锁　　侯钦青　　莫　伟　　袁　刚

前言
PREFACE

软件和信息技术服务业是国民经济和社会发展的基础性、先导性和战略性产业，是数字经济发展的基础，更是制造强国、网络强国、数字中国建设的关键支撑。发展软件和信息技术服务业，对于经济和社会发展具有重要的支撑和引领作用。

根据工业和信息化部数据，2023年，全国软件和信息技术服务业规模以上企业超3.8万家，累计完成软件业务收入123 258亿元，同比增长13.4%。受益于软件和信息技术服务业快速发展和预期持续向好，以及政策的大力支持，越来越多的软件企业通过IPO进入资本市场，2020年初至2023年底，共有142家软件和信息技术服务业企业发行上市。但是，由于商业模式的复杂性和技术密集的行业特点，软件企业受到IPO监管机构的重点关注。近几年，不少软件企业在IPO过程中因财务造假、会计处理不规范等违规行为被监管部门处罚，或者因信息披露不充分、板块定位不准确、内部控制存在缺陷，持续经营能力、业务真实性和合理性存疑等情况被否决而终止 IPO。

在此背景下，软件企业应如何进行业务规范，提高上市成功的可能性就显得尤为重要。本书在探讨软件和信息技术服务业行业特点、主要风险和发展趋势的基础上，通过梳理 IPO 发行条件、行业监管审核问询、被否案例、违规处罚等涉及的重点问题，总结分析了近几年行业 IPO 监管审核现状及主要关注点，以期帮助相关需求方更好地理解和应对 IPO 过程中可能面临的主要问题，助力拟申报企业提前进行业务和财务规范，提高信息披露的准确性和完整性，以提高上市成功的可能性，降低上市成本。同时，从审计角度，为注册会计师 IPO 核查提供具体应对思路，以有效降低审计风险。

本书的顺利出版离不开方方面面的支持和帮助，相关研究成果凝聚了天职国际会计师事务所（特殊普通合伙）行业专家委员会各位委员的汗水和智慧，书中的观点、思路、方法、案例等来自审计实务工作者多年实践经验的总结和升华，在此致以衷心的感谢！

限于研究视角与时间，书中难免有不足之处，敬请读者批评指正，与我们共同探讨、改进。

目 录

第一章 导 论 / 001

  第一节 研究背景和意义 / 003

    一、研究背景 / 003

    二、研究意义 / 005

  第二节 研究思路和内容 / 010

  第三节 研究创新和不足 / 011

第二章 行业概况 / 013

  第一节 行业发展状况 / 015

    一、行业发展的五个阶段 / 015

    二、近五年软件和信息技术服务业快速发展 / 016

  第二节 行业细分和产品类型 / 019

    一、行业细分 / 019

    二、产品分类 / 021

三、产业链特征 / 023

第三节 行业相关政策 / 025

　　一、主要法律法规 / 025

　　二、相关产业政策 / 026

第四节 行业风险、发展趋势及挑战 / 031

　　一、行业主要风险 / 031

　　二、行业发展趋势 / 035

　　三、行业发展面临的挑战 / 036

第三章　行业 IPO 审核现状及总体分析 / 039

第一节 IPO 发行条件、上市审核流程及主要关注点 / 041

　　一、IPO 发行条件 / 041

　　二、上市审核流程 / 043

　　三、IPO 审核主要关注点 / 045

第二节 行业 IPO 审核问询问题统计分析 / 048

第三节 行业 IPO 被否案例相关重点问题 / 050

第四节 行业 IPO 违规处罚涉及的关键事项 / 056

第五节 小　结 / 061

第四章　行业主要业务循环审核要点及应对 / 063

第一节 销售收款业务循环 / 065

　　一、销售业务模式概述 / 065

　　二、销售业务活动内部控制 / 072

　　三、收入审核要点及应对 / 073

第二节 成本支出业务循环 / 114

　　一、成本支出概述 / 114

目录

　　二、成本核算内部控制 / 119

　　三、营业成本审核要点及应对 / 120

第三节　研发活动业务循环 / 146

　　一、研发业务概述 / 146

　　二、研发项目内部控制 / 155

　　三、研发活动审核要点及应对 / 156

第五章　行业财务事项审核要点及应对 / 175

第一节　企业合并及商誉 / 177

　　一、企业合并及商誉概况 / 177

　　二、IPO审核关注要点 / 178

　　三、审计应对思路 / 179

　　四、实务案例 / 180

第二节　行业收入季节性 / 185

　　一、行业上市公司收入季节性概述 / 185

　　二、IPO审核关注要点 / 186

　　三、审计应对思路 / 187

　　四、实务案例 / 188

第三节　业绩波动 / 190

　　一、业绩波动概述 / 190

　　二、IPO审核关注要点 / 190

　　三、审计应对思路 / 191

　　四、实务案例 / 192

第四节　财务数据逻辑关系异常 / 196

　　一、财务数据逻辑关系概述 / 196

　　二、IPO财务分析的整体思路 / 196

三、IPO 审核关注要点 / 197

四、审计应对思路 / 198

五、实务案例 / 199

第五节　税收优惠 / 203

一、行业税收优惠政策 / 203

二、IPO 审核关注要点 / 207

三、审计应对思路 / 209

四、实务案例 / 210

第六节　政府课题项目 / 213

一、政府课题项目概述 / 213

二、IPO 审核关注要点 / 216

三、审计应对思路 / 216

四、实务案例 / 217

第六章　行业技术与合规性审核要点及应对 / 221

第一节　板块定位与核心技术 / 223

一、板块定位及科创属性 / 223

二、核心技术 / 233

第二节　数据合规性和安全性 / 242

一、数据合规性 / 242

二、数据安全性 / 249

第三节　劳务派遣和劳务外包合规性 / 258

一、劳务派遣和劳务外包概述 / 258

二、IPO 审核关注要点 / 261

三、审计应对思路 / 262

四、实务案例 / 263

第四节　招投标合规性 / 265
　　一、招投标合规性概述 / 265
　　二、IPO 审核关注要点 / 269
　　三、审计应对思路 / 269
　　四、实务案例 / 270
第五节　未签合同先行实施项目 / 274
　　一、IPO 审核关注要点 / 274
　　二、审计应对思路 / 275
　　三、实务案例 / 276
第六节　信息系统 / 279
　　一、IPO 审核关注要点 / 281
　　二、审计应对思路 / 284
　　三、实务案例 / 286

附　　录 / 289
参考文献 / 302
准则索引 / 303
后　　记 / 304

第一章
导 论

IPO Practice of
Software and Information
Technology Services

第一章　导　论

第一节　研究背景和意义

一、研究背景

当今世界，无论生活还是工作，都已离不开软件。软件已经切切实实地嵌入我们生活和工作的方方面面，为我们提供丰富多彩的生活方式，也造就了庞大的软件与信息技术服务产业。随着信息技术的快速发展，软件与信息技术服务业成为当下经济中最具活力和潜力的行业之一，更是我国国民经济和社会发展的基础性、先导性和战略性产业，对经济社会发展具有重要的支撑和引领作用。近年来，国家陆续发布了多项政策鼓励和支持软件产业的发展和应用，习近平总书记在中共中央政治局第三十四次集体学习时强调，"要全面推进产业化、规模化应用，重点突破关键软件，推动软件产业做大做强，提升关键软件技术创新和供给能力"。软件是新一代信息技术的灵魂，是数字经济发展的基础，是制造强国、网络强国、数字中国建设的关键支撑。发展软件和信息技术服务业，对于加快建设现代产业体系具有重要意义。

工业与信息化部（以下简称工信部）的经济运行数据显示，2023 年，全国软件和信息技术服务业规模以上企业超 3.8 万家，累计完成软件业务收入 123 258 亿元，同比增长 13.4%。软件和信息技术服务业在国民经济中的地位也日益重要，2019—2023 年软件和信息技术服务业收入占我国 GDP 的比重从 6.86% 上升至 9.78%，即使在疫情期间也保持了较高增速。

| 软件和信息技术服务业 IPO 实务 |

受益于软件和信息技术服务业快速发展与预期持续向好，以及政策的大力支持，越来越多的软件企业通过 IPO 进入资本市场，2020 年初至 2023 年底，共有 142 家软件和信息技术服务业企业发行上市。和传统行业相比，软件和信息技术服务业具有很多特性，如产品更新换代快、资本密集、知识密集、技术密集、高投入、高产出等，这些行业特点使得软件企业的研发支出、人工成本等运营成本相对较高。由于前期投入大，且短时间内盈利困难，软件企业经营发展亟须金融资本介入，而上市是比较理想的融资方式，软件企业可以借助资本市场的力量拓宽融资渠道，降低融资成本，扩大业务规模，提升企业竞争力。IPO 是一个系统规范的过程，对申报企业各方面都有着很高的要求和严格的审查，只有各方面都符合要求的企业才有资格上市，因此企业规范化运作成为 IPO 成功的重要因素。

软件和信息技术服务业由于商业模式的复杂性和技术密集的行业特点受到 IPO 监管部门的重点关注。近几年，不少软件企业在 IPO 过程中因财务造假、会计处理不规范等违规行为被监管部门处罚，也有一些软件企业因信息披露不充分、板块定位不准确、内部控制存在缺陷，持续经营能力、业务真实性和合理性存疑等情况被否决而终止 IPO。主要原因在于：一方面，监管部门不断完善规章、政策文件和标准文件，为申报企业提供明确和细化的指引。同时，相关部门的监管反应速度越来越及时，监管层面对违法查处的力度也越来越大。行业监管政策和法规较多，加上市场变化快，软件产品迭代升级快，监管部门对软件企业 IPO 的审核要求日益趋严。另一方面，由于商业模式众多且较为复杂，软件企业面临很多特殊问题。软件企业常见的商业模式有标准软件模式、系统集成模式、企业解决方案模式、软件即服务模式和软件与信息服务外包模式等；在同一模式下又区分不同的销售方式，如软件产品销售、软件订阅、付费升级服务等。每种商业模式通常涉及复杂的合同安排，如软件许可、服务、维护等，对收入确认和合规性要求提出特殊挑战。此外，技术密集的行业特点使得软件企业必须在研发活动、板块定位、核心技术情况、数据合规和数据安全、信息系统等方面予以特殊关注和管理。

在此背景下，软件企业应如何进行业务规范、提高上市成功的可能性就显得尤为重要，包括上市前应经过哪些流程，了解哪些问题，披露哪些内容，关注哪些事项，尤其是与行业相关的特殊事项，如复杂的商业模式、财务规范性要求、板块选择、知识产权保护、技术风险控制等，以及通过自我评估或者其他中介机构核查发现不合规问题时如何及时整改等。同时，现阶段因发行人违规行为导致保荐人、申报会计师同时被监管部门处罚的案例层出不穷，使得 IPO 审计难度也越来越大，审计机构会计师如何把握软件和信息技术服务业企业 IPO 审核重点，并采取应对措施以降低审计风险、提高审计质量，也亟待深入研究。

二、研究意义

本书在探讨软件和信息技术服务业行业特点、主要风险和发展趋势的基础上，总结分析了近几年行业 IPO 审核的现状及主要关注点，以期帮助相关需求方更好地理解和应对 IPO 过程中可能面临的主要问题，助力拟申报企业提前进行业务和财务规范，提高信息披露的准确性和完整性。同时，从审计角度，为注册会计师 IPO 核查提供了具体应对思路，以有效降低审计风险。

（一）对审计机构的借鉴意义

本书从主要业务循环、财务事项和技术与合规性等三大方面涉及的 15 个具体事项角度，详细讨论了软件和信息技术服务业 IPO 审核关注要点，为

IPO 过程中会计师核查事项提供了方向，并针对每一个具体事项提出详细的审计程序。本书可以帮助会计师更好地理解软件和信息技术服务业的行业特殊性和复杂性，降低审计风险，提高审计质量，增强投资者对软件企业的信心，保护投资者的合法权益，维护市场秩序。

（二）对拟申报企业的参考价值

拟申报企业可以根据本书总结的 IPO 审核关注要点进行自我评估，确保其业务规范运作和财务合规处理，提高上市成功的可能性，降低上市成本。

1. 主要业务循环

（1）销售收款业务循环方面，软件企业应当清晰展示其业务模式，突出企业的竞争优势和可持续性发展能力，增强投资者信心，并区分各业务模式的收入确认方式和时点，以及关注质保条款相关的特定交易的会计处理，以确保收入确认的准确性。

（2）成本支出循环方面，本书对软件企业的人工成本、系统集成业务成本和合同履约成本核算进行了阐述。软件企业应当按部门或项目对人工成本进行归集、核算，并合理、完整、恰当地核算系统集成业务成本和合同履约成本，保证成本核算与实际业务情况相匹配。

（3）研发活动循环方面，本书总结了软件企业研发费用的归集与分摊、研发费用资本化的关注要点。软件企业应当合理认定研发人员，明晰研发岗位职责，有理有据调动研发人员，真实、准确地核算研发费用，谨慎、合理地选择研发费用资本化的具体时点。

2. 财务事项

（1）企业合并和商誉方面，软件企业应严格按照企业会计准则合理确认和计量合并商誉，且每年年终应进行商誉减值测试，商誉减值测试中使用的各项参数的确定依据应当是合理的，如收入增长率、毛利率、净利率、折现率、资产组的划分等。

（2）行业收入季节性方面，软件企业应当充分关注自身销售是否存在一定的季节性特征，通过研究产品的销售区域和对象、企业的行业地位及竞争对手，结合行业变化、新客户开发、新产品研发等情况，分析自身各期收入波动趋势是否与行业淡旺季一致、收入的变动与行业发展趋势是否一致，以及收入变动是否符合市场同期的变化情况等。

（3）业绩波动方面，软件企业应当关注自身经营业绩的变化，充分披露经营业绩的波动风险，分析经营能力或经营环境发生变化的具体原因，变化的时间节点、趋势方向、具体影响程度，并积极采取应对措施。对于受特殊因素影响导致行业整体下滑的情形，软件企业应当关注相关因素影响的程度与持续性，以及业绩下滑情况与行业趋势是否一致。

（4）税收优惠方面，软件企业应当关注税收优惠风险，培养独立面对市场竞争的能力，避免对税收优惠形成依赖；在享受税收优惠时，应当符合各项税收优惠政策的条件，获得主管税务机关的批准及相关证明。

（5）政府课题方面，在判断政府课题经费应适用哪类准则时，软件企业应当根据相关企业会计准则的规定及收入、政府补助的特征，充分考虑交易是否具有商业实质、是否需要交付成果以及交付的成果的权属。

3. 技术与合规性事项

（1）板块定位与核心技术方面，软件企业在选择上市板块时需要结合多个因素进行考虑，包括所处行业领域、主营业务构成、业务模式、核心技术、财务指标状况等，以此综合考虑板块适配性。例如，拟在科创板上市的应当满足科创属性。软件企业应持续加大研发投入、开拓市场、提高产品服务水平以适应未来市场竞争格局，避免核心技术长期受制于人。

（2）数据合规性和安全性方面，软件企业应当确保数据的收集和使用符合法律法规的要求，并构建完整合理的数据安全治理体系，运用技术和管理措施来保护数据不受威胁。同时，软件企业对于个人或用户信息的收集应当具备合理性、必要性。

（3）劳务外包和劳务派遣合规性方面，根据已过会公司关于劳务派遣超比例的整改经验，将劳务派遣真实有效地转化为劳务外包是目前普遍采用的做法。因不同区域对劳务外包监管政策的差异，软件企业在进行调整时需要格外关注地方劳务外包监管政策，或咨询当地劳动监管部门确认是否认可该工作模式。

（4）招投标合规性方面，软件企业为获取订单或项目履行的招投标程序应当合法合规。未签合同先行实施项目的，软件企业需要根据不同情况做出相应会计处理：①根据中标说明书、客户的约定书、商业沟通资料等证据，证明后续签署合同确定性非常大的情况下，项目实施的支出直接计入存货，等后续符合收入确认的情况下直接结转成本；②如果根据相关资料，不能非常确定后续可以签订合同，相关支出直接计入费用。

（5）信息系统方面，软件企业应当建立健全信息系统内部控制体系，保证信息系统建设的合法合规性、内部控制有效性、信息系统安全性、业务流程合理有效性以及信息系统运行的经济性。同时，软件企业也需要在IPO过程中，根据自身的业务模式以及依赖信息系统的程度来考虑是否需要进行信息系统核查，并根据核查要求和范围提前进行准备。

此外，对以上各项业务行为的规范，企业均需要建立健全的内部控制机制予以保障，包括但不限于人力资源、社会责任、企业文化、资金活动、采购业务、资产管理、销售业务、研究与开发、工程项目、担保业务、业务外包、财务报告、全面预算、合同管理、信息系统等方面，并关注自身制度或流程的设计是否科学、合理，相关制度或流程的运行是否有效，以保证财务信息和业务数据的真实性和可靠性。

第二节　研究思路和内容

本书在介绍软件和信息技术服务业发展状况、行业细分和产品类型、行业政策以及行业主要风险和发展趋势等基本情况的基础上，通过梳理 IPO 发行条件、行业监管审核问询、被否案例、违规处罚等涉及的重点问题，总结了软件和信息技术服务业企业 IPO 过程中的监管审核关注要点，主要体现在主要业务循环、财务事项和技术与合规性事项三大方面。

在此基础上，从行业主要业务及特征出发，围绕上述三大方面的 15 个具体事项可能遇到的问题展开详细的讨论和分析，总结软件企业 IPO 审核具体关注要点，提出审计应对思路。其中，主要业务循环方面，主要分析了行业销售活动、成本支出、研发活动等 3 个事项；财务事项方面，主要包括合并和商誉、行业收入季节性、业绩波动、财务数据逻辑关系异常、税收优惠及政府课题项目等 6 个事项；技术与合规性事项方面，重点讨论了板块定位与核心技术、数据合规性和安全、劳务外包和劳务派遣合规性、招投标合规性、未签合同先行实施项目、信息系统等 6 个事项。

第三节 研究创新和不足

本书首次从审计角度，探讨了软件和信息技术服务业 IPO 审核关注要点和解决问题应对思路，以期能够对行业拟 IPO 企业、审计机构和其他相关人员理解软件和信息技术服务业 IPO 理论和实务有所裨益。

另外，书中难免有不足之处。一方面，本书专注于审计视角，对于企业自身财务和业务规范内容的研究不够直接和深入，拟申报企业只能间接根据上述审核要点和思路来理解、评估和应对自身 IPO 过程中遇到的问题。另一方面，本书总结的 IPO 审核关注事项和具体要点可能不够全面，列举的审计程序也可能不够完善，敬请各界人士不吝斧正。未来我们将持续关注行业动态，不断更新我们的知识和见解，与众多研究者一同努力，提供更多有价值的研究，为行业的发展贡献更多力量！

第二章
行业概况

IPO Practice of
Software and Information
Technology Services

第二章 行业概况

第一节 行业发展状况

一、行业发展的五个阶段

我国软件和信息技术服务业启蒙于20世纪50年代，当时的软件主要依附于计算机硬件，为特定的需求服务，逐步发展至今，已经成为国家先导性、支柱性和战略性产业。软件和信息技术服务业从无到有、从小到大，经历了启蒙阶段、起步阶段、快速发展阶段、规模化发展阶段和发展壮大阶段，如图2-1所示。

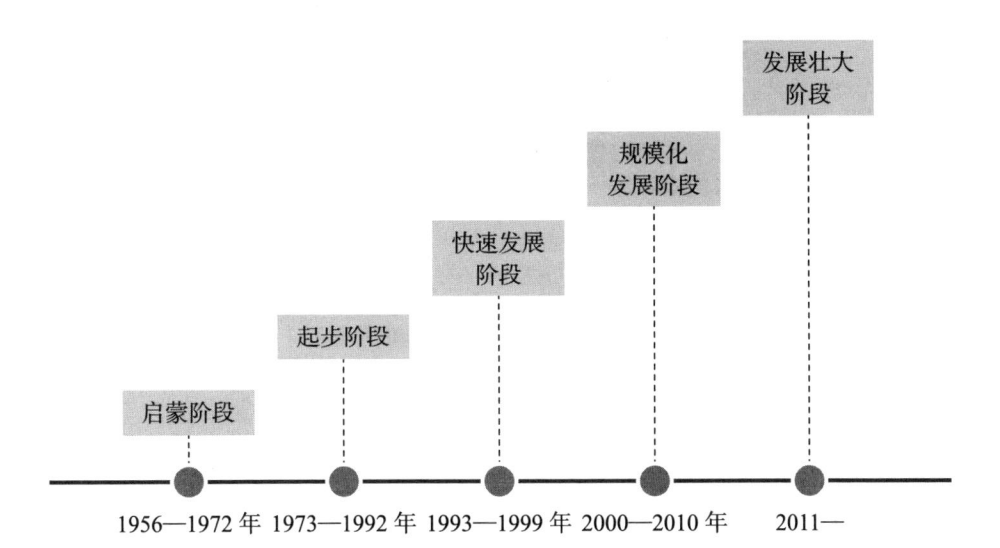

图2-1 软件和信息技术服务业发展历程

资料来源：前瞻产业研究院。

启蒙阶段（1956—1972 年）：软件依附于计算机工业的发展，软件随硬件的发展不断进行创新，主要在科研和军工范围内应用。

起步阶段（1973—1992 年）：在政策引导下，软件技术创新步伐加快，应用领域不断拓宽，初步形成覆盖整个产业链的产品体系，软件产业实现了从无到有的飞跃。

快速发展阶段（1993—1999 年）：信息基础设施全面建设，国内外软件企业竞争激烈，软件产业初具规模。

规模化发展阶段（2000—2010 年）：一系列政策的出台，营造了良好的发展环境，极大促进了软件和信息技术服务业的发展，迅速形成一批规模化企业，大量新技术、新产品出现，产业规模不断扩大，成为战略性、先导性产业，开启了软件产业第一个"黄金十年"。

发展壮大阶段（2011 年至今）：软件和信息技术服务业规模及质量全面跃升，企业数量、从业人员和盈利能力不断提升，技术和产品创新加快，与各行业深度融合，成为推动社会经济发展的重要驱动力。

二、近五年软件和信息技术服务业快速发展

依据工信部统计数据，如图 2-2 所示，2019—2023 年期间，我国软件和信息技术服务业运行态势平稳向好，软件业务收入保持高速增长，增长率均在 10% 以上，盈利能力稳步提升。

软件和信息技术服务业在国民经济中的地位也日益重要，图 2-3 显示，2019—2023 年，软件和信息技术服务业收入占我国 GDP 的比重从 6.86% 上升至 9.78%，即使在疫情期间也保持了较高增速。

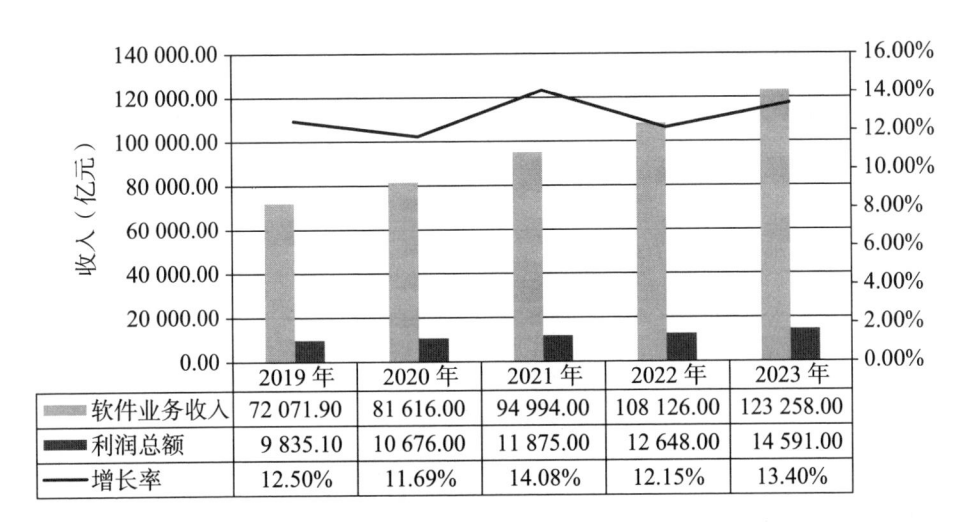

	2019 年	2020 年	2021 年	2022 年	2023 年
软件业务收入	72 071.90	81 616.00	94 994.00	108 126.00	123 258.00
利润总额	9 835.10	10 676.00	11 875.00	12 648.00	14 591.00
增长率	12.50%	11.69%	14.08%	12.15%	13.40%

图 2-2　2019—2023 年软件和信息技术服务业收入增长情况

资料来源：工信部。

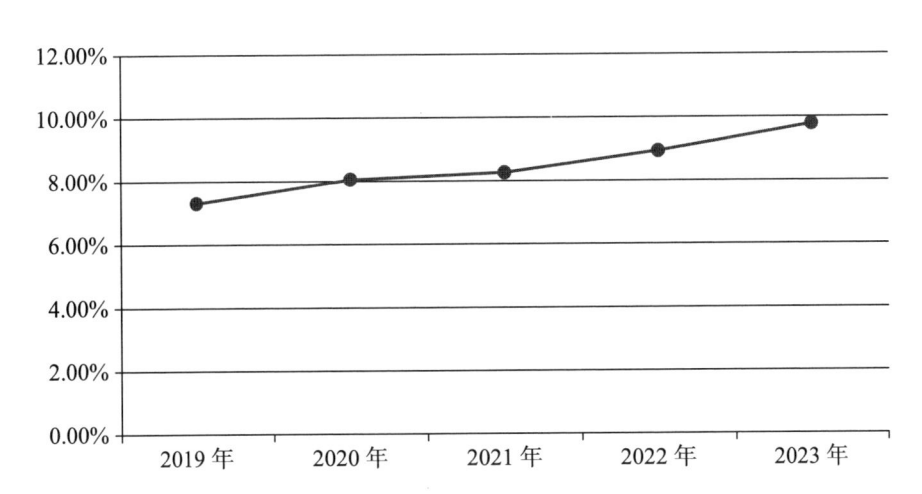

图 2-3　2019—2023 年软件和信息技术服务业收入占 GDP 比重

资料来源：工信部。

软件和信息技术服务业行业收入分领域情况如下：根据工信部统计数据，2023 年，软件产品收入 29 030 亿元，其中，工业软件产品实现收入 2 824 亿元。信息技术服务收入 81 226 亿元，其中，云服务、大数据服务共实现收入 12 470 亿元，占信息技术服务收入的 15.4%；集成电路设计实现收入 3 069 亿元；电子商务平台技术服务实现收入 11 789 亿元。信息安全产品和服务实现收入 2 232 亿元。嵌入式系统软件实现收入 10 770 亿元。图 2-4 展示了 2023 年不同领域的收入占比情况。

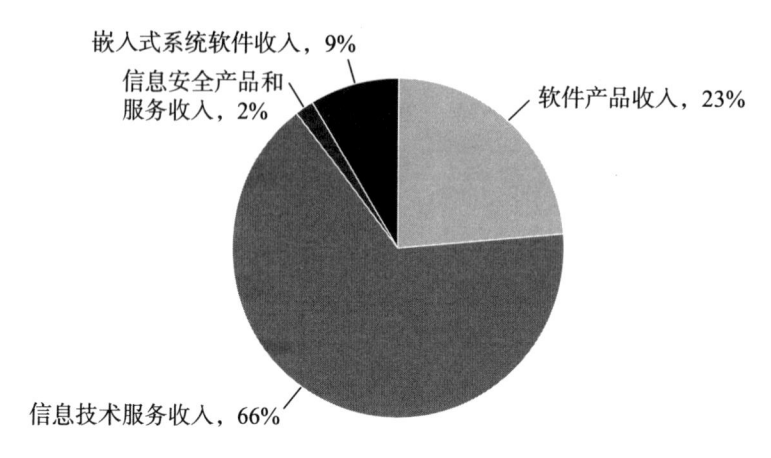

图 2-4　2023 年软件和信息技术服务业分类收入占比情况

资料来源：工信部。

第二节 行业细分和产品类型

软件和信息技术服务业是指利用计算机、通信网络等技术对信息进行生产、收集、处理、加工、存储、运输、检索和利用,并提供信息服务的业务活动。

一、行业细分

根据《2017 年国民经济行业分类》,软件和信息技术服务业主要可以分为软件开发(651)、集成电路设计(652)、信息系统集成和物联网技术服务(653)等八类,如表 2-1 所示。

表 2-1
软件和信息技术服务业的分类

大类	中类	小类
软件和信息技术服务业	软件开发	基础软件开发
		支撑软件开发
		应用软件开发
		其他软件开发
	集成电路设计	
	信息系统集成和物联网技术服务	信息系统集成服务
		物联网技术服务
	运行维护服务	
	信息处理和存储支持服务	
	信息技术咨询服务	
	数字内容服务	地理遥感信息服务
		动漫、游戏数字内容服务
		其他数字内容服务

续表

大类	中类	小类
软件和信息技术服务业	其他信息技术服务业	呼叫中心
		其他未列明信息技术服务业

目前，市面上软件开发企业按业务类型，一般可以分为项目型、产品型和平台型三种，不同业务类型的特点详见图2-5，用友网络（600588）的业务模式则涵盖了这三种类型。

（1）项目型企业。主要是指企业接受客户委托，按客户要求开发适合客户需求的产品，例如华是科技（301218）、云鼎科技（000409）。该类软件企业以企业客户为主，产品项目通常较为复杂、庞大，需解决客户大量个性化定制问题。该业务模式帮助客户实施应用，包括服务器搭建、基础数据设置、分阶段培训、试运行、正式运行等。过程中还需对客户新提出的各种定制化需求再开发、再调试。项目结算方面，通常按合同约定付款，一般按进度设置多次付款。项目型主要产品有系统集成业务、定制软件等。

（2）产品型企业。是指企业开发出产品，卖给多个目标客户合用，具有通用性，例如浩辰软件（688657）、博思软件（300525）。该类软件企业的产品标准化程度高，应用较为简单，多是解决某个特定的业务点问题，不涉及业务流程方面的管理，可通过光盘、网络下载等方式交付。该类产品多是针对某一类客户群体（而非某一特定客户）开发的通用性产品。这种模式下，客户无特别多的个性化需求，因此产品交付快、回款快。产品型主要产品有标准软件等。

（3）平台型企业。是指企业利用互联网等技术手段，打造一个开放、共享的商业模式，通过整合资源和提供服务，促成多方用户之间的交互和交易，例如光云科技（688365）、税友股份（603171）。此类软件企业的产品一般已配置好客户所需大部分功能，对技术人员要求较低，可直接使用。平台型产品可以改变客户的消费习惯，例如将客户业务整体搬到线上。支付结算方面，客户可按需、按次付费，无须一次性大额付费，因此营收相对稳定。平台型主要产品有 SaaS 等。

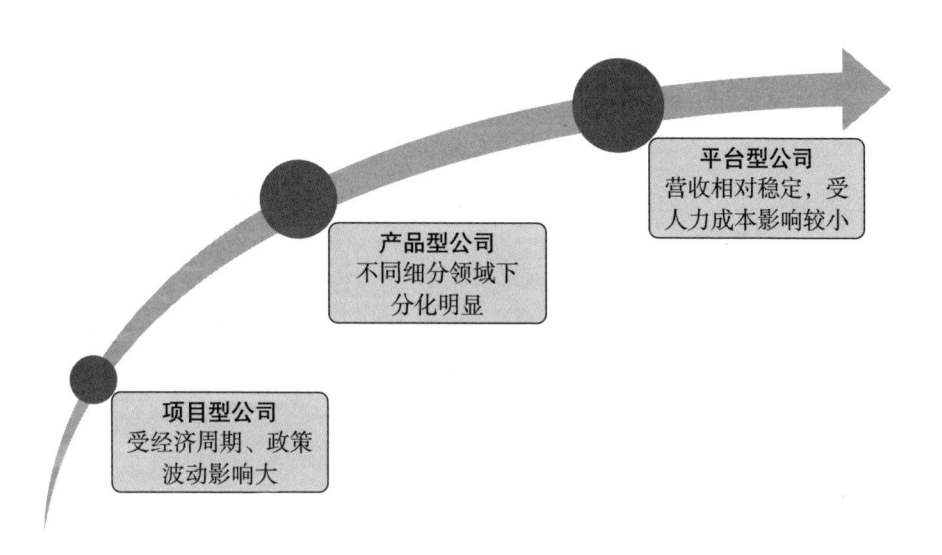

平台型公司
营收相对稳定，受人力成本影响较小

产品型公司
不同细分领域下分化明显

项目型公司
受经济周期、政策波动影响大

图 2-5　软件企业不同业务类型的公司特点

二、产品分类

根据《软件产品分类》（GB/T 36475—2018）国家标准，软件产品可以分为系统软件、支撑软件、应用软件、嵌入式软件、信息安全软件、工业软件和其他软件七大类，如表 2-2 所示。

表 2-2
软件产品分类

类别	代表企业	说明	子类别
系统软件	海量数据、麒麟信安、云从科技、中科创达	能够对硬件资源进行调度和管理、为应用软件提供运行支撑的软件。	操作系统
			数据库管理系统
			固件
			驱动程序

续表

类别	代表企业	说明	子类别
支撑软件	宝兰德、中创股份、东方通	支撑软件开发、运行、维护、管理，以及和网络连接或组成相关的支撑类软件。	开发支撑软件
			中间件
			浏览器
			虚拟化软件
			大数据处理软件
			人工智能软件
应用软件	网达软件、中科软、麦迪科技、航天宏图、东华软件、中科金财、三维天地	解决特定业务的软件，包括通用应用软件和行业应用软件。	通用应用软件
			行业应用软件
嵌入式软件	国芯科技、旋极信息	嵌入式系统中的软件部分，它与系统中的硬件高度结合，一般在可靠性、实时性、效率等方面具有更高要求。（仅与硬件紧密结合部分，不包括运行于嵌入式系统中独立发布、安装、卸载的软件）	
信息安全软件	安恒信息、山石网科、云涌科技、安博通、信安世纪、永信至诚、盛邦安全、国华网安	用于对计算机系统及其内容进行保护，确保其不被非授权访问的软件。	基础类安全产品
			网络与边界安全产品
			终端与数字内容安全产品
			专用安全产品
			安全测试评估与服务类产品
			安全管理产品
工业软件	乐创技术、中控技术、维宏股份	在工业领域辅助进行工业设计、生产、通信、控制的软件。	工业总线
			计算机辅助设计（CAD）
			计算机辅助制造（CAM）
			计算机集成制造系统
			工业仿真
			可编程逻辑控制器（PLC）
			产品生命周期管理（PLM）
			产品数据管理（PDM）

三、产业链特征

根据产品附加值和盈利能力，软件和信息技术服务业呈现出"微笑曲线"的特征。如图 2-6 所示，横轴表示软件和信息技术服务业的产业链位置，纵轴表示各环节的附加值。"微笑曲线"的左上端是软件产品的研发，这是整个软件业技术和专利最集中的部分，该部分业务常采用产品模式；"微笑曲线"的底部是软件外包产业，这部分工作属于重复性的劳动，创新成分较低，类似代工模式；"微笑曲线"的右上端属于软件服务，它包括管理咨询、二次开发等内容，对应增值服务模式。

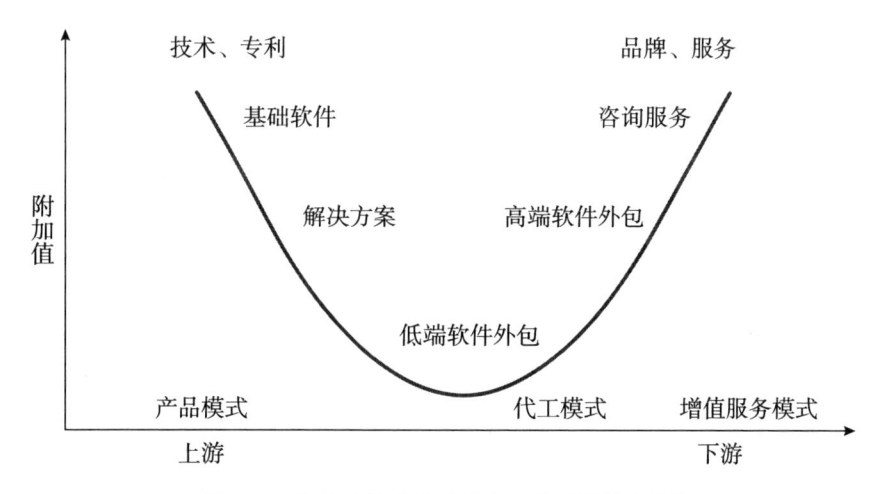

图 2-6 软件和信息技术服务业的"微笑曲线"

资料来源：资产信息网。

"微笑曲线"在 A 股市场上也有一定体现，表 2-3 列示了部分公司业务的毛利率差异。其中，基础软件的研发和销售以及解决方案型的业务毛利率在 70% 左右，而软件外包业务毛利率一般在 20%~30%，差距明显。

表 2-3

部分业务类型及毛利率

业务类型	上市公司	主营业务	2022 年毛利率
基础软件	东方通（300379）	基础软件中间件的研发、销售和服务	70.42%
解决方案	麦迪科技（603990）	临床信息化整体解决方案	70.52%
	迪普科技（300768）	全场景的安全产品和解决方案	67.79%
软件外包	四方精创（300468）	为境内外商业银行提供 IT 服务外包	32.98%
	法本信息（300925）	软件外包（ITO）	24.44%
	慧博云通（301316）	软件外包（ITO）	24.60%

第三节　行业相关政策

软件和信息技术服务业的行业主管部门是工信部，行业自律规范与管理机构有：中国软件行业协会、中国电子信息行业联合会；质量检验与监督机构有：中国质量协会、中国质量检验协会；计算机软件著作权登记管理机构为国家版权局中国版权保护中心。

软件和信息技术服务业的发展，对于推动信息化和工业化深度融合，培育和发展战略性新兴产业，加快经济发展方式转变和产业结构调整，提高国家信息安全保障能力和国际竞争力具有重要意义。2000年以来，国务院先后发布了《鼓励软件产业和集成电路产业发展的若干政策》《进一步鼓励软件产业和集成电路产业发展的若干政策》，从财税、投融资、研究开发、进出口、人才、知识产权、市场等方面给予了较为全面的政策支持。本书统计了软件和信息技术服务业主要法律法规和相关产业政策。

一、主要法律法规

详见表2-4。

表2-4
软件和信息技术服务业主要法律法规

序号	文件名称	发布时间	发布单位	相关主要内容
1	《计算机软件著作权登记办法》	2002	国家版权局	对计算机软件著作权的登记申请、审批和批准、登记公告、费用等进行规定。

续表

序号	文件名称	发布时间	发布单位	相关主要内容
2	《中华人民共和国计算机信息系统安全保护条例》	2011	国务院	对计算机信息系统安全保护制度、安全监督、法律责任等方面进行规定。
3	《计算机软件保护条例》（2013年修订）	2013	国务院	对软件著作权及其许可使用、转让、法律责任等方面进行规定。
4	《中华人民共和国著作权法实施条例》（2013年二次修订）	2013	国务院	对著作权的定义、许可使用、转让等事项的具体实施进行细化规定。
5	《中华人民共和国网络安全法》	2016	全国人民代表大会常务委员会（十二届二十四次会议）	对网络运行安全、信息化发展、网络信息安全等进行规定。
6	《中华人民共和国著作权法》（2020年修改）	2020	全国人民代表大会常务委员会（十三届二十三次会议）	对著作权、著作权的许可使用和转让合同、著作权有关的权利、著作权和与著作权有关的权利保护等事项进行规定。
7	《中华人民共和国数据安全法》	2021	全国人民代表大会常务委员会第（十三届二十九次会议）	对有关数据开发利用技术、产品和数据安全相关标准体系建设进行规定。

二、相关产业政策

详见表2-5。

表2-5

软件和信息技术服务业相关产业政策

序号	文件名称	发布时间	发布单位	相关主要内容
1	《促进大数据发展行动纲要》	2015	国务院	不断推进金税、金关、金财、金审、金盾、金宏、金保、金土、金农、金水、金质等信息系统的建设升级，构建国家政府数据统一平台，实现数据共享和交换，提升大数据治理水平。

续表

序号	文件名称	发布时间	发布单位	相关主要内容
2	《关于深化制造业与互联网融合发展的指导意见》	2016	国务院	强化融合发展基础支撑。加快CAD、CAE、MES、PLM等工业软件产业化，强化软件支撑和定义制造业的基础性作用。
3	《"十三五"国家审计工作发展规划》	2016	审计署	以提升审计能力和审计效率为目标，形成全国统一的审计信息系统，大幅提高运用信息化技术发现问题、评价判断、宏观分析的能力。
4	《"十三五"先进制造技术领域科技创新专项规划》	2017	科技部	围绕基于互联网的协同制造新模式，研发复杂产品全数字化优化和仿真（CAE）、PDM/PLM、资源管理与智能供应链协同、工业大数据分析等平台系统与软件，形成"互联网+"协同制造工业软件系统，支撑网络协同制造创新发展。
5	《关于推动创新创业高质量发展打造"双创"升级版的意见》	2018	国务院	推进工业互联网平台建设，形成多层次、系统性工业互联网平台体系，引导企业上云上平台，加快发展工业软件，培育工业互联网应用创新生态。
6	《国家政务信息化项目建设管理办法》	2019	国务院	本办法适用的国家政务信息系统主要包括：国务院有关部门和单位负责实施的国家统一电子政务网络平台、国家重点业务信息系统、国家信息资源库、国家信息安全基础设施、国家电子政务基础设施（数据中心、机房等）、国家电子政务标准化体系以及相关支撑体系等符合《政务信息系统定义和范围》规定的系统。
7	《加强工业互联网安全工作的指导意见》	2019	工信部、教育部、人社部、生态环境部、国家卫健委、应急管理部、国资委、国家市场监督管理总局、国家能源局、国家国防科技工业局	夯实设备和控制安全。督促工业企业部署针对性防护措施，加强工业生产、主机、智能终端等设备安全接入和防护，强化控制网络协议、装置装备、工业软件等安全保障，推动设备制造商、自动化集成商与安全企业加强合作，提升设备和控制系统的本质安全。

027

续表

序号	文件名称	发布时间	发布单位	相关主要内容
8	《工业互联网创新发展行动计划（2021—2023年）》	2020	工信部	提升平台技术供给质量。加强平台设备接入、知识沉淀、应用开发等支持能力。突破研发、生产、管理等基础工业软件，加速已有工业软件云化迁移，形成覆盖工业全流程的微服务资源池。推动基础工艺、控制方法、运行机理等工业知识的软件化、模型化，加快工业机理模型、知识图谱建设。
9	《新时期促进集成电路产业和软件产业高质量发展的若干政策》	2020	国务院	聚焦高端芯片、集成电路装备和工艺技术、集成电路关键材料、集成电路设计工具、基础软件、工业软件、应用软件的关键核心技术研发，不断探索构建社会主义市场经济条件下关键核心技术攻关新型举国体制。
10	《国民经济和社会发展"十四五"规划》	2021	国务院	实施产业基础再造工程，加快补齐基础零部件及元器件、基础软件、基础材料、基础工艺和产业技术基础等瓶颈短板。
11	《"十四五"软件和信息技术服务业发展规划》	2021	工信部	围绕软件产业链，加速"补短板、锻长板、优服务"，夯实开发环境、工具等基础软件实力，提升工业软件、应用软件、平台软件、嵌入式软件等产业链中游的软件水平，增加产业链下游信息技术服务产品供给。
12	《"十四五"信息化和工业化深度融合发展规划》	2021	工信部	提升智能制造供给支撑能力，开展设计、工艺、试验、生产加工等过程中关键共性技术攻关和集成应用，加速工业技术软件化，围绕航空、航天、船舶、兵器等重点装备领域，构建面向装备全生命周期的数字孪生系统。
13	《"十四五"国家信息化规划》	2021	中共中央网络安全和信息化委员会	提高重点软件研发水平，面向关键基础软件、高端工业软件、云计算、大数据、信息安全、人工智能等重点领域和重大需求，加强重点软件的开发。推动网信企业发展壮大。利用创业板、科创板等注册制改革，畅通多元化融资渠道。引导更多网信企业专注细分领域，加大科技投入，提升创新能力。

续表

序号	文件名称	发布时间	发布单位	相关主要内容
14	《"十四五"国家审计工作发展规划》	2021	中央审计委员会、审计署	全面贯彻落实习近平总书记关于科技强审的要求，加强审计技术方法创新，充分运用现代信息技术开展审计，提高审计质量和效率。
15	《"十四五"智能制造发展规划》	2021	工信部	开发面向产品全生命周期和制造全过程各环节的核心软件，包括CAD、CAE、CAPP、CAM、PLM、PDM等研发设计类软件，MES、APS、EMS等生产制造类软件，ERP、SCM等经营管理类软件。
16	《网络安全审查办法》	2021	国家互联网信息办公室、国家发展改革委、工信部、公安部、财政部、商务部、中国人民银行、国家市场监督管理总局、国家广电总局、国家保密局、国家密码管理局	关键信息基础设施运营者采购网络产品和服务，网络平台运营者开展数据处理活动，影响或者可能影响国家安全的，应当按照该办法进行网络安全审查。网络产品和服务主要指核心网络设备、重要通信产品、高性能计算机和服务器、大容量存储设备、大型数据库和应用软件、网络安全设备、云计算服务，以及其他对关键信息基础设施安全、网络安全和数据安全有重要影响的网络产品和服务。
17	《关于推进教育新型基础设施建设构建高质量教育支撑体系的指导意见》	2021	教育部、中央网信办、国家发展改革委、工信部、财政部、中国人民银行	提出建设智慧科研设施。推动智能实验室建设，利用信息技术辅助开展科学实验、记录实验数据、模拟实验过程，创新科研实验范式。
18	《"十四五"数字经济发展规划》	2022	国务院	深化新一代信息技术集成创新和融合应用，加快平台化、定制化、轻量化服务模式创新，打造新兴数字产业新优势。协同推进信息技术软硬件产品产业化、规模化应用，加快集成适配和迭代优化，推动软件产业做大做强，提升关键软硬件技术创新和供给能力。

029

续表

序号	文件名称	发布时间	发布单位	相关主要内容
19	《"十四五"推进国家政务信息化规划》	2022	国家发展改革委	统一的国家政务数据共享交换平台和国家公共数据开放平台体系更加健全,有效支撑全国一体化政务大数据体系;建成宏观经济治理基础数据库等新基础信息库,高价值数据集开放取得实质性进展,政务数据资源有力支撑治理和服务能力提升。
20	《重点集成电路设计领域和重点软件领域》	2022	国家发展改革委、工信部	重点软件领域:基础软件(操作系统、数据库管理系统、中间件等)、研发设计类工业软件(CAD、CAE、CAM、PDM等)、生产控制类工业软件(工业控制系统、MES、MOM、PLC等)、经营管理类工业软件(供应链管理、企业资产管理、产品生命周期管理PLM、运维综合保障管理软件及相关云服务)、重点行业应用软件(面向党政机关、国防、广电、应急、公共安全、城市管理等专业应用软件)。
21	《关于构建数据基础制度更好发挥数据要素作用的意见》	2022	中共中央、国务院	数据作为新型生产要素,是数字化、网络化、智能化的基础,已快速融入生产、分配、流通、消费和社会服务管理等各环节,深刻改变着生产方式、生活方式和社会治理方式。数据基础制度建设事关国家发展和安全大局。为加快构建数据基础制度,充分发挥我国海量数据规模和丰富应用场景优势,激活数据要素潜能,做强做优做大数字经济,增强经济发展新动能,构筑国家竞争新优势。
22	《推动集成电路、工业软件产业高质量发展》	2023	国务院、工信部	推动工业软件产业高质量发展,要在"卡脖子"关键核心技术攻关上不断实现新突破,同时加大关键领域的科技投入。
23	《质量强国建设纲要》	2023	国务院	支持通用基础软件、工业软件、平台软件、应用软件工程化开发,实现工业质量分析与控制软件关键技术突破。

第四节 行业风险、发展趋势及挑战

一、行业主要风险

软件和信息技术服务业作为知识密集型产业，普遍存在高风险、行业集中度不高、核心竞争力不强等问题，相对其他行业软件企业面临更多不确定因素，技术风险、经营风险和财务风险更加突出。

（一）技术风险

从技术风险来看，行业内企业普遍面临核心技术人员流失、研发决策判断失误、技术创新与成果转化不确定性等方面风险。

1. 核心技术人员流失风险

软件和信息技术服务业是技术和产品驱动的行业，人才是软件企业最重要的资产，掌握核心技术并保持核心技术团队稳定是保持公司核心竞争力及未来持续发展的基础。行业内技术和人才竞争日益激烈，企业保持核心技术人员的稳定性，对其研发实力及生产经营发展至关重要。因此，软件企业需要为技术人员提供具备竞争力的薪酬水平、激励机制和发展空间，否则将可能面临核心技术人员流失的风险。

2. 研发决策判断失误风险

软件和信息技术服务业新产品的开发主要是对未来市场需求方向以及

行业技术发展方向进行预判所做的前瞻性开发，具有高风险、高收益特点。管理层对市场需求方向和总量判断错误或存在偏差，则有可能出现研发成本无法收回或新产品收益低于预期的情况，对公司持续盈利能力产生重大不利影响。

3. 技术创新与成果转化不确定性风险

软件产品迭代速度快，若软件企业未能及时把握技术发展趋势，或者竞争对手或潜在竞争对手率先在相关领域取得重大技术突破，推出更先进、更具竞争力的产品，或者出现其他替代产品，企业将可能面临核心技术落后、产品线无法适应市场发展需求的风险，对公司持续经营能力造成不利影响。另外，软件企业技术研发成功后的商业化和市场化也面临较多不确定因素，从而影响企业盈利能力和成长性。

（二）经营风险

从经营风险来看，行业内企业普遍面临新进入者带来竞争加剧、产品结构单一和客户集中、人力成本上升、国际贸易摩擦和数据安全及合规性等方面的风险。

1. 新进入者带来竞争加剧风险

软件和信息技术服务业正快速发展，行业内企业通常深耕于某一行业细分领域，在拥有少量竞争者时企业毛利率通常较高。近年来市场对软件企业产品和服务的需求日益旺盛，良好的前景吸引了诸多国内企业进入该领域。未来若竞争对手通过科技创新、低价竞争等方式不断渗透企业的主要业务领域和客户，或者企业未能持续提升产品竞争力，未能根据客户需求及时进行技术、服务和产品创新，企业可能在全球市场竞争中丧失竞争优势，对公司的持续盈利能力造成不利影响。

2. 产品结构单一和客户集中风险

行业内企业多存在现有产品应用场景较为单一的情形，新产品研究开发、市场推广的整体周期相对较长，如果未来公司现有产品的市场需求发生较大波动或者公司无法及时响应市场对新技术、新功能的需求，新产品无法顺利推出，则将对公司经营带来不利影响。

另外，行业客户多集中于某一行业或存在对单一客户依赖的情形，企业业绩受客户行业或主要客户的业绩变化影响较大。若未来下游客户受国家产业政策调整、宏观经济形势变化或自身经营状况不佳等因素影响而相关需求出现不确定性，而公司又无法凭借新产品、新市场的开拓而打造新的盈利增长点，对冲市场相关不利影响，则公司未来生产经营将受到重大不利影响。

3. 人力成本上升风险

基于行业特点，软件企业的人力资源需求主要集中在以下两个方面：一是公司技术研发和软件产品开发前期需要投入大量的软件信息人才，扩充研发团队规模，研发人员占比通常不低于25%，且研发人员薪酬总额普遍较高；二是为增强营销及服务能力，及时响应客户需求，销售人员数量亦逐年增长。如果软件企业未来收入增速达不到预期，可能存在因人力成本上升而导致利润下滑的风险。

4. 国际贸易摩擦风险

伴随着全球产业格局的深度调整，国际贸易摩擦不断，已有部分国家通过贸易保护等手段，对中国相关产业的发展造成了客观不利影响，中国企业将面对不断增加的国际贸易摩擦和贸易争端。若未来与中国相关的国际贸易摩擦持续发生，软件企业本身也存在被其他国家施加业务限制的风险。贸易摩擦会导致交易成本增加、上游供给受阻或下游需求受限，对软件企业生产经营和业务发展带来不利影响。

5. 数据安全及合规性风险

随着《中华人民共和国网络安全法》《中华人民共和国国家安全法》《中华人民共和国个人信息保护法》《关键信息基础设施安全保护条例》等法律法规的发布实施，敏感数据、个人信息的保护被提升到全新的高度。当客户发生数据泄密及信息安全事件时，或者公司员工因有意或无意造成了信息的泄露或不当使用、公司侵犯个人隐私或其他合法权益等情形时，软件企业可能承担相应的法律责任，影响公司的声誉，并可能导致客户群体对公司认可度降低，合作关系发生不利变化，从而给未来经营带来不利影响。

（三）财务风险

从财务风险来看，行业内企业普遍面临政府补助及税收优惠不能持续风险和经营业绩季节性波动风险。

1. 政府补助及税收优惠不能持续风险

部分软件企业政府补助及税收优惠占当期利润总额的比例较高。政府补助依赖于国家产业政策导向，若未来国家产业政策发生调整，将影响公司获得政府补助的可持续性，对企业经营造成一定影响。

软件企业享受的税收优惠政策主要包括软件产品增值税即征即退、国家规划布局内重点软件企业所得税优惠、国家鼓励的重点集成电路设计企业所得税优惠、高新技术企业所得税优惠、研发费用加计扣除优惠等。如果未来公司不满足重点软件企业的条件，或软件产品退税等税收优惠政策发生变化，使得公司无法继续享有税收优惠政策，公司经营业绩将受到不利影响。

2.经营业绩季节性波动风险

受下游客户性质、项目验收及预算管理制度和采购审批制度政策影响，软件和信息技术服务业客户大多在上半年对全年的投资和采购进行规划，并在年中或下半年安排项目招标、产品交付，以及项目验收、结算工作，从而使软件企业收入呈现较为明显的季节性特征，经营业绩存在季节性波动的风险。同时，由于软件企业人员工资性支出等刚性支出所占比重较高，期间费用全年发生较为均衡，造成公司上半年净利润较低。这种营业收入季节性波动对公司资金使用等经营活动具有一定影响，并可能引起公司经营业绩季节性波动，对经营业绩稳定性造成一定不利影响。

二、行业发展趋势

随着"十四五"软件和信息技术服务业发展规划的出台，国家对软件和信息技术服务业的扶持力度不断加大，行业技术不断进步与创新，未来软件和信息技术服务业技术将呈现网络化、服务化、智能化、平台化以及融合化的发展趋势。

（1）网络化。技术重心从计算机转向互联网，软件的技术和业务创新与网络发展将深度耦合，网络将成为软件开发、部署、运行和服务的主流平台。软件产品基于网络平台开发和运行、内容基于网络发布和传播、应用基于网络构架和部署、服务基于网络创新和发展成为大趋势。

（2）服务化。以用户为中心，按照用户需求动态提供计算资源、存储资源、数据资源、软件应用等服务成为软件服务的主要模式。产品和服务的进一步深度耦合，推动了硬件、软件、应用与服务协同发展，加速了软件产品开发企业和部分电子制造企业向服务提供商的转型。

（3）智能化。软件由感知物理形态向意识维领域拓展，极大地提高了自动识别、自主学习、自适应能力。

（4）平台化。操作系统、数据库、中间件和应用软件相互渗透，软件向更加综合、广泛的一体化软件平台的新体系演变，硬件与软件、内容与终端、应用与服务的一体化整合速度加快。市场由单一产品的竞争转变为平台间的竞争。产品、资源和服务的体系化趋势日趋明显，软件即服务（SaaS）、平台即服务（PaaS）和基础设施即服务（IaaS）等基于平台的服务模式日趋成熟。

（5）融合化。软件与业务和产业高度融合，重新定义业务及产业。软件与5G、大数据、云计算、人工智能等新兴技术深度结合为软件和信息技术服务业带来了巨大的业务创新空间。

三、行业发展面临的挑战

软件和信息技术服务业要实现高质量发展仍然面临诸多挑战。

一是产品多处于价值链中低端，国外技术封锁可能带来供应链断裂。目前，国外软件巨头占据国内软件从设计、制造至服务的八成以上市场，掌控着仿真设计、分析工具、企业管理和先进控制等软件核心技术。国际主流常用的各领域工业软件超过150余款，涵盖研发设计、生产控制、测试验证等环节，几乎都是由国外企业提供的，且软件封闭不开源、不开放。我国软件的发展虽然取得了长足进步，但其长期承受来自自身发展困境和国外主流软件冲击的双重压力，在兼容性、稳定性、性能、功能等方面相较国外产品，成熟度较低、竞争力不强，持续服务的水平和能力无法保障，从而导致市场对国内软件产品的认可程度较低，企业一直处于产业链及价值链的中低端。而且，一些西方国家通过实行严格的技术封锁，建立完善的出口管制法律体系，将自己的软件、硬件和技术列入《进口管制清单》，导致国际软件供应链的竞争环境加剧。核心科技封锁与企业制裁时而发生，软件供应链的完整性面临严峻挑战，存在断裂风险。

二是产业基础薄弱，原始创新和协同创新能力亟须加强。国内研发设计软件厂商规模较小、研发能力有限，对关键核心技术研发缺少高额度、持续性的资金投入，导致软件自主核心技术研发进展缓慢。例如，国内 EDA 软件与国外软件有较大差距，缺乏对 7nm、5nm 芯片先进工艺的支撑，只能提供 50% 左右的设计工具，没有完整的数字集成电路全流程设计平台。与此同时，受重"制造"轻"研发设计"传统观念影响，软件产业基础领域创新能力和动力明显不足，原始创新和协同创新能力亟待加强，基础软件、核心工业软件对外依存度很高。

三是软件与各领域融合应用的广度和深度需进一步深化，企业软件化能力较弱，制约数字化发展进程。我国软件与各行业领域融合应用的广度和深度不够，特别是行业业务知识和数据积累不足，与工业实际业务和特定应用结合不紧密，支撑国家战略实施的能力亟须提升。例如，工业软件与工业融合深度不足。一方面，工业基础薄弱带来"累积效应不足"问题。一些制造企业在基础零部件、元器件、基础材料、基础制造装备和检测设备、技术研发和技术创新体系等工业基础领域相对薄弱，对基础工艺研发、关键工艺流程、工业技术数据缺乏长期积累，工业机理、工业建模与虚拟仿真等基础能力不足。另一方面，工业软件与工业企业需求错位，与工业应用结合不紧密，工业软件并没有真正深入工业领域实际业务与特定场景，难以满足工业企业数字化转型需求。

四是企业小散弱，产业结构需进一步优化，产业生态国际竞争力亟待提升。目前我国软件产业链仍然不够完善，在技术、市场等多重限制下呈现分散状态，行业多以研发及直接对接关联企业为主，衍生行业、技术咨询服务行业、技术衍生行业的再衍生技术行业等均处于缺失状态，虽然部分行业已经出现，但在产业链中的影响力较小。这与国外软件产业发展形成了鲜明对比，美德等国软件产业链已经形成生态网络，衍生技术在一定程度上能够反哺软件，为工业软件发展提供技术支持。与此同时，我国软件市场结构不稳定、产品单一，产品研发上多集中在技术要求较低的软件，例如OA、CRM等。并且，产品性能及质量稳定性较差，缺乏高质量软件产品，造成软件产业生态竞争力不足。一旦国际环境发生改变，我国软件市场必将受到影响，市场风险抵御能力不足，无法及时应对外部环境冲击。

五是"重硬轻软"现象依然严重，软件价值失衡尚未得到根本性扭转，软件人才供需矛盾突出，知识产权保护需要进一步加强。我国制造业以组装生产的低附加值产业为主，对自动化生产等硬件需求较多，对研发生产的软件需求相对较少，"重硬轻软"现象严重，导致我国软件市场呈现管理软件强、工程软件弱，低端软件多、高端软件少，软件产业价值链严重失衡的局面。另外，软件产业所需的既懂信息技术又懂工业技术，且具备一定企业管理知识的复合型人才稀缺，该类人才成材率低、培养难度大，导致软件人才大量缺乏。此外，软件知识产权保护仍需进一步加强。党的十八大以来，我国出台了一系列有关知识产权保护的政策、规划，知识产权保护力度不断加强。但维权举证难、成本高、赔偿低等问题依然存在，高质量发展对知识产权整体质量提出更高要求，专利转化效率有待进一步提升。

第三章
行业 IPO 审核现状及总体分析

IPO Practice of
Software and Information
Technology Services

第一节　IPO 发行条件、上市审核流程及主要关注点

目前，监管机构和相关部门主要从法律、行政规章和交易所规则三个层面对企业 IPO 发行条件、上市审核流程和审核主要关注点做出了具体规定。

一、IPO 发行条件

在法律层面，《中华人民共和国证券法》对上市条件进行了相关规定。公司首次公开发行新股，应当符合下列条件：

（1）具备健全且运行良好的组织机构；

（2）具有持续经营能力；

（3）最近三年财务会计报告被出具无保留意见审计报告；

（4）发行人及其控股股东、实际控制人最近三年不存在贪污、贿赂、侵占财产、挪用财产或者破坏社会主义市场经济秩序的刑事犯罪；

（5）经国务院批准的国务院证券监督管理机构规定的其他条件。

在行政规章层面，主要由中国证券监督管理委员会（以下简称证监会）颁布的《首次公开发行股票注册管理办法》进行规范。根据规定，IPO 发行人必须依法设立且会计基础工作规范，财务报表的编制和披露符合企业会计准则和相关信息披露规则的规定；发行人业务完整，具有直接面向市场独立持续经营的能力；资产完整，业务及人员、财务、机构独立；主营业务、控制权和管理团队稳定；不存在涉及主要资产、核心技术、商标等的重大权属纠纷，重大偿债风险，重大担保、诉讼、仲裁等或有事项，经营环境已经或

者将要发生重大变化等对持续经营有重大不利影响的事项；生产经营符合法律、行政法规的规定，符合国家产业政策等要求。另外，该管理办法第十一条规定了对发行人财务和内部控制的要求：

（1）发行人会计基础工作规范，财务报表的编制和披露符合企业会计准则和相关信息披露规则的规定，在所有重大方面公允地反映了发行人的财务状况、经营成果和现金流量，最近三年财务会计报告由注册会计师出具无保留意见的审计报告。

（2）发行人内部控制制度健全且被有效执行，能够合理保证公司运行效率、合法合规和财务报告的可靠性，并由注册会计师出具无保留结论的内部控制鉴证报告。

在交易所层面，深圳证券交易所、上海证券交易所、北京证券交易所分别制定了在各交易所不同板块的上市规则。例如，《上海证券交易所股票发行上市审核规则》（上证发〔2023〕28号）和《上海证券交易所上市公司证券发行上市审核规则》（上证发〔2023〕29号）主要参照《中华人民共和国证券法》《首次公开发行股票注册管理办法》《上市公司证券发行注册管理办法》（中国证券监督管理委员会令第206号）和《优先股试点管理办法》规定的发行条件，强调披露信息必须真实、准确、完整，简明清晰、通俗易懂，不得有虚假记载、误导性陈述或者重大遗漏。而《上海证券交易所股票上市规则》（2023年8月修订）、《深圳证券交易所股票上市规则》（2023年8月修订）、《深圳证券交易所创业板股票上市规则》（2023年修订）和《北京证券交易所股票上市规则（试行）》（北证公告〔2023〕49号）主要从会计基础工作、业绩波动、企业合并、会计政策和会计估计变更、信息披露原则、板块定位、产业政策、公司治理、主营业务、控制权和管理团队稳定性、股份权属、核心技术先进性、资金占用、关联交易，以及其他重要事项等方面，详细明确了企业 IPO 的发行条件，以规范上市和持续监管要求。此外，证监会及其他监管部门也通过一些规范性文件对涉及发行条件的相关问题进行了解释与说明。

二、上市审核流程

注册制改革后，上市审核主体由证监会转移至交易所，由交易所进行审核，而证监会将主要从国家政策、行业特性等角度对申报企业是否符合上市标准进行把关和督导检查，强化发行人、中介机构与审核机构的责任意识，并增设科技创新咨询委员会、行业咨询专家库等专家顾问机构，增加审核机构的专业性，保持审核尺度一致、稳定。图 3-1 以上海证券交易所（以下简称上交所）发行上市审核流程为例，说明上市审核流程。

受理 → 审核 → 上市委会议 → 报送证监会 → 证监会注册 → 发行上市

图 3-1　上市审核流程

1. 受理

上交所股票发行上市审核工作实行全程电子化，申请、受理、问询、回复等事项均通过上交所发行上市审核系统办理。发行人应当通过保荐人以电子文档形式向上交所提交发行上市申请文件，上交所收到发行上市申请文件后 5 个工作日内做出是否予以受理的决定。上交所受理的，发行人于受理当日在上交所网站等指定渠道预先披露招股说明书及相关文件。

2. 审核

上交所审核机构自受理之日起 20 个工作日内发出审核问询，发行人及保荐人应及时、逐项回复上交所问询。审核问询可多轮进行。

首轮问询发出前，发行人及其保荐人、证券服务机构及其相关人员不得与审核人员接触，不得以任何形式干扰审核工作。首轮问询发出后，发行人及其保荐人确需当面沟通的，可通过发行上市审核系统预约。

审核机构认为不需要进一步问询的，将出具审核报告提交上市委。

3. 上市委会议

上市委召开会议对上交所发行上市审核机构出具的审核报告以及发行上市申请文件进行审议，就其提出的初步审核意见，提出审议意见；对发行人提出异议的上交所不予受理、终止审核决定进行复审，提出复审意见。

4. 报送证监会

上交所结合上市委审议意见，出具相关审核意见。上交所审核通过的，将审核意见、相关审核资料和发行人的发行上市申请文件报送证监会履行注册程序。证监会认为存在需要进一步说明或者落实事项的，可以要求上交所进一步问询。

上交所审核不通过的，做出终止发行上市审核的决定。

5. 证监会注册

证监会在20个工作日内对发行人的注册申请做出同意或者不予注册的决定。

6. 发行上市

证监会同意注册的决定自做出之日起1年内有效，发行人应当按照规定在注册决定有效期内发行股票，发行时点由发行人自主选择。

三、IPO 审核主要关注点

结合各法律、行政规章和交易所规则对申报企业 IPO 的要求来看，监管审核机构对 IPO 的审核主要关注点可以总结为以下三个方面。

1. 主要业务循环

（1）销售环节。发行人是否合理设计销售流程中的有效环节，并得到有效执行，过程中相关的流程是否得到恰当记录。重点关注销售客户的真实性，客户所购货物是否有合理用途、客户的付款能力和货款回收的及时性等。

（2）采购环节。发行人相关部门是否严格按照所授权限订立采购合同，并保留采购申请、采购合同、采购通知、验收证明、入库凭证、商业票据、款项支付等相关记录。发行人财务部门是否对上述记录进行验证，确保会计记录、采购记录和仓储记录保持一致。

（3）研发活动。发行人跟研发活动相关的立项阶段、研究阶段、研发成果控制等内部控制是否有效，关注研发组织架构、流程、岗位职责是否清晰，研发项目的全过程管理、原材料耗用是否合理，是否按项目类型归集原材料，研发薪酬是否准确，研发人员的认定是否合理，是否按项目核算人工成本、严格划分生产和研发项目等。

2. 财务事项

（1）会计基础工作。发行人会计基础工作是否规范，财务报表的编制和披露是否符合企业会计准则和相关信息披露规则的规定，在所有重大方面公允地反映了发行人的财务状况、经营成果和现金流量。

（2）业绩波动。主要会计数据和财务指标是否发生大幅波动及波动原因的解释是否合理。

（3）合并和商誉。关注并购的目的、原因、背景、过程，以及并购前后的业绩变化。关注商誉确认和计量是否合理，关注商誉减值测试中使用的各项参数的确定依据及合理性。

（4）会计政策、会计估计变更。发行人是否利用会计政策变更和会计估计变更操纵营业收入、净利润、净资产等财务指标。

（5）信息披露。发行人披露的信息是否真实、准确、完整，简明清晰、通俗易懂，是否有虚假记载、误导性陈述或者重大遗漏。

3. 技术与合规性事项

（1）板块定位。发行人是否符合相关板块定位。主板突出"大盘蓝筹"特色；科创板面向世界科技前沿、面向经济主战场、面向国家重大需求；创业板深入贯彻创新驱动发展战略，适应发展更多依靠创新、创造、创意的大趋势。

（2）产业政策。发行人生产经营是否符合法律、行政法规的规定，是否符合国家产业政策。

（3）公司治理。上市公司是否健全治理机制、建立有效的治理结构，建立完善的独立董事制度，形成科学有效的职责分工和制衡机制，强化内部和外部监督，保证内部控制制度的完整性、合理性及有效性。

（4）主营业务、控制权和管理团队稳定性。主板上市的，最近三年内主营业务和董事、高级管理人员是否发生重大不利变化；科创板、创业板上市的，最近两年内主营业务和董事、高级管理人员是否发生重大不利变化；科创板上市的，核心技术人员是否稳定且最近两年内没有发生重大不利变化。

（5）股份权属。是否存在导致控制权可能变更的重大权属纠纷，主板上市的，最近三年实际控制人是否发生变更；科创板、创业板上市的，最近两年实际控制人是否发生变更。

（6）核心技术先进性。主要产品、核心技术、关键设备、经营模式是否面临被替代或者被淘汰的风险。

（7）资金占用。发行人是否存在被关联人或者潜在关联人占用资金等公司利益被侵占问题。

（8）关联交易。与控股股东、实际控制人及其控制的其他企业间是否存在对发行人构成重大不利影响的同业竞争，是否存在严重影响独立性或者显失公平的关联交易。

（9）其他重要事项。关注购买资产、出售资产、对外投资、提供担保等重大交易，股票交易异常波动和传闻澄清，可转换公司债券涉及的重大事项，重大诉讼和仲裁，破产事项，募集资金使用情况等。

第二节　行业 IPO 审核问询问题统计分析

自 2020 年初至 2023 年 12 月底，软件和信息技术服务业 IPO 监管问询问题共 18 大类 28 695 个，问询 41 285 次，主要涉及业务与技术、财务会计处理与分析、损益情况、资产负债表相关、重大事项、股东及股权结构情况、风险提示、独立性（同业竞争与关联交易）、公司治理、规范性及处罚等具体方面，如表 3-1 所示（问题明细详见本书附录）。其中问询最多的是业务与技术、财务会计处理与分析这两大方面内容。业务与技术主要包括客户与供应商、持续经营、行业情况及板块定位、公司产品及服务、销售、采购、技术和研发等方面，财务会计处理与分析主要包括收入确认、会计政策和会计处理、资产减值、应收款项、营业成本和期间费用核算等方面。

表 3-1
2020—2023 年软件和信息技术服务业 IPO 问询问题一览表

序号	问询问题类别	问题数小计（个）	问询次数小计（次）
1	业务与技术	5 483	12 045
2	财务会计处理与分析	3 383	5 093
3	损益情况	2 869	3 634
4	风险提示	2 339	2 482
5	重大事项	2 044	2 438
6	资产负债表相关	1 975	2 612
7	公司治理	1 770	2 112
8	独立性（同业竞争与关联交易）	1 438	1 644
9	主要财务指标分析	1 342	1 387

续表

序号	问询问题类别	问题数小计（个）	问询次数小计（次）
10	股东及股权结构情况	1 262	2 055
11	规范性及处罚	1 150	1 383
12	信息披露相关	905	1 019
13	发行上市相关	894	940
14	历史沿革	797	960
15	董监高及核心技术人员	373	433
16	募集资金情况	246	593
17	现金流量表相关	246	276
18	其他	179	179
	总计	28 695	41 285

数据来源：易董金融。

第三节　行业 IPO 被否案例相关重点问题

随着 IPO 的阶段性收紧，不少企业在审核强监管背景下面临 IPO 终止的情况。从 IPO 终止阶段来看，绝大多数申报企业在审核问询阶段终止（撤回），部分企业在上会审议中不通过，少数企业在证监会注册环节终止注册。其中，"卡壳"在审核问询阶段的申报企业多为"带病闯关"，在多轮问询过程中由于存在影响发行条件的具体事项，会选择主动撤回上市申报材料，终止 IPO。而经过多轮问询反馈后被安排上会的申报企业，也可能因为存在信息披露不充分、板块定位不准确、内部控制存在缺陷、持续经营能力存疑、业务真实性和合理性存疑等情况而被否决。通过对软件和信息技术服务业 2020—2023 年 IPO 被否案例所涉及的具体问题进行整理和分析，发现上市委关注的问题重点围绕主要业务循环、财务事项、技术与合规性事项这三大方面，具体内容如下：

（1）主要业务循环：劳务采购模式的合理性；相关供应商主要为发行人服务的合理性及规范性；内部控制是否健全等。

（2）财务事项：营业收入复合增长率的预测合理性；劳务采购价格的公允性及劳务采购费的完整性；项目服务商提供的内容、计费标准及确定方式披露的充分性和准确性；固定资产折旧政策的谨慎性等。

（3）技术与合规性事项：科创属性及板块定位的恰当性；应用核心技术及技术先进性的体现；部分业务原始单据不完整；合同管理不规范；股东之间的股权转让及其资金往来和纳税情况；股份权属是否清晰等。

IPO 被否案例涉及重点问题的详细内容如表 3-2 所示。

表 3-2

软件和信息技术服务业 2020—2023 年 IPO 被否情况

公司简称	上市委会议日期	主要关注点	具体问题	被否原因
思必驰	2023-05-11	财务事项	一是发行人核心业务的市场竞争格局、核心产品的差异化竞争布局、核心技术的科技创新体现、核心技术与主要产品的升级迭代周期和研发储备，关注发行人核心技术的硬科技属性、差异化竞争的有效性；二是发行人预测了未来四年营业收入的复合增长率，审核关注相关预测的合理性和审慎性，发行人报告期内持续亏损、净资产大幅下降的情况，以及发行人经营能力的可持续性。	未能充分说明未来四年营业收入复合增长率的预测合理性，未能充分揭示上市前净资产为负的风险，相关信息披露不符合《首次公开发行股票注册管理办法》第三十四条相关规定。
太美科技	2023-03-15	主要业务循环、财务事项、技术与合规性事项	一是发行人主要销售医药临床研究、药物警戒、医药市场营销等领域的 SaaS 产品、定制化软件以及提供相关专业服务，审核关注发行人业务模式的合理性和必要性，是否符合行业惯例和解决行业需求，各类业务应用的核心技术以及技术先进性的体现，是否符合科创板定位；二是发行人报告期内持续大额亏损的原因、对发行人持续经营能力的影响、影响盈利能力的因素变化情况，未来销售增长的可持续性，相关信息披露和风险揭示的充分性；三是发行人收购软素科技的定价公允性、商誉减值计提的充分性，软素科技报告期内的经营情况及内控有效性；四是审核过程中发行人取消了表决权差异安排并变更上市标准的原因、合理性和谨慎性，取消特别表决权是否影响控制权稳定性。	未主要依靠核心技术开展生产经营，未充分披露有利于投资者做出价值判断和投资决策的重要信息，不符合《首次公开发行股票注册管理办法》第三条和第三十四条的相关规定。

续表

公司简称	上市委会议日期	主要关注点	具体问题	被否原因
科拓股份	2022-08-30	财务事项、技术与合规性事项	一是发行人智慧停车运营管理业务收入增长的合理性，报告期内毛利率大幅上升的原因，部分项目未保留货物签收或工程验收凭证的原因及影响；二是发行人无法核实智慧停车运营管理服务业务中业主方与管理方合作期限的原因，该项业务中折旧政策的准确性，设备投入、承包费用、人工成本、施工劳务成本的完整性；三是发行人内部控制制度是否健全且被有效执行，是否能够合理保证公司运行效率、合法合规和财务报告的可靠性。	部分业务原始单据不完整，固定资产折旧政策不谨慎，合同管理不规范。会议认为，发行人不符合《创业板首次公开发行股票注册管理办法（试行）》第十一条、《深圳证券交易所创业板股票发行上市审核规则》第十八条的规定。
电旗股份	2022-03-23	主要业务循环	一是通信网络优化业务、无线网络工程服务存在偶发性、阶段性、临时性、地域性特点，发行人的劳务采购模式与同行业上市公司通常就近采购的模式存在差异，且前五大供应商集中度大幅高于同行业公司。报告期内，多个劳务供应商主要为发行人提供服务，部分劳务供应商存在成立后即与发行人合作、合作一两年后即注销的情形，且相关信息披露与新三板挂牌期间存在差异。二是发行人劳务采购费金额较大，占营业成本比例较高，对成本核算的准确性有较大影响。报告期内，发行人劳务采购费占营业收入比例持续低于同行业上市公司，且主要工种初级工程师的采购价格低于部分主要业务城市的社会平均工资。	未能对劳务采购模式的合理性、相关供应商主要为发行人服务的合理性及规范性、劳务采购价格的公允性及劳务采购费的完整性做出合理充分说明，在上述重大方面未能公允反映发行人的财务状况、经营成果和现金流量，不符合《创业板首次公开发行股票注册管理办法（试行）》第十一条、《深圳证券交易所创业板股票发行上市审核规则》第十八条的规定。

续表

公司简称	上市委会议日期	主要关注点	具体问题	被否原因
汇川物联	2021-03-18	技术与合规性事项	一是发行人物联网行业的认定依据及理由；二是专利与公司核心技术及主营业务的相关性，以及认定技术先进性的依据是否审慎、客观；三是发行人业务集中在福建省内，相关行业政策变化对持续经营的影响。	对物联网业务实质、核心技术及技术先进性的信息披露不充分、不准确，不符合《科创板首次公开发行股票注册管理办法（试行）》第五条、第三十四条及第三十九条的规定；不符合《上海证券交易所科创板股票上市审核规则》第十五条、第十九条及第二十八条的规定。
精英数智	2020-09-01	主要业务循环	通过项目服务商协助销售的商业合理性以及与最终达成销售交易价格的关系，相关内控制度是否健全有效，是否存在商业贿赂、利益输送或体外资金循环的情形。	未能充分、准确披露项目服务商所提供服务的内容、项目服务费的计费标准及确定方式，与项目服务商合作的相关内部控制不够健全，不符合《科创板首次公开发行股票注册管理办法（试行）》第五条、第十一条的规定；不符合《上海证券交易所科创板股票发行上市审核规则》第十五条、第二十八条的规定。
网进科技	2020-11-11	技术与合规性事项	黄玉龙、张亚娟和潘成华之间的股权转让及其资金往来和纳税情况，实际控制人的认定理由是否充分，实际控制人所持你公司的股份权属是否清晰；你公司第一大股东文商旅集团持股比例超过三分之一，并有两名来自文商旅集团的人员担任董事，其中一名担任你公司董事长。文商旅集团被认定为对你公司既无控制权，也无重大影响，仅作为财务投资人的理由是否充分。	未能充分、准确披露相关股东之间的股权转让及其资金往来和纳税情况、认定实际控制人的理由、实际控制人所持你公司的股份权属是否清晰、文商旅集团仅作为财务投资人的合理性等，不符合《创业板首次公开发行股票注册管理办法（试行）》第六条、第十二条以及《深圳证券交易所创业板股票发行上市审核规则》第十五条、第二十八条的规定。

续表

公司简称	上市委会议日期	主要关注点	具体问题	被否原因
兆物网络	2020-07-30	主要业务循环、财务事项	1. 发行人报告期销售收入主要来自公安系统。2019年营业收入、净利润均出现下滑。请说明： （1）各期业务收入波动变化的原因及合理性； （2）获取订单的方式； （3）在手订单是否存在下滑风险，收入是否具有可实现性和持续性； （4）新冠疫情对发行人业绩的影响说明：发行人的核心业务、经营环境、主要指标是否发生重大不利变化，是否具有市场竞争力，影响业绩下滑的因素是否已消除，是否对发行人的生产经营构成重大不利影响。 2. 报告期各期末，发行人试用商品余额较大。请说明： （1）试用商品模式是否符合业务特点，是否和同行业可比公司一致，部分试用商品试用期大于2年的原因及合理性。 （2）2018年底至目前试用商品金额大幅增加的原因及合理性，2019年末库龄1年以上的试用商品占比大幅增加的原因及合理性；2019年末的试用商品截至日前的转销售情况；对试用商品的减值准备政策是否合理，是否符合企业会计准则的规定，试用商品减值准备计提是否充分。 3. 发行人报告期扣非后归母净利润率较高。请说明： （1）净利润率与可比公司存在差异的原因及合理性； （2）研发人员及销售人员结构和规模是否与发行人营收规模具有配比性，与可比公司是否一致，报告期人均职工薪酬是否处于合理水平；	未公布

续表

公司简称	上市委会议日期	主要关注点	具体问题	被否原因
兆物网络	2020-07-30	主要业务循环、财务事项	（3）管理费用率、直接人工及制造费用低于同行业可比公司平均水平的原因及合理性。 4.报告期各期，发行人应收账款账面余额占各期营业收入比例较高且最近一年及期末余额大幅增加。请说明： （1）账龄1年以上以及信用期外应收账款占比较高是否符合行业特点，是否存在放宽信用期限达到收入增长的情形； （2）结合公安系统职能调整改革政策的情况、主要客户信用状况、逾期及长账龄应收账款的回款情况说明坏账准备计提是否充分。	未公布

数据来源：易董金融。

第四节　行业 IPO 违规处罚涉及的关键事项

证监会监管严把 IPO 准入关，贯彻"申报即担责"理念，对于涉嫌存在重大违法违规行为的，发行人和中介机构即使撤回发行上市申请，也会一查到底；坚持全覆盖打击，涵盖申报、注册、发行等重点环节，涉及主板、科创板、创业板、北京证券交易所（以下简称北交所）等重点板块。目前《首次公开发行股票注册管理办法》《上海证券交易所股票发行上市审核规则》《上海证券交易所上市公司证券发行上市审核规则》《上海证券交易所股票上市规则》《深圳证券交易所股票上市规则》《深圳证券交易所创业板股票上市规则》《北京证券交易所股票上市规则（试行）》等制度对 IPO 过程中发行人及其控股股东、实际控制人、保荐人、证券服务机构等的违规行为做出了详细的处罚规定，具体如表 3-3 所示。其中，发行人所报送的注册申请文件和披露的信息存在虚假记载、误导性陈述、重大遗漏，或者隐瞒重要事实、编造重大虚假内容的，发行人将面临证券市场禁入的处罚而影响 IPO。

表 3-3
软件和信息技术服务业 IPO 违规事项、处罚对象与方式

监管机构	违规事项	处罚对象	处罚方式
证监会	（1）在证券发行文件中隐瞒重要事实或者编造重大虚假内容。 （2）存在以下情形，重大事项未报告、未披露：	发行人的有关责任人员	证券市场禁入。

第三章　行业 IPO 审核现状及总体分析

续表

监管机构	违规事项	处罚对象	处罚方式
证监会	①注册申请文件存在虚假记载、误导性陈述或者重大遗漏； ②发行人阻碍或者拒绝证监会、交易所依法对发行人实施检查、核查； ③发行人及其关联方以不正当手段严重干扰发行上市审核或者发行注册工作。 （3）发行人及其董事、监事、高级管理人员、控股股东、实际控制人的签字、盖章系伪造或者变造。 （4）发行人的控股股东、实际控制人违反规定，致使发行人所报送的注册申请文件和披露的信息存在虚假记载、误导性陈述或者重大遗漏，或者组织、指使发行人进行财务造假、利润操纵或者在证券发行文件中隐瞒重要事实或编造重大虚假内容。	发行人的有关责任人员	证券市场禁入。
	发行人的董事、监事和高级管理人员及其他信息披露义务人违反规定，致使发行人所报送的注册申请文件和披露的信息存在虚假记载、误导性陈述或者重大遗漏的。	发行人的有关责任人员	视情节轻重，可以采取责令改正、监管谈话、出具警示函等监管措施；情节严重的，可以对有关责任人员采取证券市场禁入的措施。
	未勤勉尽责，致使发行人信息披露资料中与其职责有关的内容及其所出具的文件存在虚假记载、误导性陈述或者重大遗漏。	证券服务机构	
	（1）制作或者出具的文件不齐备或者不符合要求； （2）擅自改动注册申请文件、信息披露资料或者其他已提交文件； （3）注册申请文件或者信息披露资料存在相互矛盾或者同一事实表述不一致且有实质性差异； （4）文件披露的内容表述不清，逻辑混乱，严重影响投资者理解； （5）未及时报告或者未及时披露重大事项。	发行人、证券服务机构及其相关人员	
	未勤勉尽责，致使发行上市申请文件、信息披露文件被认定存在虚假记载、误导性陈述或者重大遗漏。	保荐人及其保荐代表人等相关人员	视情节轻重，按照《证券发行上市保荐业务管理办法》规定采取措施。

续表

监管机构	违规事项	处罚对象	处罚方式
证监会	（1）伪造或者变造签字、盖章； （2）重大事项未报告、未披露； （3）以不正当手段干扰审核注册工作； （4）不履行其他法定职责。	证券服务机构及其相关人员	证券市场禁入。
	发行人披露盈利预测，利润实现数未达到盈利预测的百分之八十，除因不可抗力外。	法定代表人	其法定代表人、财务负责人应当在股东大会以及交易所网站、符合证监会规定条件的媒体上公开做出解释并道歉；对法定代表人处以警告。
	发行人披露盈利预测，利润实现数未达到盈利预测的百分之五十，除因不可抗力外。	发行人的有关责任人员	采取责令改正、监管谈话、出具警示函等监管措施。
	为上述盈利预测出具审核报告的过程中未勤勉尽责。	会计师事务所和相关责任人员	视情节轻重，采取监管谈话等监管措施；情节严重的，给予警告等行政处罚。
	其他。	发行人及其控股股东和实际控制人、董事、监事、高级管理人员，保荐人、承销商、证券服务机构及其相关执业人员	视情节轻重，可以采取责令改正、监管谈话、出具警示函、责令公开说明、责令定期报告等监管措施；情节严重的，可以对有关责任人员采取证券市场禁入的措施。
	违反《中华人民共和国证券法》。	发行人及其控股股东、实际控制人，保荐人、证券服务机构及其相关人员	依法应予以行政处罚的，予以行政处罚；涉嫌犯罪的，依法移送司法机关，追究其刑事责任。

续表

监管机构	违规事项	处罚对象	处罚方式
交易所	发行上市过程中存在违反自律监管规则的行为，具体参照《上海证券交易所股票发行上市审核规则》《上海证券交易所上市公司证券发行上市审核规则》《上海证券交易所股票上市规则》《深圳证券交易所股票上市规则》《深圳证券交易所创业板股票上市规则》《北京证券交易所股票上市规则（试行）》等制度。	发行人及其控股股东、实际控制人、保荐人、承销商、证券服务机构等	采取一定期限内不接受与证券发行相关的文件、认定为不适当人选等自律监管措施或者纪律处分。

从2020—2023年软件和信息技术服务业违规处罚案例情况看，主要违规有两种类型，一是财务造假，涉及虚计营业收入、资产，欺诈发行等；二是会计处理不规范，如收入确认、薪酬核算、坏账准备计提不规范，未按规定披露生产经营情况重大变化、关联交易或关联关系，未履行其他相关承诺等。监管机构依据违规类型和情节严重性，分别对公司本身、实际控制人、董事长、董事、监事、总经理、财务总监、时任高管、员工等给予书面警示、通报批评、市场禁入、行政处罚等处罚，对会计师事务所给予书面警示，具体情况如表3-4所示。

表3-4

软件和信息技术服务业2020—2023年违规案例与处罚情况

公司简称	违规类型	处罚对象	处罚方式
慧辰股份	申请文件资料与实际不一致，虚列利润、营业收入、应收（预付）账款、资产，收入确认不规范，坏账、存货跌价准备计提不规范。	时任高管、时任董事、时任独董、时任监事	出具警示函
		公司本身、时任高管、时任董事长、时任董事、时任董秘、时任总经理	责令改正、行政处罚

续表

公司简称	违规类型	处罚对象	处罚方式
清大科越	未按规定披露生产经营情况等发生重大变化。	公司本身	书面警示
		会计师事务所及其从业人员	书面警示
泽达易盛	关联交易或关联关系披露违规，未按规定披露实际控制人、董监高情况，申请文件资料与实际不一致，虚列利润、营业收入、应收（预付）账款、资产，欺诈发行；未履行其他减持相关承诺。	时任实际控制人、高管、董事	公开谴责，行政处罚、市场禁入、书面警示等
迪普科技	未履行其他承诺：违反了在《招股说明书》中做出的承诺。	实际控制人	书面警示
纬德信息	会计处理不规范：财务报告中未计提员工年终奖，导致年度研发投入占比发生重大误差，影响科创属性判断。	公司本身	出具警示函
博科资讯	关联交易或关联关系披露违规。	公司本身	书面警示

数据来源：易董金融。

第五节 小 结

从制度依据层面来看，IPO 审核内容集中在主要业务循环、财务事项和技术与合规性事项三大方面。从实务案例层面来看，软件和信息技术服务业的 IPO 审核问询、被否案例和违规处罚涉及的重点问题也基本围绕这三个方面。主要业务循环方面，IPO 监管审核多关注销售业务模式、采购业务、成本核算、研发业务等活动。财务事项方面，企业并购活动、行业收入季节性、业绩波动、税收优惠、会计政策和会计估计变更、信息披露等事项备受关注。技术与合规性事项方面，IPO 审核会重点关注板块定位问题、核心技术先进性、公司治理、关联交易、数据合规性和安全、资金占用、招投标管理、合同管理、信息系统管理等事项。

综上所述，会计师在进行 IPO 审计以及拟申报企业进行财务业务规范时，需重点核查以上三大方面的具体事项，接下来本书第四章、第五章、第六章将主要从 IPO 审核关注要点、审计应对思路以及实务案例展示三个方向出发，对 IPO 审核重点事项展开详细论述。

第四章
行业主要业务循环审核要点及应对

IPO Practice of
Software and Information
Technology Services

从主要业务循环来看，销售收款、成本支出、研发活动等循环是IPO监管审核的重点内容，主要原因在于：首先，与其他行业相比，软件和信息技术服务业的专业性较强，产品通常没有实物形态，业务模式复杂多样，因而其销售收款业务容易被关注；其次，由于行业内企业轻资产运营、技术密集的行业特点，人工成本成为软件企业核心成本之一，但不同销售业务模式的成本核算具有一定的差异，例如系统集成业务除人工成本外还涉及硬件成本，相对复杂，受到重点关注；最后，行业市场竞争激烈，技术更新迭代快，而研发活动是软件企业在科技领域不断创新和经营发展的关键，因此一直是软件企业IPO审核的重点。

第一节　销售收款业务循环

一、销售业务模式概述

一般情况下，软件和信息技术服务业在某一领域的经营活动中，对企业自身及产品或服务进行定位，选择客户，获取和利用资源，进入市场，在其运行过程中创造价值并从中获取利润，这也是一个企业创造价值的核心逻辑。表4-1列示了软件和信息技术服务业常见的商业模式。

表 4–1

软件和信息技术服务业常见商业模式

商业模式	主要特点	主要产品类型	代表企业
标准（通用）软件商业模式	提供的软件主要是数据库管理软件、中间件和针对特殊应用的软件系统；通过销售软件取得收入，交付方式简单；研发和创新能力是重点。	标准软件	微软、Oracle
系统集成商业模式	收入是以项目整体进行结算的；项目管理、专业知识、技术等是关键。	系统集成业务	中创、东软、用友
企业解决方案商业模式	软件产品交付可以分为售前咨询、软件开发和售后服务三个阶段；软件的供应是核心环节。	定制软件	用友、浪潮、中航信
软件即服务商业模式	提供软件的部署、维护和更新，而且用户可以按需（使用人数、使用时间、使用空间、软件功能等）使用并付费。	SaaS	用友、金蝶、浪潮
软件与信息服务外包商业模式	需要一定编制能力的软件劳动力的充足供应、先进的流程和质量管理体系，同时需要具有较强的全球交付能力。	ITO外包	东软、启明信息

（一）标准（通用）软件商业模式

标准（通用）软件商业模式，即根据特定领域的市场需求研发标准化的软件产品进行销售。客户无须为软件添加或调整代码和语句即能完成软件的安装配置、应用初始化、系统管理、用户使用的全过程，并且软件至少能满足大部分用户某一组应用需求。相较于针对个别用户的特定需求定制开发软件，标准软件是企业根据市场需求自行研发的、普遍适用于某类业务的通用软件，面向一般大众用户或一般企业用户，例如常见的 Office 办公软件、Photoshop 图片编辑软件、DEA 芯片设计软件、CAD 工业制图软件等。其特点是通用性强，软件开发水平较高，程序维护业务量小，购置成本相对较低。通常客户在付费后就可以获得某软件的永久使用权，并且不需要软件公司提供其他相关服务。在这种商业模式下，软件企业与客户之间的合作程度较低，软件产品的标准化程度较高。

标准软件商业模式的收入来源主要是软件销售，由于在不同的细分市场中，如果只有一家或少量公司成为软件的供应方，则其可以凭借垄断地位控制整个细分市场；同时由于软件的边际成本几乎为零，只要软件产品在市场上获得认可，则软件企业就可通过这一软件持续不断的销售而获得利润。

如图 4-1 所示，标准软件企业的一般业务流程包括签订合同、软件授权、签收（验收）以及后续的技术支持、维护和升级服务。

签订合同 ➡ 软件授权 ➡ 签收/验收 ➡ 技术支持、维护、升级服务

图 4-1 标准化模式业务流程

标准软件业务模式新颖多样，导致收入确认时点也不尽相同。其中计费方式和销售模式对收入确认的影响最为重要，主要的计费方式和销售模式如表 4-2 和表 4-3 所示。

表 4-2

标准软件主要计费方式

计费方式	业务描述
永久一次授权	向客户提供其所购买版本的软件的永久授权，软件可以无限期使用，但如果未来出现软件版本更新时，需要购买新的授权才能够使用新产品，如 Office 2016 等。
固定期限授权（订阅模式）	在某一期间向客户提供软件产品的使用权，在此期间内，客户可以随意使用最新版本的软件而不需要支付额外的费用，如 Office365 等。
按升级及技术支持服务收费	在一定期间内对客户提供升级、更新及技术支持服务进行收费。

表 4-3

标准软件主要销售模式

销售模式	业务描述
非在线商店直接销售模式	采用电话、E-mail 及销售人员上门等方式进行产品的直接销售。
官方在线商店销售	在官方网站上直接进行产品的销售，如各大软件公司的官方网上商城。
代理销售模式/非买断制经销模式	一般通过第三方在线应用商店销售，如 Microsoft Store、Apple Store 等。
买断制经销模式	通过经销商进行销售。

（二）系统集成商业模式

系统集成是指集成商通过应用各种计算机软件技术以及各种硬件设备，经过集成设计、安装调试等技术性工作，按照客户需求所提供的系统整体解决方案，如图 4-2 所示。集成的各个分离部分原本就是一个个独立的系统，集成后的整体的各部分之间能彼此有机、协调地工作，以发挥整体效益，达到整体优化的目的。系统集成商业模式最常见的产品是系统集成开发，通常以项目形式开展。客户群通常是对信息传输和信息传递有较高要求并且对计算机硬件和软件较为依赖的行业和企业。

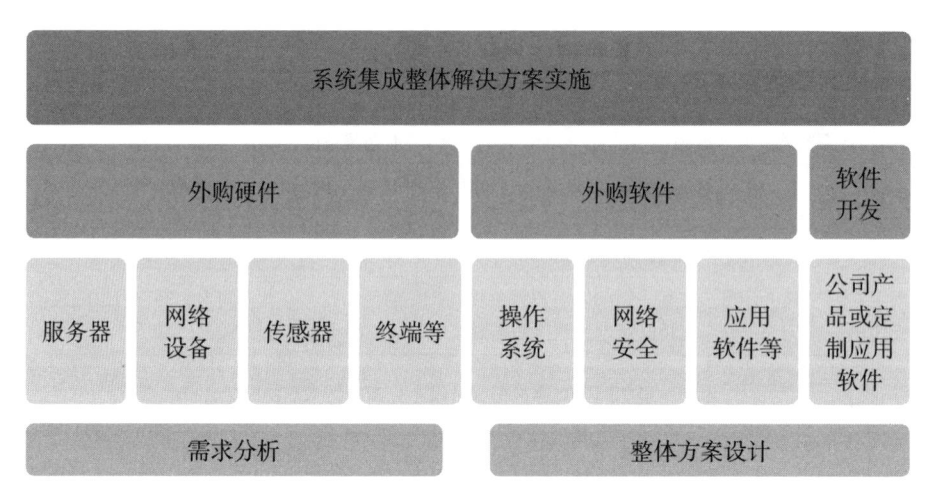

```
┌─────────────────────────────────────────────────────┐
│            系统集成整体解决方案实施                     │
└─────────────────────────────────────────────────────┘

┌──────────────────────┐ ┌──────────────────┐ ┌────────┐
│      外购硬件         │ │     外购软件      │ │软件开发 │
└──────────────────────┘ └──────────────────┘ └────────┘

┌────┬────┬────┬────┐ ┌────┬────┬────┐ ┌────────┐
│服务│网络│传感│终端│ │操作│网络│应用│ │公司产品 │
│器  │设备│器  │等  │ │系统│安全│软件│ │或定制应 │
│    │    │    │    │ │    │    │等  │ │用软件  │
└────┴────┴────┴────┘ └────┴────┴────┘ └────────┘

┌──────────────────┐     ┌──────────────────────┐
│     需求分析      │     │      整体方案设计      │
└──────────────────┘     └──────────────────────┘
```

图 4-2　系统集成业务解决方案

系统集成业务的主要特点有：一是综合性，系统集成业务的实质是硬件销售、软件设计及集成安装调试的组合，即将各个分离的设备、功能和信息等集成到一个系统中的"一揽子业务"；二是部署实施周期长，与普通的设备供货或成型的软件产品销售相比，存在定制、修改、开发的过程，实施周期比较长；三是合同条款具有综合性，集成业务合同包含设备、软件、自有软件的开发等进行集成、安装、调试等。

一般情况下，集成商在项目所有软硬件安装调试完成并经过系统运行测试后，由客户进行验收并出具验收报告，即代表完成集成系统的最终交付。系统集成业务的一般流程如图 4-3 所示。

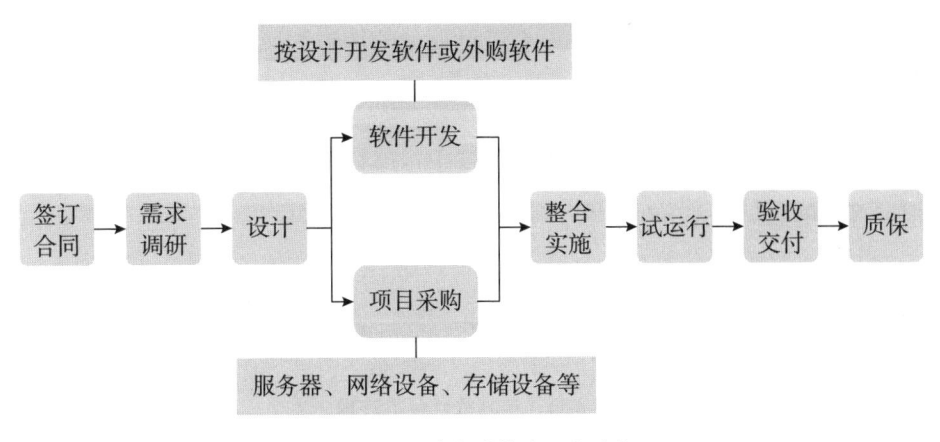

图 4-3　系统集成模式业务流程

（三）企业解决方案商业模式

企业解决方案商业模式将企业管理理念、业务流程、基础数据、人力和物力整合于一体，以软件形式表现为企业资源管理系统。企业解决方案的价值在于提供决策支持能力，既可以是辅助高层管理人员进行战略层面的决策，也可以是辅助后勤、生产、设计、销售、人力、财务等职能部门的日常运行。企业解决方案以直销为主，一般分为高端市场和中小企业市场，不同的市场采取的销售策略也不相同。

企业解决方案商业模式中最常见的产品是定制化开发。定制化软件开发业务是指软件厂商根据特定使用对象或特定项目，在已有的软件平台上，根据特殊需求对软件进行定制开发，使之更加满足客户需求，实现某些特定功能组合。通常涉及流程梳理和改进、个性化应用软件设计、开发、测试、软件安装部署以及数据迁移等定制化服务。一般面向企业用户或者特定工程项目，例如大型企业集团的内部管理软件、为某政府机关开发的行政管理系统、为某大型工程开发的运营管理系统等。

定制软件一般业务流程如图 4-4 所示。公司在与客户签订合同后，组建项目实施小组，与客户就具体需求进行充分的沟通和交流并确定实施方案；方案确定后，项目实施人员开始进行需求分析、程序开发、系统部署、试运行、验收测试等后续工作。在整个过程中，项目组与客户保持持续的沟通，根据客户的意见调整开发过程，确保产品充分满足客户需求。

签订合同 → 需求分析 → 规划设计 → 程序开发 → 系统部署 → 试运行 → 验收测试 → 质保

图 4-4　定制软件业务流程

（四）软件即服务（SaaS）商业模式

软件即服务（SaaS）是一种基于云的软件模型，可通过互联网浏览器将应用程序交付给最终用户。SaaS 供应商托管服务和应用程序，供客户按需访问。使用 SaaS 产品／服务时，企业无须考虑服务的维护和底层基础设施的管理，只需要考虑如何使用软件即可。SaaS 模式的另一个典型方面是按订阅或按使用付费模式付费的定价，如按照客户订阅的账户数、产品类别、功能模块和使用时长等进行定价收费，而不是一次性购买所有功能。

SaaS 本身就是一种产品，即为客户搭建运行平台，包括前期实施、后期运营服务等。用户获取软件服务时不需要将软件产品安装在自己的计算机或服务器上，服务提供商将应用软件统一部署在自己的服务器上，用户无须管理和控制底层的基础设施。

SaaS 一般运行在服务器或云端，SaaS 公司需自建服务器或购买云计算资源及服务，以支持 SaaS 产品的计算及存储。

（五）软件与信息服务外包（ITO）商业模式

信息技术服务外包（Information Technology Outsourcing，ITO）是指企

业专注于自己的核心业务，而将其 IT 系统的全部或部分业务外包给专业的信息技术服务公司，主要包括信息技术的系统、应用管理及技术支持的服务。ITO 能使公司更具有应对快速变化的环境所必需的灵活性，同时也能使其将精力集中于公司的核心竞争力上。软件和信息服务外包模式是软件和信息技术服务业的 OEM 模式[1]，不同的是软件外包服务模式提供了程序代码。在此商业模式中，客户向外包商提出专业技术人员需求，外包商向客户提供资质和技能满足要求的专业技术人员，按客户要求的流程和规范提供技术服务，提供服务一般在客户指定的地点进行，工作成果通常包括服务文档、源代码等。

软件外包企业通过为发包企业提供模块或组件的开发、测试等相关服务取得收入，而影响定价的因素多是这些工作的技术复杂程度以及提供同质服务的供应方的数量，外包服务在整个软件价值链中所创造的价值较低，且面临激烈的市场竞争。

如图 4-5 所示，ITO 业务主要流程为：销售人员通过市场分析和寻找商业机会获取订单，依据客户的需求及反馈制定需求规划，规划服务方案，配置适当的人员提供服务，最后完成交付和提供后续维护质保等。

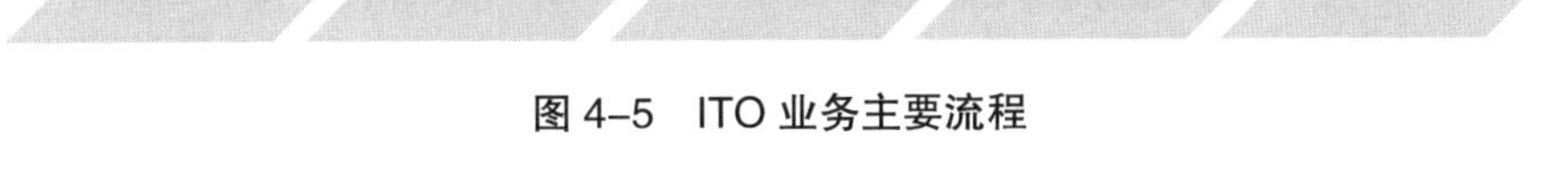

合同签约 → 需求规划 → 人员配置 → 服务交付 → 维护质保

图 4-5 ITO 业务主要流程

依服务内容和结算方式不同，ITO 外包服务可以分为以下三种类型：

（1）基于工作量的外包模式。合同约定以工作量交付服务，合同通常约定基于人数、时间、工作量等进行收费。

---

[1] 即 Original Equipment Manufacturer，贴牌生产或原始设备制造商。

（2）基于服务期的外包模式。通常为应用系统定期维护或故障维护等运行维护或类似业务。

（3）基于交付成果的外包模式。合同约定以成果交付服务，通常约定对合同明确的项目成果进行验收。

二、销售业务活动内部控制

与销售业务相关的通用内部控制流程主要包括合同签订、产品发货与交付、销售与记录应收账款、收款、对账与调节、计提坏账准备，各流程对应的风险点及控制目标如表4-4所示。

表 4-4

销售业务相关的内部控制

流程	风险点	控制目标
合同签订	客户未经授权审批，导致可能诱发虚构销售交易等舞弊风险。	所有客户均经授权审批。
	合同的价格、信用期等条款未经授权审批，可能导致高估/低估收入或营业收入等风险。	合同经过适当授权审批。
	信用政策未经过适当审批，可能导致虚构收入或应收账款无法收回等风险。	信用政策经过适当授权审批。
产品发货与交付	未经授权的销售发货可能导致虚构收入等风险。	发出的货物均已得到审批且已实际发出。
	线上交付，未对软件许可授权的信息进行完整记录，可能导致虚增收入等风险。	所有发出的产品授权码，以及客户的授权/回执信息均已及时、准确记录。
销售与记录应收账款	应收账款的金额记录错误，导致高估/低估收入、应收账款和合同负债等风险。	发出的产品得到准确记录且仅记录实际发出的产品。
	销售业务记录不完整，导致低估收入，低估/高估应收账款、合同负债等风险。	所有销售业务均已及时记录。
	签收单或验收单丢失或遗漏等原因使得收入确认不及时，导致销售和应收账款没有记录在正确的会计期间等风险。	所有发出的产品已经客户签收/验收/回执，并及时、准确记录。
	对服务类质保未及时正确处理，导致高估收入、应收账款或低估销售费用等风险。	对服务类质保准确识别和记录。

续表

流程	风险点	控制目标
收款	销售收款在错误的销售订单中，导致财务报表列报和披露错误。	已经收到的款项均记录在正确的账户。
对账与调节	未定期与客户对账并根据对账情况调整应收账款及营业收入，导致高估/低估收入、应收账款等风险。	定期与客户对账，编制应收账款余额和销售收入金额调节表。
计提坏账准备	未定期分析应收账款账龄，对预期的、可能存在坏账的应收账款计提坏账不充分，导致高估应收账款等风险。	准确计提坏账准备，并记录于恰当账户。
	对于应收账款核销未经过适当审批。	核销坏账经过适当授权审批。

企业可以结合销售业务实际情况，全面梳理销售业务流程，制定科学合理的销售业务管理制度，明确销售、交付、收款等环节的职责和审批权限，定期检查评价销售业务内部控制的薄弱环节，采取有效的改进措施，确保实现销售目标。

三、收入审核要点及应对

与其他传统行业相比，软件和信息技术服务业的销售业务模式众多、较为复杂，且在同一业务模式下又区分不同的销售方式，如软件产品销售、订阅模式、付费升级服务等。不同业务模式决定了收入确认方式和时点不尽相同，在IPO审核时被予以重点关注。本部分重点探讨软件和信息技术服务业各销售业务模式的收入确认问题、IPO审核关注要点以及审计应对思路。

（一）标准（通用）软件业务

1.标准软件收入确认分析

标准软件收入确认方式主要取决于产品或服务的交付方式（计费方式）以及销售模式。根据《企业会计准则第14号——收入》（以下简称收入准则），按"五步法"模型的步骤分析标准软件的收入确认与计量。

（1）识别与客户订立的合同。标准软件产品具有普遍适用的特点，因此其产品具有确定性，较易判断合同是否明确所转让商品相关的权利和义务，以及是否具有商业实质。

（2）识别合同中的单项履约义务。因标准软件开发程度及成熟度较高，一般不涉及后续安装、调试、运行控制等服务，但可能会涉及打包销售和软件更新服务，识别各单项履约义务需具备一定的专业能力。需要判断软件更新升级服务是否构成一项重大履约义务，如果仅仅为常规升级，升级与否不影响客户正常使用，且没有单独提供有偿升级服务，则升级一般不作为单项履约义务。

（3）确定交易价格。标准软件交易价格应根据合同条款确定，通过经销商进行销售的可能涉及返利、奖励等。

（4）将交易价格分配至各单项履约义务。当出现由两项及两项以上履约义务组成一个合同时（一般情况下主要涉及免费升级服务和超过正常质保期的技术支持运维服务），需要确定每一个单项履约义务的交易价格，通常按照单独提供升级服务、运维服务价格进行分拆。

（5）履行每一单项履约义务时确认收入。企业应当在履行了合同中的履约义务，即在客户取得相关商品控制权时确认收入。取得相关商品控制权，是指能够主导该商品的使用并从中获得几乎全部的经济利益。履约义务时点须结合具体业务、合同等判断控制权何时发生的转移。

不同的计费方式和销售模式下，收入的确认方法与时点也存在差异。常见的计费方式有永久一次授权、固定期限授权和按升级及技术支持服务收费，销售模式有代理销售模式、非买断制经销模式、买断制经销模式、合同约定试用期等。

①软件授权——永久一次授权。交付产品许可并获取客户签收/验收证

明后即完成履约义务。对标准软件而言，交付产品后一般不存在从事对该项知识产权有重大影响的活动，因此属于某一时点履约义务，应在产品控制权转移时确认收入，具体为：当合同未约定验收条款时，在按照合同约定向客户交付软件授权后确认收入；当合同有约定验收条款时，在交付完成并取得客户验收报告或验收期满客户无异议后，确认收入。

②软件授权——固定期限授权。收入准则规定，满足下列条件之一的，属于在某一时段内履行履约义务；否则，属于在某一时点履行履约义务：第一，客户在企业履约的同时即取得并消耗企业履约所带来的经济利益；第二，客户能够控制企业履约过程中在建（生产）的商品；第三，企业履约过程中所产出的商品具有不可替代用途，且该企业在整个合同期间内有权就累计至今已完成的履约部分收取款项。

收入准则还规定，授予知识产权许可，同时满足下列三项条件的，应当作为在某一时段内履行的履约义务确认相关收入；否则，应当作为在某一时点履行的履约义务确认相关收入：第一，合同要求或客户能够合理预期企业将从事对该项知识产权有重大影响的活动；第二，该活动对客户将产生有利或不利影响；第三，该活动不会导致向客户转让某项商品。

而与常见的其他固定期限授权不同，标准软件授权在一次性授予后，后续无须提供持续服务，实质仍是销售一个产品，与永久授权一样，只是考虑客户的支付能力不同，给客户提供一个较低价格使用软件的方案。标准软件一般很难满足上述在某一时段内确认相关收入的条件，也很难满足授予知识产权许可在某一时段内确认收入的条件，因此通常按时点确认收入。具体为：当合同未约定验收条款时，在按照合同约定向客户交付软件授权后确认收入；当合同有约定验收条款时，在交付完成并取得客户验收报告或验收期满客户无异议后，确认收入。

③按升级、更新及技术支持服务收费。对客户使用有重大影响的大版本的升级，一般会带来新的功能，大幅提升软件使用效率。当授权包含免费升级、更新，且升级、更新对客户使用有重大影响，则应将整体合同金额按软件销售和升级、更新服务拆分为两项履约义务，并分摊交易对价，在软件交付完成后先确认软件销售收入，在提供升级服务时再确认升级服务收入。

如果升级、更新仅仅是原有功能的修复或者简单优化，对客户使用效率没有明显提升，则不认为是有重大影响，这类升级亦很难有客户愿意单独付费购买，因此即使授权包含免费升级、更新，也无须对此类履约义务进行拆分。

另行单独提供升级、更新及技术支持服务的，根据合同约定，在一定期间内持续对客户提供升级、更新及技术支持服务，一般将该项服务识别为一项单独的履约义务，并在服务期间内分期确认收入。

④代理与经销。

代理销售模式下，代理商一般不取得软件的控制权，因此通常在代理商交付软件授权或收到代理商销售清单时确认收入。

经销模式（买断式）下，和直销的交付模式一样，所以收入的确认时点、依据和方法与直销一致。

经销模式（非买断式）下，在与经销商对账并取得经销商销售清单后，确认收入。

⑤合同约定试用期。如果合同约定了试用期，在授权后试用期内客户可以试用，但此时公司并不能确认未来经济利益流入的可能性，因此只有在获取客户款项或者取得收款权利时确认收入。

2. IPO 审核关注要点

基于上述不同计费方式和销售模式的收入确认问题，本书总结了标准软件业务模式下销售收入相关的 IPO 审核关注要点，具体如下：

（1）不同软件许可交付方式和业务模式下，收入确认是否符合收入准则要求；

（2）对于同时存在永久性授权和期限授权的，两种方式下收入确认是否存在差异；

（3）结合合同条款、业务实质判断软件升级、技术支持及质保等服务是否构成单项履约义务，各单项履约义务之间划分是否清晰；

（4）业务属于某一时段内还是某一时点履行的履约义务；

（5）激活数量与销量之间的差异情况、原因及其合理性；

（6）收入确认方式及时点是否符合行业惯例，是否与可比同行业公司存在差异等。

3. 审计应对思路

在 IPO 过程中，会计师需要结合合同对交付方式、安装验收、升级、更新及技术服务等条款，运用相关审计程序，在充分了解公司业务模式、业务流程，尤其是软件授权流程的基础上，判断软件企业各类业务收入确认方式和时点是否合理。具体审计程序如下：

（1）获取公司销售相关内控制度，访谈财务及销售部门相关人员，了解公司主要产品、销售模式、收入确认政策变化及其执行等具体情况。

（2）获取公司主要销售合同、订单等，检查相关文件中有关收入确认的关键条款，查看主要交易内容、合同中的权利和义务约定、信用政策等条款，评价是否按照收入准则的规定识别了所有的单项履约义务，各单项履约义务之间划分是否清晰，收入确认是否符合企业会计准则要求。

（3）关注激活码或加密锁的授权加密机制、生成、授权及记录日志情况；

关注交付客户情况，分析激活数量、软件锁活跃记录与销量之间的差异情况、原因及其合理性。

（4）查阅可比公司收入确认政策，评价公司收入确认方式是否符合行业惯例，收入确认政策与可比公司相比是否存在重大差异，是否符合收入准则的要求。

4. 实务案例

（1）软件授权——永久一次授权。

案例1

中望软件

对于软件产品新购及软件收费升级业务，当公司交付相应软件密钥并经客户签收后，即完成相应的履约义务，在客户签收时点确认收入。

案例2

英方软件

在软件许可发送给客户并取得客户验收单或签收单、已收取价款或取得收款权利且相关的经济利益很可能流入时确认收入，报告期内，公司软件产品的许可以电子邮件方式交付客户。公司产品为标准化数据复制软件，适配兼容性较好，通常情形下，不需要验收，经销商通常在收到软件产品授权许可时签收即可。

案例3

福昕软件

合同约定永久授权费按固定金额收取的,公司依据合同约定在交付软件授权(发送软件序列号、软件包)后,确认收入。合同有另行约定验收条款的,取得客户验收报告或验收期满客户无异议后,确认收入。

(2)软件授权——固定期限授权。

案例

浩辰软件

订阅模式:授予用户一段时间内使用软件的权利;用户通常可以选择不同授权期限,如半年、一年、三年等,并支付相应的订阅费用。

永久授权模式:授予用户永久使用软件的权利;用户可以选择按数量授权或按场地授权,并支付永久授权费用。

两者仅为授权期限差异,因此公司均按照客户收到产品,并收到签收单(收货确认单)后确认收入。

(3)升级、更新及技术支持服务。

案例1

浩辰软件

合同中包含软件产品销售与免费升级服务的,将交易价格在两项履约义务之间进行分摊，软件产品向客户交付并经客户确认后确认收入；升级服务在向客户交付升级密钥或升级服务期满时确认收入。

案例2

英方软件

维保服务包括收费维保服务和一年以上的免费维保服务。收费维保服务采用直线法在合同约定的维保期限内分期确认；2020年开始，公司将一年以上的免费维保服务识别为单项履约义务，采用直线法在超过一年的维保期内分期确认。

案例3

福昕软件

升级及技术支持服务：该项服务随永久授权产品销售并单独定价，公司对购买该项服务的客户提供一定期限的升级保障及优先技术支持服务。公司在合同约定的服务所属期间内，采用直线法分期确认收入。

案例4

华大九天

公司提供的免费更新升级软件服务主要系针对已发布产品的功能缺陷和易用性问题进行修复，并非对功能进行有重大影响的升级，公司技术支持人员针对软件操作使用层面提供的技术支持，是为了保证 EDA 软件的正常使用。公司提供免费的维护和更新升级服务，与销售的 EDA 软件本身具有高度关联性，是公司针对 EDA 软件产品的质量保证。公司 EDA 软件交付后，后续维护及技术支持工作与销售合同中承诺的 EDA 软件具有高度关联性，公司没有提供符合既定标准之外的单项服务，且客户不能够单独购买该质量保证服务，系保证类质量保证，不构成单项履约义务。

（4）代理与经销。

案例 1

致远互联（买断式）

公司在收到订单后，通过经销商授予最终客户使用许可，因无须公司实施开发服务，产品到达约定地点，经销商完成到货签收后，产品所有权上的主要风险报酬转移，并同时满足销售商品收入确认一般原则时确认收入。

案例 2

浩辰软件（非买断式）

公司每月与客户进行对账，对账后取得客户销货清单后确认收入。

（5）合同约定试用期。

案例

品茗科技

公司在向客户交付软件密码锁时给予预授权，相当于完成产品交付授权，而客户确认主要是付款或表示明确的付款意向；因此，选取"产品交付且客户表达清晰付款意向"的时间节点作为收入确认的时间节点。

（6）财政部收入准则应用案例——标准化软件产品的收入确认时点。

案例1

A公司是一家软件开发公司，与B公司签订软件授权许可合同，将其自行研发的成熟的标准化软件产品授权给B公司永久使用，并提供为期一年的保证类质量保证，质保期自软件激活之日起算。2×22年1月1日，A公司按合同约定的价格向B公司交付软件产品，包括：（1）软件授权书；（2）软件及安装调试介质（光盘）。当日，B公司清点交付的软件产品，签署了验收签收单。根据合同约定，B公司应于一个月的正常信用期内支付货款，除非软件产品本身存在质量问题，否则B公司无权要求退货。A公司判断B公司具有可靠的偿付能力。B公司取得软件产品后可随时自行安装软件，安装完成后，在系统中输入软件授权书中的授权许可信息即可在线获取A公司系统中自动生成的激活码，录入激活码激活软件之后B公司可永久使用该软件。2×22年1月15日，B公司支付软件采购价款。B公司自2×22年1月1日获取该软件后，由于相关配套硬件设施及其他系统尚未安装完成，因此B公司并未激活该软件，直至2×22年3月1日，相关配套硬件设施及其他系统已安装完成，B公司激活并正式开始使用该软件。假设该合同中仅包含软件授权许可一项履约义务，并属于在某一时点履行的履约义务，不考虑其他因素。

本例中，2×22年1月1日，软件授权许可的相关文档已移交给B公司，B公司有权随时自行安装，可凭软件授权书中的授权许可信息获取A公司系统中自动生成的激活码以激活软件并开始使用，因此激活码的生成及软件的激活并无实质性障碍，B公司已经可以主导该软件产品的使用并从中获得几乎全部的经济利益，同时也负有向A公司支付货款的义务。因此2×22年1月1日，B公司已经取得了该软件产品的控制权，B公司此时尚未生成激活码不影响B公司取得该软件产品的控制权。A公司应当于2×22年1月1日确认软件授权许可收入。

案例2

A公司是一家软件开发公司，与B公司签订软件授权许可合同，将其自行研发的成熟的标准化软件产品授权给B公司永久使用，并提供为期一年的保证类质量保证，质保期自软件激活之日起算。2×22年1月1日，A公司按合同约定的价格向B公司交付软件产品，包括：（1）软件授权书；（2）软件及安装调试介质（光盘）。当日，B公司清点交付的软件产品，签署了验收签收单。根据合同约定，除非软件产品本身存在质量问题，否则B公司无权要求退货。B公司考虑到软件产品可能大约三个月后才会投入使用，经与A公司协商，双方在合同中约定B公司可以于三个月内支付货款，并在支付完软件采购价款后B公司才能在线申请激活码。A公司判断B公司具有可靠的偿付能力，但三个月时间超出其正常的信用期（一个月），因此A公司在其系统中对出售给B公司的软件授权书进行了备注，B公司需在支付完软件采购价款后，在线申请激活码，经 A 公司相关部门审核批准才能生成并获取激活码。2×22 年 3 月 25 日，B 公司完成软件采购价款的支付，并向 A 公司申请激活码，A 公司审核批准后，当日生成激活码并提供给 B 公司，B 公司录入激活码激活并正式开始使用该软件。假设该合同中仅包含软件授权许可一项履约义务，并属于在某一时点履行的履约义务，不考虑其他因素。

本例中，2×22 年 1 月 1 日，A 公司将软件产品交付给 B 公司时，A 公司并未在系统中对 B 公司开放自动获取激活码的权限，B 公司想要使用软件产品仍需支付完软件采购价款并经过 A 公司的审核批准，因此 B 公司并不能主导软件产品的使用并从中获得几乎全部经济利益，此时 B 公司未取得软件产品的控制权。2×22 年 3 月 25 日，B 公司支付完软件采购价款并经 A 公司审核批准后获取了激活码，自此才获得了软件产品的控制权。A 公司应当于 2×22 年 3 月 25 日确认软件授权许可收入。

（二）系统集成业务

1. 系统集成收入确认分析

在实务中，系统集成业务的复杂性导致收入确认方面存在较多专业判断，突出体现在：一是合同承诺的所有商品或服务是否可明确区分，即一个系统集成业务合同是否能够拆分为多个单项履约义务；二是系统集成业务合同采用总额法还是净额法确认收入；三是质量保证条款是否属于单项履约义务；四是在履行履约义务时确认收入，是属于某一时点还是某一时段内确认收入。不同的判断结果对收入确认的方式和时点具有重大影响。

（1）单项履约义务的判断。

由于系统集成业务涉及多项软件及硬件的销售，因此销售合同中各项产品是否属于可明确区分的商品、是否分别构成单项履约义务，需要专业判断。

根据企业会计准则应用指引，下列情况通常表明企业向客户转让商品的承诺与合同中的其他承诺不可单独区分：

①企业需要提供重大服务以将该商品与合同中承诺的其他商品进行整合，形成合同约定的某个或某些产出转让给客户；

②该商品将对合同中承诺的其他商品予以重大修改或定制；

③该商品与合同中承诺的其他商品具有高度关联性。

在系统集成业务中，硬件产品（如服务器）作为软件的载体为整体方案提供硬件支撑，而企业的软件需通过相关硬件产品实现其预期功能，企业无法通过单独交付其中的某一单项商品（如单独的硬件或软件）而履行其合同承诺，由此表明合同中的这些商品受到彼此的重大影响，具有高度关联性。即系统集成将软件各模块重大关联并与硬件高度整合，在整合完毕后作为一个整体交付给客户，因此一般情况下作为一个单项履约义务，不按照模块或者软硬件拆分为多项履约义务。

软硬件组合销售是另一种业务，虽然也同时销售软件和硬件，但其与系统集成的区别在于：软硬件组合销售一般属于标准化商品交付，而系统集成是包含了总体方案设计、应用软件开发、项目集成部署实施的全周期信息系统建设，其对软硬件进行了重大整合。

（2）主要责任人的判断。

在系统集成项目中，硬件（服务器、网络设备等）和通用软件（操作系统、安全软件等）存在完善的外部市场，因此一般情况下集成商通过直接采购来获取所需的硬件和通用软件。同时，也因硬件和通用软件市场高度开放，理论上在系统集成商确定硬件参数或型号后，客户也可自行直接采购第三方硬件，因此在实际业务中存在三种采购模式：一是集成商直接采购；二是客户直接采购；三是系统集成商与客户协商确定采购。其中由集成商直接采购的情形占比最高，主要是客户出于对系统适配稳定性及售后维护便捷方面的考虑，由集成商直接采购有利于提升系统的稳定性和售后维护的效率。

由于存在多种向第三方采购的模式，因此公司在提供整体解决方案过程中是主要责任人还是代理人需要专业判断。如前所述，系统集成项目是提供重大服务将该商品或服务整合成组合产出再转让，在系统集成实施后，公司的软件系统已集成嵌入相关硬件产品，从根本上改变了产品并实现了客户的功能需求。通常情况下，系统集成业务均提供了重大服务将商品和服务整合组成产出再转让。因此在系统集成业务中，集成商一般情况下属于主要责任人，应按总额确认收入。

（3）质量保证条款。

公司的集成业务合同中，通常约定了免费售后维护服务（包括免费软件升级维护等）条款。公司应对合同中售后维保条款逐一进行识别，以判断其是否属于单项履约义务。

质量保证条款通常分为保证类保证和服务类保证。对系统集成业务而言，具体分析如下：

①保证类保证，是指对于仅提供一般故障响应类的质量保证条款，属于为客户提供的一项保证所销售商品符合既定标准的保证类质量保证，不构成一项单独的服务。

②服务类保证，是指对于除了一般故障响应之外，还提供升级、维护和技术服务的质量保证条款，属于在向客户保证所销售的商品符合既定标准之外提供的服务类质量保证，构成单项履约义务，需要从合同金额中予以分拆，并在服务期内分摊确认收入，客户在公司履约的同时即取得并消耗公司履约所带来的经济利益，属于按时段法确认收入的履约义务。

（4）质量保证是否应计提预计负债。

企业会计准则及其应用指南对质量保证和预计负债相关的内容做了具体规定，如表4-5所示。

表4-5
质量保证和预计负债相关制度规定

制度名称	章节	具体规定
《企业会计准则第14号——收入》	第五章 特定交易的会计处理	第三十三条 对于附有质量保证条款的销售，企业应当评估该质量保证是否在向客户保证所销售商品符合既定标准之外提供了一项单独的服务。企业提供额外服务的，应当作为单项履约义务，按照本准则规定进行会计处理；否则，质量保证责任应当按照《企业会计准则第13号——或有事项》规定进行会计处理。在评估质量保证是否在向客户保证所销售商品符合既定标准之外提供了一项单独的服务时，企业应当考虑该质量保证是否为法定要求、质量保证期限以及企业承诺履行任务的性质等因素。客户能够选择单独购买质量保证的，该质量保证构成单项履约义务。
《〈企业会计准则第14号——收入〉应用指南》（2018）	附有质量保证条款的销售	企业在向客户销售商品时，根据合同约定、法律规定或本企业以往的习惯做法等，可能会为所销售的商品提供质量保证，这些质量保证的性质可能因行业或者客户而不同。其中，有一些质量保证是为了向客户保证所销售的商品符合既定标准，即保证类质量保证；另一些质量保证则是在向客户保证所销售的商品符合既定标准之外提供了一项单独的服务，即服务类质量保证。企业应当对其所提供的质量保证的性质进行分析，对于客户能够选择单独购买质量保证的，表明该质量保证构成单项履约义务；对于客户虽然不能选择单独购买质量保证，但是，如果该质量保证在向客户保证所销售的商品符合既定标准之外提供了一项单独服务，也应当作为单项履约义务。作为单项履约义务的质量保证应当按本准则规定进行会计处理，并将部分交易价格分摊至该项履约义务。对于不能作为单项履约义务的质量保证，企业应当按照《企业会计准则第13号——或有事项》的规定进行会计处理。企业在评估一项质量保证是否在向客户保证所销售的商品符合既定标准之外提供了一项单独的服务时，应当考虑的因素包括： （1）该质量保证是否为法定要求。当法律要求企业提供质量保证时，该法律规定通常表明企业承诺提供的质量保证不是单项履约义务，这是因为，这些法律规定通常是为了保护客户，以免其购买瑕疵或缺陷商品，而并非为客户提供一项单独的服务。 （2）质量保证期限。企业提供质量保证的期限越长，越有可能表明企业向客户提供了保证商品符合既定标准之外的服务。因此，企业承诺提供的质量保证越有可能构成单项履约义务。 （3）企业承诺履行任务的性质。如果企业必须履行某些特定的任务以保证所销售的商品符合既定标准（例如，企业负责运输被客户退回的瑕疵商品），则这些特定的任务可能不构成单项履约义务。

续表

制度名称	章节	具体规定
《企业会计准则第13号——或有事项》	预计负债	第四条　与或有事项相关的义务同时满足下列条件的，应当确认为预计负债： （一）该义务是企业承担的现时义务； （二）履行该义务很可能导致经济利益流出企业； （三）该义务的金额能够可靠地计量。 第五条　预计负债应当按照履行相关现时义务所需支出的最佳估计数进行初始计量。 所需支出存在一个连续范围，且该范围内各种结果发生的可能性相同的，最佳估计数应当按照该范围内的中间值确定。 在其他情况下，最佳估计数应当分别下列情况处理： （一）或有事项涉及单个项目的，按照最可能发生金额确定。 （二）或有事项涉及多个项目的，按照各种可能结果及相关概率计算确定。 第六条　企业在确定最佳估计数时，应当综合考虑与或有事项有关的风险、不确定性和货币时间价值等因素。 货币时间价值影响重大的，应当通过对相关未来现金流出进行折现后确定最佳估计数。

根据以上制度规定，当与产品质量保证等或有事项相关的业务同时符合以下条件时，公司将其确认为负债：该义务是公司承担的现时义务；该义务的履行很可能导致经济利益流出企业；该义务的金额能够可靠地计量。

预计负债按照履行相关现时义务所需支出的最佳估计数进行初始计量。每个资产负债表日对预计负债的账面价值进行复核，如有改变则对账面价值进行调整以反映当前最佳估计数。

对于系统集成及软件开发业务，合同通常约定验收通过后，公司需为客户提供一至三年的免费维保服务。维保期内公司会因维护而产生人工、差旅费用、硬件设备返修费用以及其他维护成本。因涉及后续维保的客户众多，难以逐一估计后续提供维保义务的概率，故可以根据以前年度已过质保期项目实际发生的售后服务费占收入的比例等相关历史数据测算，确定按当年营业收入的一定比例作为最佳估计数计量预计负债。

实务中，建议根据企业的历史经验数据计提预计负债，除非能证明金额极小。从当前实务案例来看，有计提的，有未计提的。在不能说明影响金额极小的情况下，应当计提。因为在项目验收后，后续将很可能发生的售后服务费已经满足了或有事项准则规定的初始计量条件，且未计提存在少计成本费用、少计公司负债，高估公司净资产等问题。

（5）确定各单项履约义务是在某一时段内履行，还是在某一时点履行。

系统集成业务周期较长，因而按照时段法或者时点法确认收入对财务报表影响重大，通常运用收入准则第十一条的三个条件来判断采用时点法还是时段法。

收入准则第十一条明确，"满足下列条件之一的，属于在某一时段内履行履约义务；否则，属于在某一时点履行履约义务：

（一）客户在企业履约的同时即取得并消耗企业履约所带来的经济利益。

（二）客户能够控制企业履约过程中在建的商品。

（三）企业履约过程中所产出的商品具有不可替代用途，且该企业在整个合同期间内有权就累计至今已完成的履约部分收取款项。

具有不可替代用途，是指因合同限制或实际可行性限制，企业不能轻易地将商品用于其他用途。

有权就累计至今已完成的履约部分收取款项，是指在由于客户或其他方原因终止合同的情况下，企业有权就累计至今已完成的履约部分收取能够补偿其已发生成本和合理利润的款项，并且该权利具有法律约束力。"

满足其一即按照时段法确认，具体情况见表4-6。

表 4-6
按时段法确认收入判断要点

时段内履约的条件	判断要点
客户在企业履约的同时即取得并消耗企业履约所带来的经济利益。	假定在企业履约的过程中更换为其他企业继续履行剩余履约义务,当继续履行合同的其他企业实质上无须重新执行企业累计至今已经完成的工作时,则可以视为满足本条件; 如果部分软硬件是自产,假定中途更换其他企业,其他企业的软硬件和已使用的自产软硬件可能无法兼容,故无法在原有已完成工作基础上继续工作。
客户能够控制企业履约过程中在建的商品。	(1) 是否在客户现场进行设备安装和项目实施; (2) 在完成安装调试工作前,整体集成过程由集成商自行管理; (3) 客户是否每个月对完工进度进行确认。 (注意:满足以上三点并不代表满足客户能控制企业履约过程中在建的商品,只是分析判断时需要考虑的因素。)
企业履约过程中所产出的商品具有不可替代用途,且企业在整个合同期间内有权就累计至今已完成的履约部分收取款项。	(1) 系统集成项目一般是定制化的产品,符合具有不可替代用途的条件; (2) 是否满足"合格收款权":一是要求任一时点终止合同,都有权收取款项;二是款项要既包含成本,也包含利润,如果仅能收回成本,则不满足。

通过上表判断要点分析,一般情况下系统集成收入确认很难符合时段法确认收入的条件,目前申报企业基本上都是按照时点法,在验收后一次性确认收入。但是存在初验和终验确认收入两种情况,需要根据业务实质和合同条款等具体情况判断具体的验收时点。

2. IPO 审核关注要点

系统集成类业务存在项目周期长、合同金额大的特点,因此该类业务采用时段法还是时点法确认收入,对企业的财务报表影响重大。如果采用时点法,是按初验报告时间还是终验报告时间确认收入就极为重要,是否存在为了确保业绩提前确认收入,或者人为调整业绩,延后确认的风险等,都成为审核关注的重点,具体内容如下:

(1) 业务属于某一时段内还是某一时点履行的履约义务,收入的确认方法、依据是否符合企业会计准则规定；

（2）初验、终验时履行的验收程序的区别，以初验或终验报告作为收入确认依据的原因；

（3）验收单据形式、提供方、记载内容、验收签字人真实性及是否经授权、验收单加盖印鉴情况，验收单据未加盖公章是否具有商业合理性及法律效力；

（4）收入是采用总额法还是净额法核算及其核算的合规性；

（5）收入确认方法与同行业可比公司是否一致；

（6）是否存在项目金额较大而实施周期较短的情形，发行人是否存在人为调节收入确认时点的情形；

（7）相关验收时点、实施周期与合同约定时间的差异、相关原因的合理性和真实性；

（8）各期收入前十大系统集成项目的合同金额、合同签订时间、开工时间、约定及实际完工时间、验收时间，当期确认收入金额及占当期销售收入金额比例、预收款金额及占该项目收入金额比例、当期回款金额及占该项目收入金额比例、累计回款金额及占该项目收入金额比例，各期末存货及应收账款变动情况，项目毛利率情况等。

3.审计应对思路

如前所述，一般情况下系统集成业务很难符合时段法确认收入的条件，也很难分拆为多项履约义务，因此会计师对系统集成业务应重点核查收入确认的方式和时点。同时，涉及向第三方采购业务总额法、净额法的判断，以及质量保证条款是否拆分为单项履约义务，质量保证是否应计提预计负债，亦是核查重点。此外，对采用初验确认收入应保持审慎的态度。具体审计程序如下：

（1）访谈公司管理层、业务部门，了解公司业务开展模式、业务流程、收入确认方法；

（2）了解并测试与收入相关的内部控制；

（3）核查销售合同的验收条款、付款时间、责任条款、收入确认依据等资料，检查公司账面收入的记录是否与其收入确认政策相符；

（4）查阅公司同行业可比公司招股说明书、年度报告等公开资料，并与公司收入确认方法进行对比分析；

（5）访谈主要客户，了解项目建设的整体情况、建设流程、验收流程及相关标准，了解客户验收时间、付款时间，对比分析公司项目建设时间的合理性；

（6）分析项目立项时间、实施时间、完成时间、验收时间以及相对应的实施周期和验收周期的合理性；分析检查四季度或一季度收入是否存在明显异常情况；

（7）对发行人各类产品和服务收入的真实性、截止性进行核查，向发行人报告期内主要客户发函确认销售交易金额；

（8）对发行人主要客户实地走访或视频访谈，核查客户的工商资料、背景、业务规模等情况；核查客户与发行人之间的交易背景、合同金额、具体交易内容、销售的交货、安装调试、试运行、验收、结算等环节的实际执行情况；核查客户与发行人之间是否存在关联关系等情况。

4. 实务案例

（1）确定各单项履约义务是在某一时段内履行，还是在某一时点履行。

案例

华是科技

（一）公司系统集成业务属于在某一时点履行履约义务

根据《企业会计准则第14号——收入》，满足下列条件之一（见表

4-7）的，属于在某一时段内履行履约义务，否则属于在某一时点履行履约义务。结合合同条款对公司系统集成业务是否符合"某一时段内履行履约义务"具体分析如下。

表 4-7
系统集成业务是否符合"某一时段内履行履约义务"的具体分析

企业会计准则的具体条件	具有代表性的发行人合同条款	分析结论
条件一： 客户在企业履约的同时即取得并消耗企业履约所带来的经济利益。	杭州至绍兴城际铁路工程万绣路车辆基地智能化项目： "合同项下卖方提供的所有货物必须按合同规定的程序进行检验和验收。合同货物只有通过该检验验收程序且安装完成达到合同规定的验收标准方能被买方接受。" 之江实验室智能化建设项目： "本分包工程未能一次性竣工验收合格的，乙方应进行整改直到达到合格标准并通过验收，工期不予顺延，工期延误的，还应当承担工期延误违约责任。"	不符合。 发行人所实施的系统集成项目通常是综合各类软硬件的复杂集成系统。在完成最终调试并通过验收之前，各类软硬件并不具备实际使用功能。因此客户无法在履约过程中持续享受并消耗公司履约所带来的经济利益。
条件二： 客户能够控制企业履约过程中在建的商品。	瓯江航道整治工程之船闸工程： "交工验收证书颁发前，承包人应负责照管和维护工程及将用于或安装在本工程中的材料、设备。交工验收证书颁发时尚有部分未交工工程的，承包人还应负责该未交工工程、材料、设备的照管和维护工作，直至交工后移交给发包人为止。" 金华人民医院大健康集成项目： "产品运抵现场后至进场安装前，乙方负责保管，甲方予以配合；保管期间（直到安装调试验收合格交付甲方使用前），产生的风险由乙方承担。"	不符合。 项目验收且交付给客户前，相关商品由现场的项目经理人员进行统一管理，并由发行人自行承担商品的风险与报酬。因此在竣工验收前，商品的控制权并未移交给客户。

续表

企业会计准则的具体条件	具有代表性的发行人合同条款	分析结论
条件三： 企业履约过程中所产出的商品具有不可替代用途，且该企业在整个合同期间内有权就累计至今已完成的履约部分收取款项。 具有不可替代用途，是指因合同限制或实际可行性限制，企业不能轻易地将商品用于其他用途。 有权就累计至今已完成的履约部分收取款项，是指在由于客户或其他方原因终止合同的情况下，企业有权就累计至今已完成的履约部分收取能够补偿其已发生成本和合理利润的款项，并且该权利具有法律约束力。	之江实验室智能化建设项目： "进度款按月支付，乙方于每月25日前向甲方递交本月实际完成的工作量清单，甲方在7天内核实，并在次月收到发包人支付的对应工作内容的工程款后支付至审定已完工程量（不包括已进场但未安装就位的材料、设备）金额的70%。工程完工经竣工验收合格后支付至已审核工程量金额的80%。工程结算资料完整报送相关审核部门后支付至已审核工程量金额的85%，待项目结算审计结束、相关备案资料办理完毕后支付至结算审计价的97.5%。" 方太理想城智能化建设项目： "按每月支付一次进度款，按月实际完成工程量的70%计算（支付时应扣除预付款）；工程竣工验收合格后30个工作日内支付到合同总价的85%；工程结算经审计完成后30个工作日内，支付至结算总价的97%，剩余3%为质保金。"	不符合。 通常来说，系统集成建设合同中付款分为多个阶段，根据项目进行的不同阶段包括"预付款""工程进度款""竣工验收款""竣工决算款""质保金"等几个部分。 根据合同约定，公司在项目验收前，履约过程中所能收到的工程进度款通常为所对应收入的50%~70%。 结合公司系统集成建设毛利率大约在25%，公司所能收到的履约进度款无法覆盖项目发生的成本和合理利润。

综合上述分析，公司系统集成业务不满足"在某一时段内履行履约义务"的三个条件，属于"在某一时点履行履约义务"。

（二）公司以"验收法"确认收入

公司系统集成业务以项目完成验收为标志，合同中的主要履约义务均已完成，公司已将相关商品控制权移交给客户，符合收入确认条件，具体如下：

（1）根据合同约定，"项目工程在通过甲方竣工验收后，移交甲方使用"。公司在此时点将系统集成项目的使用权及控制权移交给客户。

（2）客户对系统集成项目进行验收，表明客户已接受公司系统集成服务的内容，对项目的修改、调整已结束，公司为此项目的投入已基本完成。

（3）根据合同约定，项目在验收后公司可以收取合同总额70%~90%的款项，公司对该项目已经享有占合同金额绝大部分的收款权利。

综上所述，公司选择以项目终验时点作为收入确认时点，符合发行人签订合同的具体条款要求，符合企业会计准则规定，具备合理性。

（2）质量保证是否应计提预计负债。

案例1

航天宏图

系统开发业务合同中关于售后服务的具体合同条款为（举例）："乙方自项目验收之日起在36个月内的质量保证期内提供技术服务，服务内容包括系统软件的故障排除及软件缺陷修正、培训以及国家、流域、省、市、县等各级用户答疑和技术成果解释，以及质量保证期满后，继续进行相关决策实施过程的解答和解释。在成果验收后，如发现技术服务成果需修正或改进，须及时通知甲方，并提供相应成果。"报告期内售后服务费用金额极小，直接计入当期损益。

案例2

中控技术

公司未对售后服务费用计提预计负债，而是根据实际费用发生金额直接计入"销售费用"进行核算。公司采取未计提预计负债而按实际发生金额直接计入当期损益的处理方式，主要系基于如下原因：

（1）根据《企业会计准则第 13 号——或有事项》，与或有事项相关的义务同时满足下列条件的，应当确认为预计负债：①该义务是企业承担的现时义务；②履行该义务很可能导致经济利益流出企业；③该义务的金额能够可靠地计量。因公司工业自动化及智能制造解决方案、自动化仪表、工业软件等业务对自动化、数字化和智能化等方面各种差异性定制化需求程度较高，大多是非标定制化生产模式，公司在确认收入前，其产品已经用户开箱检验、安装调试和整体投运合格，即公司的产品出现设计缺陷、质量问题或不符合用户需求的可能性较低，历史上也很少发生较大规模或较为频繁的重大维修事件。

（2）报告期内，公司售后服务费用的整体金额较小，且占各期营业成本的比例较低，对公司各期的损益影响较小。

（3）公司同行业可比公司对售后服务费核算的相关会计处理方式如表 4-8 所示。

表 4-8
同行业可比公司对售后服务费核算的相关会计处理方式

可比公司	会计处理方式
科远智慧	未对售后服务费计提预计负债
川仪股份	未对售后服务费计提预计负债
宝信软件	未对售后服务费计提预计负债
和隆优化	未对售后服务费计提预计负债

数据来源：各上市公司及挂牌公司 2019 年度报告。

从上表可见，公司同行业可比公司均未对售后服务费用计提预计负债。

（三）定制软件业务

定制软件业务的主要成本为人工成本，外部采购规模相对较小，主要包括少量开发工具及第三方技术服务等。

1.定制软件收入确认分析

（1）定制软件。

定制软件开发项目的周期较长，通常在一年左右，大型项目的开发周期在两年以上，因此在某一时段确认收入还是在某一时点确认收入对财务报表影响重大，也需要专业判断。

收入准则第十一条规定，满足下列条件之一的，属于在某一时段内履行的履约义务；否则属于在某一时点履行的履约义务：第一，客户在企业履约的同时即取得并消耗企业履约所带来的经济利益；第二，客户能够控制企业履约过程中在建的商品；第三，企业履约过程中所产出的商品具有不可替代的用途，且该企业在整个合同期间内有权就累计至今已完成的履约部分收取款项。

结合收入准则规定的上述三种情况及定制软件常见情况，逐一分析判断其是否属于在某一时段内履行的履约义务。

①客户在企业履约的同时即取得并消耗企业履约所带来的经济利益。通常情况下，公司是按客户需求提供定制化产品，在软件开发完成验收之前，客户一般无法获得相关过程资料，如源代码、相关参数、系统配置等。当合同终止时，已完成的工作也无法直接被继续使用。因此，定制软件通常不满足客户在企业履约的同时即取得并消耗企业履约所带来的经济利益这一条件。

②客户能够控制企业履约过程中在建的商品。通常情况下，在软件开发过程中公司会定期向客户汇报开发进展，也与客户持续保持沟通听取客户意见，但以上事项的目的是确保开发的软件能满足客户的需求，并不表明客户控制了软件开发过程中的产品，同时，在定制软件开发完成前，客户无法获得相关过程资料。因此，定制软件通常不满足客户能够控制企业履约过程中

在建的商品这一条件。

③企业履约过程中所产出的商品具有不可替代的用途，且该企业在整个合同期间内有权就累计至今已完成的履约部分收取款项。通常情况下，定制软件是根据客户需求提供定制化产品，需要满足客户特定的技术指标和功能要求，具有独特性，且合同中亦会约定软件知识产权、使用权的归属。因此，定制软件通常满足企业履约过程中所产出的商品具有不可替代的用途这一条件。

在判断企业是否有权就累计至今已完成的履约部分收取款项时，需要注意下列五点：第一，企业有权收取的该款项应当大致相当于累计至今已经转移给客户的商品的售价，即该金额应当能够补偿企业已经发生的成本和合理利润。第二，该规定并不意味着企业拥有现时可行使的无条件收款权。第三，当客户只有在某些特定时点才有权终止合同，或者根本无权终止合同时，客户终止了合同（包括客户没有按照合同约定履行其义务），但是，合同条款或法律法规要求，企业应继续向客户转移合同中承诺的商品并因此有权要求客户支付对价，此种情况也符合"企业有权就累计至今已完成的履约部分收取款项"的要求。第四，企业在进行判断时，既要考虑合同条款的约定，还应当充分考虑适用的法律法规、补充或者凌驾于合同条款之上的以往司法实践以及类似案例的结果等。第五，企业和客户之间在合同中约定的付款时间进度表，不一定就表明企业有权就累计至今已完成的履约部分收取款项，这是因为合同约定的付款进度和企业的履约进度可能并不匹配。

实务中重点考虑的是该权利是否存在于合同期内的任一时点，收取的金额是否能够补偿企业已经发生的成本和合理利润，以及该权利是否具有法律约束力。一般情况下，软件定制合同会约定预付款及分阶段进度款，进度款仅在相关里程碑达到时才支付，进度款金额一般很难覆盖前期成本及合理利润，在未达到里程碑违约的情况下，无须支付进度款，且合同中通常不会约定按进度的相关补偿条款。因此，定制软件通常不满足有权就累计至今已完成的履约部分收取款项这一条件。

综上所述，通常情况下定制软件业务属于在某一时点履行的履约义务，应在客户取得相关商品控制权时确认收入，即验收通过时确认收入。

（2）定量开发。

实务中存在另一种类型的定制软件业务，即定量开发，其业务模式是根据合同约定，企业派驻约定数量和职级的软件工程师至客户公司，根据客户的要求为其提供相关服务。所有开发成果（包括代码、开发资料等）须保留在客户系统中，企业无权处置。客户负责统计工程师的工作量（或工时），按合同约定价格付费。

此类型业务中，客户在公司履约的同时即取得并消耗本公司履约所带来的经济利益，能够控制履约过程中在建的商品，因此应属于在某一时段内履行的履约义务，在结算周期内根据客户统计的工作量和合同约定的价格计算确认收入。

（3）整体合同。

一个大型定制软件项目从建设到实施，除需要软件开发人员根据具体需求，进行定制化的设计、开发以外，为保障应用系统的正常运行还需要搭建部署相应的环境，如计算机系统相关的软硬件产品，包括各类数据库、服务器、存储器等，并将相应的软硬件产品以及定制软件系统集成在一起。在定制软件上线运行后，需要对定制软件系统以及基础环境进行持续的运行维护服务。

整体合同的收入确认方式和时点应重点考虑其承诺的商品是否可明确区分。

收入准则第十条规定："企业向客户承诺的商品同时满足下列条件的，应当作为可明确区分商品：

（一）客户能够从该商品本身或从该商品与其他易于获得资源一起使用

中受益；

（二）企业向客户转让该商品的承诺与合同中其他承诺可单独区分。下列情形通常表明企业向客户转让该商品的承诺与合同中其他承诺不可单独区分：

1. 企业需提供重大的服务以将该商品与合同中承诺的其他商品整合成合同约定的组合产出转让给客户。

2. 该商品将对合同中承诺的其他商品予以重大修改或定制。

3. 该商品与合同中承诺的其他商品具有高度关联性。"

整体合同中既包含定制软件业务，又包含系统集成业务，该类业务在履约过程中需提供重大的服务以整合成合同约定的组合产出转让给客户，故应作为一项履约义务，在整体合同验收完毕，并取得验收报告后，在客户取得相关商品控制权时确认收入。

后续维护服务应判断是否构成单项履约义务，如构成单项履约义务，则需要从合同金额中予以分拆，并在服务期内分摊确认收入。

2. IPO 审核关注要点

定制化软件开发周期偏长，单个项目金额较大，按照时段还是时点确认、在初验还是终验后确认，对财务报表影响较大。具体审核关注要点如下：

（1）合同对于验收的具体约定，采用确认文件和验收文件的主要区别、是否分为初验和终验、初验和终验的具体内容和实质差异，对应业务类别和收入占比，并结合付款进度、风险报酬转移、后续成本支出等情况，说明收入确认时点的准确性；是否存在同类业务验收约定不一致的情况及原因，是否符合企业会计准则要求，是否与同行业可比公司一致。

（2）收入确认方法与同行业可比公司是否一致。

（3）以初验证书作为收入确认依据的原因，初验、终验时履行的验收程序的差异情况。

（4）验收时点、实施周期与合同约定时点的差异情况，实施验收周期与合同约定的差异，收入确认时点是否合理，是否存在人为调节收入确认时点的情形，是否存在在报告期末突击确认收入的情形。

（5）说明12月收入占比，相关项目客户签收单等证明是否齐备，盖章单位与合同签订单位是否存在差异，验收单签订时间是否在本期间内，是否存在软件未上线、未测试、客户未实际使用、发行人培训工作未实施即验收的情形。

（6）属于某一时段内还是某一时点履行的履约义务，收入确认的具体标志，是否需要试运行，收入确认政策与合同约定是否一致。

（7）不同类型产品或服务之间是否存在捆绑销售情形。

（8）对于定制化软件开发业务，客户出具完工确认函/完工确认邮件的具体时点、是否存在试运行期要求、是否存在出具完工确认函/完工确认邮件后对软件进行调整的情况。

3. 审计应对思路

会计师在对定制软件业务进行IPO审计时，需运用相关审计程序，重点核查按照初验确认收入的依据是否充分，了解验收的具体流程在、初验和终验的区别，以初验确认收入时分析是否符合以下几点：①终验是否为形式验收；②初验后软件交付给客户并完成安装调试工作，系统已达到可运行状态，公司需要履行的主要合同责任和义务已经基本完成，初验后不提供重要服务；③企业既没有保留通常与所有权相联系的继续管理权，也没有对已售出的商品实施有效控制——项目初验后交付给业主或客户，业主或客户已能完整控制并使用该系统，故公司不再保留与所有权相联系的继续管理权或实施有效控制。

具体审计程序如下：

（1）访谈公司管理层、业务部门，了解公司业务开展模式、业务流程、收入确认方法；

（2）了解并测试与收入相关的内部控制；

（3）核查销售合同的验收条款、付款时间、质量保证条款、收入确认依据等资料，检查公司账面收入的记录是否与其收入确认政策相符；

（4）获取软件业务合同/订单，核查是否存在验收条款，针对存在验收条款的合同/订单，核查具体验收条款内容并核查针对该合同/订单客户是否出具验收单；

（5）查阅公司同行业可比公司招股说明书、年度报告等公开资料，并与公司收入确认方法进行对比分析；

（6）访谈主要客户，了解项目建设的整体情况、建设流程、验收流程及相关标准，了解客户验收时间、付款时间，对比分析公司项目建设时间的合理性；

（7）对发行人各类产品和服务收入真实性、截止性进行核查，向发行人报告期内主要客户进行发函确认销售交易金额。

4. 实务案例

案例1

威士顿

首轮问询：关于营业收入。

软件开发业务公司按照客户确认的终验报告确认收入；软件开发类型的定量开发收入，按照项目开发周期进行结算，按照从客户取得的当期结算单或工作量确认单及合同约定的单价计算确认收入。运维服务按照合同约定内容在提供服务的期间内分期确认收入。系统集成在商品到货签收或安装验收后，取得客户到货签收单或者验收单时确认收入。软件产品及服务中软件产品收入在软件产品到货签收或安装验收后，取得客户到货签收单或者验收单时确认收入；软件产品服务在一段期间提供软件授权许可使用权的，在受益期内分期确认收入。

请说明不同类型业务验收时点与合同约定时点的差异情况，验收的流程，发起验收的相关内部控制制度及执行情况，相关验收时点、实施周期与合同约定时间的差异、相关原因的合理性和真实性，是否存在在报告期末突击确认收入的情形。

发行人回复如下：

具体分析详见表4-9。

表4-9

收入确认的具体分析

业务类型	合同是否约定验收时点	与实际验收时点是否存在差异	差异的原因及合理性、真实性
软件开发	是	是	软件开发业务在实际开展过程中，存在定制软件合同验收时点、实施周期与合同约定的差异情况，且通常是验收时点晚于合同约定时点，主要原因是合同约定的计划进度是根据招投标时需求概要所做的预估进度，需求概要只框定合同实施的范围，是客户根据项目范围内部管理要求和经验初步框定的项目计划。合同执行过程中，会进行详细的需求调研，确定详细的实施方案。由于详细需求调研确定的实施内容往往比需求概要的实施内容更具体、更深入，因此实际实施周期长于计划周期的现象比较普遍。此外，软件开发项目从整个项目周期角度看，过程比较复杂，历经项目计划制定、需求分析、设计、开发、测试、上线试运行、项目验收等多个阶段，这些过程阶段需要逐步推进，其中部分环节需要客户或者第三方参与（例如需求确认、设计确认、上线试运行

续表

业务类型	合同是否约定验收时点	与实际验收时点是否存在差异	差异的原因及合理性、真实性
软件开发	是	是	等），会遇到不可控的因素，当各方进度无法统一，不可控因素无法消除，会导致项目周期发生延期。具体情况有（不限于）： （1）需求分析时间长于预期时间。因为发行人提供的是定制化的软件开发业务，出于谨慎、认真的原则需要反复与客户沟通需求以最终敲定需求分析报告，导致此阶段用时可能长于预期时间。 （2）软件测试的过程长于预期时间。发行人的主要客户为大型烟草企业，其信息化模块众多，在软件测试过程中，可能涉及某些模块的测试结果不理想，需要重新调试，反复测试，导致测试阶段用时可能会长于预期时间。 （3）上线试运行的时间长于预期时间。上线试运行后，客户可能会提出额外的需求，需要进行改进，导致试运行周期拉长；此外，其他关联项目上线的延期或者配套设备采购、系统运行环境的搭建和部署无法按期完成，也会导致联调工作无法按计划启动，导致上线试运行周期被拉长。 除上述技术层面的原因，客户出于审计等内部管理要求、招投标周期不可控等客观因素也会导致部分项目实际验收时点与计划验收时点不同。 上述原因导致软件开发业务的实际验收时点与合同约定的时点、实施周期与合同约定存在差异。在软件开发过程中，需求、设计、测试方案、试运行等各个阶段均需要与客户进行沟通，并获得客户的确认意见，符合软件开发业务的特征，具有商业合理性。报告期内，公司不存在因为合同实际执行情况与合同约定存在差异而产生纠纷或者受到处罚的情况。
系统集成	部分合同约定交货/验收时点	是	部分系统集成合同约定了交付/验收时点。报告期内，除个别大型集成项目由于客户厂房建设延期，设备集成进度延后以外，不存在项目验收或者产品交付明显晚于合同约定的情形，上述集成项目进度系根据项目实际情况以及客户的要求进行调整，并非由于发行人的原因所造成的，不存在纠纷。

案例2

财政部收入准则应用案例——定制软件开发服务的收入确认

甲公司与乙公司签订合同，为其开发一套定制化软件系统。合同约定，为确保信息安全以及软件开发完成后能够迅速与乙公司系统对接，甲公司需在乙公司办公现场通过乙公司的内部模拟系统进行软件开发，开发过程中所形成的全部电脑程序、代码等应存储于乙公司的内部模拟系统中，开发人员不得将程序代码等转存至其他电脑中，开发过程中形成的程序、文档等所有权和知识产权归乙公司所有。如果甲公司被中途更换，其他供应商无法利用甲公司已完成工作，而需要重新执行软件定制工作。乙公司对甲公司开发过程中形成的代码和程序没有合理用途，乙公司并不能够利用开发过程中形成的程序、文档，并从中获取经济利益。乙公司将组织里程碑验收和终验，并按照合同约定分阶段付款，其中预付款比例为合同价款的5%，里程碑验收时付款比例为合同价款的65%，终验阶段付款比例为合同价款的30%。如果乙公司违约，需支付合同价款10%的违约金。

对本案例的具体分析如下：

（1）如果甲公司被中途更换，新供应商需要重新执行软件定制工作，所以乙公司在甲公司履约的同时并未取得并消耗甲公司软件开发过程中所带来的经济利益；

（2）甲公司虽然在乙公司办公场地的模拟系统中开发软件产品，乙公司也拥有软件开发过程中形成的所有程序、文档等所有权和知识产权，可以主导其使用，但上述安排主要是基于信息安全的考虑，乙公司并不能够合理利用开发过程中形成的程序、文档，并从中获得几乎全部的经济利益，所以乙公司不能够控制甲公司履约过程中在建的商品；

（3）甲公司履约过程中产出的商品为定制软件，具有不可替代用途，但是，乙公司按照合同约定分阶段付款，预付款仅5%，后续进度款仅在相关里程碑达到及终验时才支付，且如果乙公司违约，仅需支付合同价款10%的违约金，表明甲公司并不能在整个合同期内任一时点就累计至今已完成的履约部分收取能够补偿其已发生成本和合理利润的款项。

因此，该定制软件开发业务不满足属于在某一时段内履行履约义务的条件，属于在某一时点履行的履约义务。

（四）软件即服务（SaaS）业务

1. 软件即服务（SaaS）业务收入确认分析

对SaaS产品而言，其按订阅模式进行收费，收入具有连续性，因此收入确认时点的判断对公司财务报表具有重大影响。

虽然SaaS软件在云端部署，但对客户来说自行进行托管软件也是可行的，因此SaaS产品是否有提供软件许可证（知识产权），可以从客户是否有权在任何时候从实体处获得软件而不会受到重大处罚来进行判断，如果是，则SaaS产品属于授予知识产权；如果否，则SaaS产品即为一项服务安排。

当SaaS产品协议授予知识产权时，很可能包含软件许可证和软件托管两项履约义务，需根据协议进一步分析。

当SaaS产品没有授予知识产权时，则实质上是一项服务安排，由于客户不能直接在其本地机器上使用相关服务，需要登录公司的平台方可使用，公司负有保证平台稳定安全运行的合同义务，即公司在合同受益期内持续地向用户提供服务，客户在使用公司 SaaS 产品的过程中即能享受相关 SaaS 利益，客户在企业履约的同时即取得并消耗企业履约所带来的经济利益，因此属于在某一时段内履行的履约义务。

2. IPO 审核关注要点

SaaS 合同中一般会包含不同的产品，如 SaaS 产品使用服务、系统配置服务、整体解决方案等，会计师在核查时需重点关注以下几点：

（1）是否分别构成单项履约义务；

（2）交易价格在不同单项履约义务之间是如何分摊的；

（3）交易价格分摊的依据是否合理；

（4）对于在某一时段内履行的履约义务，采用何种方法确认履约进度，是否符合企业会计准则的规定。

3. 审计应对思路

由于 SaaS 产品收入具有连续性，收入确认时点的判断对公司财务报表具有重大影响，会计师在对 SaaS 业务进行 IPO 审计时，应重点核查 SaaS 产品收入确认时点是否合理。具体审计程序如下：

（1）访谈公司的销售人员、财务人员，了解公司的销售模式、销售策略等；

（2）了解和评价公司与收入确认相关的内部控制，并对与收入确认相关的关键内部控制的有效性进行测试；

（3）查阅报告期内主要类型的销售合同，了解公司是否按收入准则识别和区分出所有单项履约义务，检查公司拆分出的单项履约义务划分为某一时点还是某一时段履约义务的方法是否正确，了解收入确认政策及确认依据，检查其是否符合企业会计准则规定并一贯执行；

（4）检查销售合同及实际履约情况，判断其履约义务时点等关键因素与合同约定，确认合同条款内容与收入确认方法是否一致；

（5）检查公司对主要客户的销售内部控制流程的完整性和有效性，对按履约进度确认收入的业务进行重点核查，检查履约进度和收入确认计算的准确性和完整性；

（6）结合应收账款函证，向主要客户函证销售额和合同主要条款等；

（7）对比同行业其他公司收入确认政策，评价是否存在重大差异，是否符合行业惯例。

4. 实务案例

案例

光云科技

问询：请发行人披露财务报表审计中的关键审计事项，并结合关键审计事项进一步细化披露收入确认政策。

发行人回复如下：

（一）补充披露财务报表审计中的关键审计事项

公司销售收入分为电商 SaaS 产品、配套硬件、CRM 短信和运营服务多种类型，每一种业务类型的收入确认方式有所不同，同时由于公司的客户主要为大量零散的电子商务卖家，因此申报会计师将"收入确认"确定为关键审计事项。

上述涉及补充披露的内容已在招股说明书"第八节　财务会计信息与管理层分析"之"五、主要会计政策和会计估计"之"（一）收入和成本"中进行了补充披露。

（二）各业务类型的收入确认政策

1. 电商 SaaS 产品

客户订购公司的超级店长、超级快车等软件服务并支付相应款项，公司在服务期间内按月摊销确认软件服务收入，并结转相应成本。

2. 配套硬件

公司配套硬件产品主要分为经销模式和自营模式。

经销模式下，公司与经销商签订买断式采购协议，公司在货物交付经销商时确认销售收入，并结转相应的成本。

自营模式下，客户在各线上平台下单，公司向客户发货，在货物交付客户时确认收入，并结转相应的成本。

3. CRM 短信服务

客户订购公司短信营销等短信服务并支付相应款项，公司根据实际向客户提供的短信服务数量确认销售收入，并结转相应的成本。

4. 运营服务

客户订购公司运营服务主要分为线上支付和线下订购两个渠道。

线上支付渠道：公司在服务期间内根据电商服务市场平台结算单按月确认软件服务收入，并结转相应成本。

线下收款渠道：公司在收到客户支付的相应款项后，在服务期间内按月分摊确认软件服务收入，并结转相应成本。

（五）ITO 业务

1. ITO 业务收入确认分析

依据不同的业务类型，收入确认的方式和时点存在差异。

（1）基于工作量的外包模式。该类业务在公司履约的同时，客户即取得并消耗公司履约所带来的经济利益，公司将其作为在某一时段内履行的履约义务，在相关服务提供后，根据实际交付的工作量确认收入。常见的收入确认依据包括工作量确认单、邮件确认文件等，公司在提供服务的当月，按照已提供服务的工作量确认收入。

（2）基于服务期的外包模式。该类业务在公司履约的同时，客户即取得并消耗公司履约所带来的经济利益，公司将其作为在某一时段内履行的履约义务。由于此类业务成本发生的情况非常平均（定期维护等）或不可预计（故障维护等），公司可以合同约定的总金额及服务期限作为收入确认依据，按时段法，以合同总金额在合同期间内按月平均确认收入。

（3）基于交付成果的外包模式。此类业务一般不满足在某一时段内履行履约义务的条件，应按照时点法在交付成果并经客户验收后确认收入。常见的收入确认依据包括验收报告、邮件确认文件等。根据客户的不同需求，可能存在客户在项目的多个关键流程节点进行验收的情况。公司应以客户的最后一次验收完成时间作为收入确认时点，以取得客户的验收文件作为确认收入依据。

2. IPO 审核关注要点

根据上述不同类型的 ITO 业务收入确认的方式和时点分析，总结出 ITO 业务 IPO 审核时应重点关注以下内容：

（1）ITO 业务属于哪一类业务模式；

（2）按照业务模式分析收入确认方法是否合理，是否符合行业惯例，并核查报告期内收入确认方法是否保持一致；

（3）对于按照工作量法确认收入的业务类型，项目交付的验收逻辑对收入确认的影响较大，需要了解客户对工作量进行评价和确认的方式，可能包括任务及时完成率、交付件质量、人员稳定度、人力考勤、人员配合度等维度。

3.审计应对思路

会计师在对ITO业务进行IPO审计时,应结合经营模式、销售合同的重要条款(如双方责任义务、结算方式)、操作流程的关键节点等,运用相关审计程序,对不同类型的ITO业务收入确认方法和时点进行核查。具体审计程序如下:

(1)访谈公司管理层、业务部门,了解公司业务开展模式、业务流程、收入确认方法;

(2)了解并测试与收入相关的内部控制;

(3)核查销售合同的主要条款、验收政策、收入确认依据等资料,检查公司账面收入的记录是否与其收入确认政策相符,收入政策是否符合企业会计准则的规定;

(4)检查公司工作量的确认方法和依据,并对比收入确认方法对应主要客户毛利率波动情况是否符合行业特点;

(5)以验收法确认收入的,核查是否以客户最后一次验收完成时间作为收入确认时点,是否存在提前或延期确认以达到调节收入的情形;

(6)查阅公司同行业可比公司招股说明书、年度报告等公开资料,并与公司收入确认方法进行对比分析;

(7)访谈主要客户,了解真实业务背景、交易具体内容以及销售合同相关条款的履行情况;

(8)对报告期内各类业务执行细节测试程序,核查收入确认方法是否一贯执行。

4. 实务案例

> ## 案例
>
> ### 软通动力
>
> （一）收入的总确认原则
>
> 新收入准则下，公司以控制权转移作为收入确认时点的判断标准。公司在履行了合同中的履约义务，即在客户取得相关商品控制权时确认收入。
>
> 满足下列条件之一的，公司属于在某一时段内履行履约义务；否则，属于在某一时点履行履约义务：（1）客户在公司履约的同时即取得并消耗公司履约所带来的经济利益；（2）客户能够控制公司履约过程中在建的商品；（3）公司履约过程中所产出的商品具有不可替代用途，且公司在整个合同期间内有权就累计至今已完成的履约部分收取款项。
>
> 对于在某一时段内履行的履约义务，公司在该段时间内按照履约进度确认收入，但是，履约进度不能合理确定的除外。当履约进度不能合理确定时，公司已经发生的成本预计能够得到补偿的，按照已经发生的成本金额确认收入，直到履约进度能够合理确定为止。
>
> 对于在某一时点履行的履约义务，公司在客户取得相关商品控制权时确认收入。在判断客户是否已取得商品控制权时，公司考虑下列迹象：（1）公司就该商品享有现时收款权利，即客户就该商品负有现时付款义务；（2）公司已将该商品的法定所有权转移给客户，即客户已拥有该商品的法定所有权；（3）公司已将该商品实物转移给客户，即客户已实物占有该商品；（4）公司已将该商品所有权上的主要风险和报酬转移给客户，即客户已取得该商品所有权上的主要风险和报酬；（5）客户已接受该商品；（6）其他表明客户已取得商品控制权的迹象。

合同中包含两项或多项履约义务的，公司在合同开始日，按照各单项履约义务所承诺商品的单独售价的相对比例，将交易价格分摊至各单项履约义务，按照分摊至各单项履约义务的交易价格计量收入。交易价格，是公司因向客户转让商品而预期有权收取的对价金额。公司代第三方收取的款项以及公司预期将退还给客户的款项，作为负债进行会计处理，不计入交易价格。

（二）公司收入确认具体方法

公司收入确认具体方法如表4-10所示。

表4-10

公司收入确认具体方法

业务类型	新准则	旧准则
以工作量交付的服务	在某一时段内履行履约义务	工作量法
以成果交付的服务	在某一时点履行履约义务	验收法
定期运行维护服务	在某一时段内履行履约义务	服务期间平均确认法

1. 按时点确认收入

按时点确认收入适用于公司以成果交付的服务，相关项目约定对事先明确的项目成果进行验收。公司在向客户交付成果后，经客户验收确认收入。

2. 按履约进度确认收入

（1）适用于以工作量交付的服务，相关项目约定基于人员、时间、工作量收费或匡算合同金额。由于公司履约的同时，客户即取得并消耗公司履约所带来的经济利益，公司将其作为在某一时段内履行的履约义务，公司在相关服务提供后，根据工作量确认收入。

（2）适用于应用系统定期维护或故障维护等运行维护，鉴于项目成本发生的情况非常平均或不可预计，公司按照合同总金额在合同期间平均确认收入。

第二节　成本支出业务循环

一、成本支出概述

从软件和信息技术服务业不同销售业务模式的概述部分可知，标准软件、定制软件、SaaS 和 ITO 外包的营业成本中最重要的组成部分是人工成本。而系统集成业务除人工成本外还涉及硬件成本，相对复杂。因此，软件和信息技术服务业在不同销售业务模式下进行成本核算时具有一定的差异。

（一）产品型软件企业成本

软件和信息技术服务业企业开发一款产品，通常先将其分解成多个功能模块，然后从易到难实现每一个模块，并对模块进行单元测试，之后将各个模块拼成产品，再对产品进行集成测试，确认是否实现了预想的功能。通常可以分为以下六个步骤：

（1）问题描述：确定软件产品的开发目标。

（2）软件设计：对设计进行评估，完成可行性研究、开发原形和形成测试计划。

（3）程序和系统开发：根据设计的结果，对软件程序编写代码和进行测试。

（4）系统测试：模拟用户环境对整个系统进行测试。

（5）软件产品发布和销售：纠正上一步骤中系统测试所发现的代码或设计中的错误，使软件产品最终完成。

（6）软件产品升级：在软件产品完成以后，通过对原有软件产品功能的升级改进，扩大其应用范围或开发新功能。

结合上述产品开发流程，可以看出：（1）软件企业无须购入大型或大量的生产设备，所需的固定资产一般是电脑等小型电子设备，个别软件企业会购置产品试样用的机器，但总体来看，软件企业的固定资产投入相对较少。（2）软件企业的办公面积、地段没有强制要求，所以租金成本可控。（3）软件产品没有实物形态，投入材料成本相对较少。（4）软件产品的研发过程是研发人员进行脑力活动产生劳动成果的过程。因此，人力成本构成了产品型软件企业的主要成本费用。巨大的前期固定成本和极低的边际成本是产品型软件企业成本结构的最显著特征，这使得软件企业难以实现对其产品或者服务基于成本的定价模式。

此外，产品型软件企业的成本费用阶段性明显，从软件产品的生命周期来划分，产品开发成功之前，成本费用大部分用于研究开发，研发支出占企业总成本的大部分；产品开发成功后，成本费用大部分投入在市场推广上，销售费用占企业总成本的大部分；产品得到市场认可后，产品进入成熟期，企业仅需投入少量的维护费用即可；产品的市场认可度下降，将会逐步淘汰该款产品，将资金、资源重新投入新一代或新一款产品的研发中。

（二）人工成本

作为典型的智力密集型企业，人力资源是软件企业的核心资本与生产要素。软件企业需要高度依赖专业的计算机技术人员以及软件工程师等专业人员。人力资源成本是软件项目的核心成本支出之一，也是软件企业项目成本控制中的核心内容。科学合理的成本核算、有效的成本控制策略，能够有效地降低软件开发项目的成本，从而保障软件开发企业的经营成本。

人工成本主要由基本工资、绩效工资、岗位工资、福利津补贴、奖金、五险一金等部分构成。软件企业按部门或项目对人工成本进行归集、核算，对成本进行准确的划分、归集和分摊，确保不同项目、不同业务类型的成本划分、归集和分摊的准确性。一般情况下，软件开发过程中投入的材料、研发人员的薪酬、用于研发活动相关资产的折旧摊销、委托研发服务费以及其他与研发活动相关的费用在发生当期直接计入研发费用。企业的营业成本主要为合同履约成本和硬件成本等。

人工成本归集和分配方式、人员职能划分标准，以及成本核算业务流程等决定了企业成本核算的准确性。例如，研发过程与生产过程（以及销售过程等）很多时候会有重叠，传统生产企业可以明确划分研发部门与生产部门，研发部门负责产品研究及开发，生产部门负责批量生产。软件和信息技术服务业则需要根据其特定的业务流程进行归集。如果研发人员会参与公司的生产、销售和管理工作，包括售前方案制定、产品交付和实施、售后产品维护与优化及其他项目管理等工作，并根据实际参与情况进行工时填报，则相关薪酬费用归集进入履约成本、销售费用或管理费用。而销售人员和管理人员专职从事销售活动和管理活动，薪酬直接计入销售费用和管理费用。

（三）系统集成业务成本

系统集成项目的实施包括四个阶段：集成需求调研与分析、集成方案设计、集成系统部署和集成系统运行维护，如图4-6所示。

1. 集成需求调研与分析

该阶段的主要任务是分析客户对集成的需求，确定集成项目的总体目标和主要功能，拟订系统的初步总体方案。

```
集成需求调研与分析 → 集成方案设计 → 集成系统部署 → 集成系统运行维护
```

集成需求调研与分析	集成方案设计	集成系统部署	集成系统运行维护
客户环境调研与分析	集成方案总体设计	集成系统实施准备	集成系统优化配置
客户资源调研与分析	集成系统初步设计	集成系统安装调试	集成系统运行监控
客户业务流程调研与分析	集成系统详细设计	集成系统模拟运行	集成系统效能评估
成立集成项目组		集成系统切换运行	

集成系统项目管理

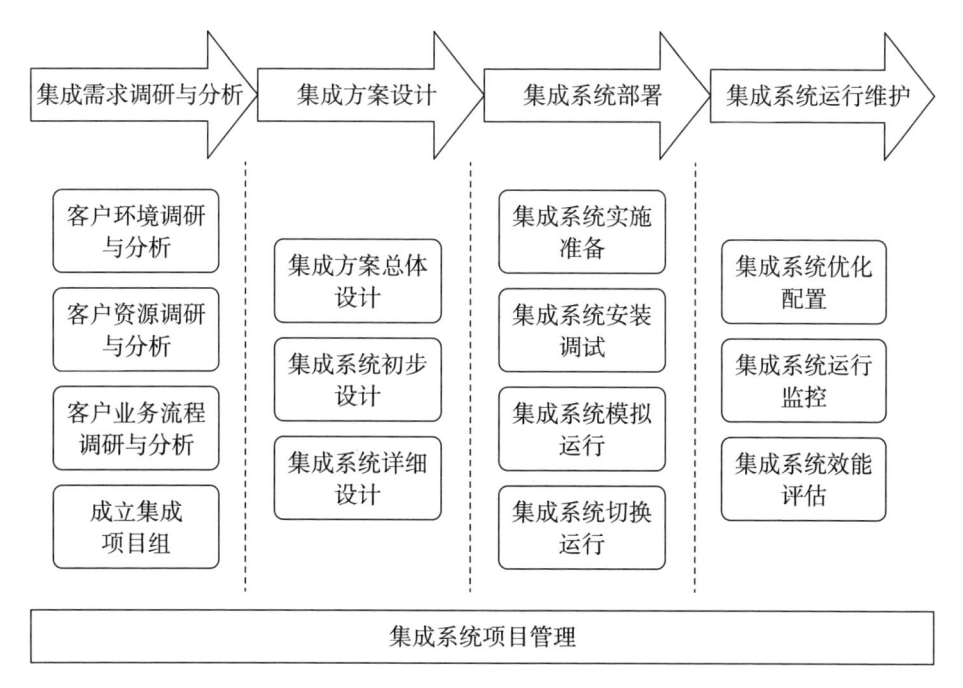

图 4-6 集成系统项目管理

2.集成方案设计

集成方案设计是在项目需求分析的基础上，进一步明确项目的需求和目标，提出集成系统的总体方案，建立系统的功能模型、信息模型，使最终得到的系统设计方案达到可以直接指导系统开发与实施的程度。

3.集成系统部署

集成系统部署主要完成集成系统运行所需的各项准备工作，包括安装、调试和系统原型的测试，进行模拟运行等，最终实现集成系统的切换运行。

4.集成系统运行维护

最后，当集成系统被应用到企业后，转入系统的运行监控、优化配置和后期支持阶段以及集成系统效能评价。

集成系统项目的实施不是一蹴而就的，集成系统需要在实际运行过程中不断完善和优化。

（四）系统集成合同履约成本

履约成本是根据收入准则的规定，企业为履行合同可能发生的各种成本。企业应当对这些成本进行分析，属于其他企业会计准则（例如，《企业会计准则第 1 号——存货》、《企业会计准则第 4 号——固定资产》，以及《企业会计准则第 6 号——无形资产》等）规范范围的，应当按照相关企业会计准则进行会计处理；不属于其他企业会计准则规范范围且同时满足下列条件的，应当作为合同履约成本确认为一项资产：

（1）该成本与一份当前或预期取得的合同直接相关。预期取得的合同应当是企业能够明确识别的合同。与合同直接相关的成本包括直接人工（例如，支付给直接为客户提供所承诺服务的人员的工资、奖金等）、直接材料（例如，为履行合同耗用的材料、零件等）、制造费用（或类似费用，例如，组织和管理相关生产、施工、服务等活动发生的费用，包括管理人员的职工薪酬、固定资产折旧费及修理费、物料消耗、水电费、办公费、差旅费、保险费等）、明确由客户承担的成本以及仅因该合同而发生的其他成本（如支付给分包商的成本等）。

（2）该成本增加了企业未来用于履行（包括持续履行）履约义务的资源。

（3）该成本预期能够收回。

企业应当在下列支出发生时，将其计入当期损益：一是管理费用，除非这些费用明确由客户承担；二是非正常消耗的直接材料、直接人工和制造费用（或类似费用），这些支出为履行合同发生，但未反映在合同价格中；三是与履约义务中已履行（包括已全部履行或部分履行）部分相关的支出，即该支出与企业过去的履约活动相关；四是无法在尚未履行的与已履行（或已部分履行）的履约义务之间区分的相关支出。

二、成本核算内部控制

软件和信息技术服务业主营业务成本通常由人工薪酬成本、软硬件成本和其他成本构成，成本核算的关键环节包括采购管理、存货管理、项目管理及财务管理等，相关内部控制设计合理并有效执行是保证项目成本核算准确、完整的基础。

（一）与人工薪酬成本相关的内部控制

与人工薪酬成本相关的内部控制流程主要包括项目立项、工时填报及审核、人工薪酬分摊，各流程主要的风险点及控制目标见表4-11。

表 4-11

与人工薪酬成本相关的内部控制

流程	主要风险点	控制目标
项目立项	项目立项未经审批，未根据项目性质准确区分研发、销售项目，导致成本费用归集基础不准确。	立项经适当级别审批
工时填报及审核	工作时间记录不准确、未经授权审批、没有记录完整或不是真实有效的工作时间，导致高估/低估人工支出，或诱发致使企业利益受损的舞弊风险。	记录的工作时间真实发生、记录完整准确
人工薪酬分摊	人工薪酬分摊编制不准确，导致高估/低估项目成本，诱发致使企业利益受损的舞弊风险。	人工薪酬分摊准确

企业应根据项目需求，合理配置人力资源，设置科学的薪酬体系，规范考勤记录和业绩评价，做到薪酬与员工贡献相协调，按国家统一的会计准则制度的规定，准确确认、计量并发放员工薪酬，同时对薪酬发放的真实性、合规性和准确性进行严格的审核。

（二）与采购、存货管理相关的内部控制

与采购、存货管理相关的内部控制主要流程包括采购申请及合同审批、采购入库和记录应付款、付款审批、成本计算、存货管理，各流程具体的风险点和控制目标见表 4-12。

表 4-12
采购及存货管理相关内部控制

流程	主要风险点	控制目标
采购申请及合同审批	采购未经适当授权审批的货物导致可能存在虚假采购风险或其他舞弊风险。	采购经适当审批；采购订单真实有效；采购订单记录准确
采购入库和记录应付款	实际发生的采购入库未全部/准确确认导致低估存货和应付账款、高估预付账款的错报风险。	根据实际发生的采购完整记录应付账款
付款审批	对未经授权的款项进行付款导致可能存在虚假采购风险或其他舞弊风险。	款项的支付经过适当的审批和记录
成本计算	成本计算错误导致高估/低估存货、营业成本等财务报表项目的重大错报风险。	成本计算准确
存货管理	记录的存货实际不存在，拥有的存货没有记录、记录的存货数量可能与实际存货数量不一致等，可能导致虚构账面存货、低估存货，或存货可能被盗或被挪用，或其他舞弊风险。	存货均已真实、完整记录，账实相符

企业应结合实际业务，梳理采购业务流程，制定完善的采购管理制度，按规定的审批权限和程序办理采购业务，确保采购能满足企业的经营需要。企业应建立规范的存货管理流程，强化会计、出入库等相关记录，控制存货管理过程的风险，确保企业资产使用效率，保证资产安全。

三、营业成本审核要点及应对

由前述成本支出情况分析可知，不同销售业务模式的成本核算不尽相同。本部分主要从人工成本核算、系统集成业务成本核算和合同履约成本核

算以及行业高毛利率特点四个方面对软件和信息技术服务业营业成本 IPO 审核关注要点以及审计应对思路进行梳理。

(一) 人工成本核算

1. 人工成本核算的特殊问题

(1) 标准工时成本与实际工时成本。

时间是人工成本的基本动因，采用消耗时间的长短来记录和分配人工成本是较为合理的方式。根据项目投入人数和级别、申报工时、标准工时成本，可以计算出应分配至项目的人工成本。

标准工时率按员工职级（年薪）和规定年度工作时长确定，某一职级员工标准工时率＝该职级员工人工成本/（年工作日数×8小时），实际工时率＝实际人工成本/实际工时。在项目结束时按标准工时率和项目人员申报的工时计算项目标准人工成本，其与实际成本的差额应按相同的分配方式调整计入项目成本。

实际工时成本与标准工时成本的差异分为两部分，效率差异和工资率差异。效率差异是指实际的工时与项目预算工时的差异，体现人员的劳动效率。工资率差异是指实际工时率与标准工时率的差异，体现人工成本的差异。

(2) 项目及部门人员交叉。

软件企业通常多个项目同时进行，人员在各项目间调配的情况较为常见，同时也有人员在各部门间调配，如开发人员有时也会协助研发业务，反之亦然。此时，项目实施人员和研发人员的人工成本，在营业成本、研发费用及各项目成本间的分配、归集和核算的准确性尤为重要。

为确保项目成本核算准确，公司需制定完善的内部控制流程和相关制度，对工时填报与审批等关键业务流程设置有效的控制措施，并确保相关控制措施得到执行。

工时填报与审批的主要风险点有：①工时填报不完整、不准确，填报工时与打卡工时不符，可能导致员工工时统计有误，虚假填报，不利于核算成本，还可能导致公司面临劳动法律风险。②人工成本分摊未经过有效审核，可能导致相关数据测算不准确，影响财务数据的准确性。

为应对上述风险，确保企业人工成本核算的准确性，企业应有明确的岗位责任表，不同的人员归属于不同的岗位，明确各岗位的成本归集部门，如研发人员属于研发岗位，成本归集于研发费用，项目实施人员属于实施岗，成本归集于营业成本（或存货）等。正常情况下人工成本按不同岗位在营业成本（不同项目）、研发费用等之间进行划分分配。

打卡工时是指工作总时间，填报工时是区分投入在不同工作内容（项目或部门）的工时。不同项目或部门间调配人员时，依据实际工作内容，选择相应的项目或部门填报工时，按月由各部门相关人员进行复核并汇总编制工时汇总表、人工成本分摊表，财务部门依据工时汇总表和人工成本分摊表，计算确定研发费用及营业成本（存货）中各项目人工成本。不同岗位人员工作内容不同，成本分配对象不同，不同项目和部门间调配人员的工时填报应执行严格的审核流程，从而区分不同项目的成本以及研发费用与营业成本。

2. IPO 审核关注要点

软件企业按部门或项目对人工成本进行归集、核算。结合上述特殊问题，在对软件和信息技术服务业的人工成本核算进行核查时，应重点关注以下几个要点：

（1）与可比公司营业成本结构、人工薪酬分摊的原则比较是否具有合理性和一致性，因而对部门人员岗位职责、人员数量和人均薪酬水平变动、项目考勤时间及日期合理性是否能够结合业务实际情况（如业务项目人工预算）进行分析、相互交叉印证显得尤为重要。

（2）基于软件和信息技术服务业及公司经营模式的特性，关注是否可以与业务类型匹配，各期期末存货保留的人工成本和结转计入营业成本的人工成本的划分标准是否具有合理性，应注重营业成本中的人工和期末存货中保留的人工的分析，关注是否存在高留低转的情形。

（3）研发费用的归集、项目间的成本分配是否清晰，如果存在研发人员参与具体项目的情形，应注意是否可以按照工时将有关薪酬准确地归集至各个项目成本。

（4）计入生产成本的人工薪酬存在较大波动时，是核算归集及分摊方法发生变动还是业务结构差异导致需要给予重点关注。

3. 审计应对思路

会计师在核查人工成本核算准确性时，主要审计程序可参考如下（不限于）：

（1）访谈发行人管理层、业务部门负责人、财务经理及人力资源经理，了解人员薪酬的归集、分配核算的原则和过程。

（2）查阅发行人与成本归集及结转相关的制度文件，了解发行人成本归集及结转相关的内部控制制度，评价这些控制的设计，确定其是否得到执行，并测试相关内部控制的运行有效性。

（3）基于对发行人及其环境的了解，实施实质性分析程序，包括比较员工人数的变动情况以及检查各月工资费用的发生额是否有异常波动，比较报告期工资费用总额的增减变动，分析员工社会保险费缴纳情况等相关程序。

（4）取得发行人员工花名册、岗位责任表、薪酬与人事内部控制制度、工资计提分配表，分析各部门员工人数的变动情况，抽查工资发放表、社保申报表，检查各部门各月工资费用的发生情况，查阅发行人报告期内项目人员的薪酬明细表，并进行分析性复核；与工时申报系统双向核对，验证申报工作性质、时间与员工所属部门划分、在职时间的一致性。

（5）抽取部分月份工资，对各部门工资进行工时及薪酬计提的重新测算，验证是否与财务账面各成本费用薪酬划分一致；针对项目或部门间调配人员，获取岗位责任表、工时汇总表，检查项目人员考勤记录，检查职工薪酬的计提和分配是否正确，是否根据职工提供服务的受益对象恰当计入成本或期间费用。

（6）访谈发行人业务人员，分析发行人项目营业成本构成的变动原因及合理性；检查职工薪酬成本的归集和分配是否正确；结合发行人各部门的员工数量和薪酬标准变动情况，分析发行人人工费用变动合理性；将人均薪资水平与当地工资水平进行比较，将人均薪资水平与同行业可比公司进行比较，分析发行人人工费用计提是否合理、完整。

（7）检查员工薪金和代扣代缴个人所得税、五险一金的匹配关系是否有异常波动；检查应付职工薪酬的当期实际支付情况和期后付款情况。

4. 实务案例

案例

北京三维

（一）关于营业成本

问询：请发行人补充披露人工成本是否按项目归集，如何将人工成本分配到具体的项目。

发行人回复如下：

软件销售与实施项目和技术咨询项目的人员成本系按项目归集。由于运维服务项目是根据已签订的运维服务合同总金额在服务期限内分摊确认收入，且单个运维项目工作量较少，运维人员亦没有按照项目进行分配，因此运维岗位人员每月发生的人员薪酬直接计入运维服务成本，不分配到具体项目进行归集和结转。

发行人每个项目立项时设置唯一的项目编号，软件产品销售与实施、技术咨询项目根据项目编号进行各个项目的人工成本归集。人工成本主要包括人员薪酬、差旅费用、住宿费用等。上述人工成本在发生后归集至"存货"科目中，待对应项目验收确认收入时统一结转成本。

人员薪酬主要核算参与项目实施的人员在项目实施期间所发生的工资及社保费用等支出。项目实施人员每周在项目管理系统中依据个人参与项目情况，填报实际工作项目及工时，并提报审批。项目经理进行审批后，每月由项目管理部门人员根据项目及人员岗位的情况进行复核并统计、归集，编制项目月度工时汇总表，再由财务部门人员将当月人员薪酬按照项目月度工时情况分配至具体项目。

差旅费用、住宿费用等其他费用是指项目实施人员发生的与项目直接相关的各项费用，费用报销时由项目实施人员选择相对应项目，经项目经理等审核人员审核通过后，财务部门根据报销人员所选项目将费用进行归集。

（二）关于研发费用

问询：请发行人补充披露对研发人员和实施人员支出在研发费用和营业成本间分配、归集和核算的方式、准确性，与同行业的差异。

发行人回复如下：

发行人研发中心人员均属于开发岗。项目事业部人员分为实施岗、开发岗及运维岗，各项目事业部会根据工作内容安排确认员工岗位，由项目管理部门进行审核，编制岗位汇总表。

发行人员工薪酬按照不同部门岗位在营业成本、研发费用间进行划分，开发岗人员的支出归集计入研发费用，实施岗人员支出、运维岗人员支出归集计入营业成本。

发行人已建立《人力资源管理制度》，日常员工考勤与薪酬核算均参考该制度执行。开发岗及实施岗人员在项目管理系统中依据实际工作内容，选择相应项目，按周填报个人工时并提报审批。项目经理进行审批后，每月由项目管理部门人员进行复核并整理、编制工时汇总表。

项目管理部门人员每月将岗位汇总表及工时汇总表发送给财务人员，财务人员依据员工月度人工薪酬、岗位情况及工时数据，计算研发费用及存货中各项目人工成本。

开发岗人员与实施岗人员工作内容不同，岗位设置不同，且上述人员的工时填报均执行严格的审核流程，从而区分研发费用与营业成本。

同行业公司研发人员和实施人员支出在研发费用和营业成本间分配、归集和核算的方式未公开披露。

（二）系统集成业务成本核算

1. 系统集成项目的成本核算框架

从系统集成项目实施过程可知，系统集成业务涉及方案设计、设备定制、系统集成、安装实施、系统测试、试运行和验收等多个环节，一般按项目进行管理，因此，为准确核算不同项目的成本，系统集成的成本核算也按项目进行管理，系统集成业务成本一般由直接人工、外购软硬件、服务费和其他费用构成，其成本核算框架见图4-7。

```
系统集成业务成本核算 ─┬─ 核算对象 ──── 一般按合同项目
                    │
                    ├─ 核算项目及范围 ─┬─ 直接人工
                    │                 ├─ 外购软硬件
                    │                 ├─ 服务费
                    │                 ├─ 检测费
                    │                 ├─ 调试费
                    │                 ├─ 折旧费
                    │                 └─ 其他等
                    │
                    └─ 成本的归集分配 ─┬─ ABC法（作业成本法）
                       和结转          └─ TDABC法
```

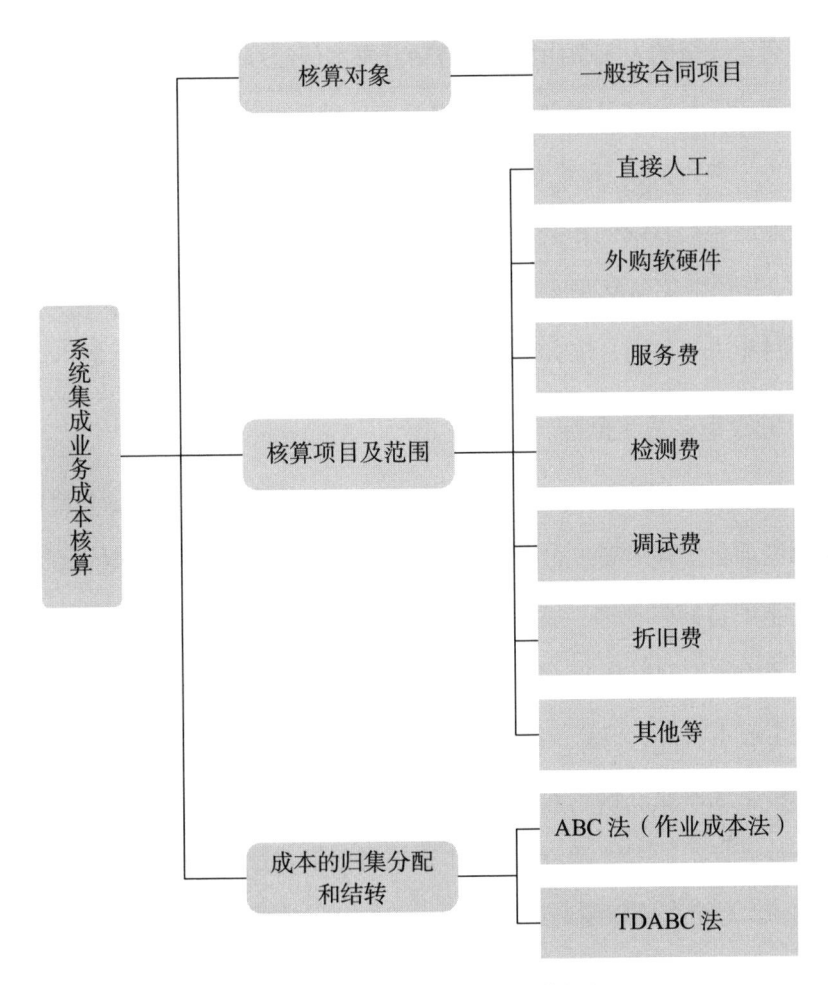

图 4-7　系统集成项目成本核算框架

系统集成项目人工成本根据人员参与的项目工时情况按月分摊归集至对应项目，人工成本包括直接人工成本和间接人工成本。直接人工成本包括项目组成人员的工资、奖金、福利等人工费用。其中，项目组成人员包括参与该项目开发过程中的所有开发和支持人员，如项目经理、需求分析人员、设计人员、开发人员、测试人员、部署人员、用户文档编写人员、质量保证人员和配置管理人员等。对于非全职投入该项目开发工作的人员，按照其填报的工时占比分配对应人工成本。间接人工成本是指服务于开发管理整体需求的非项目组人员的人工费用分摊,包括开发部门经理、项目管理办公室人员、工程过程组人员、产品规划人员、组织级质量保证人员、组织级配置管理人员、商务采购人员和IT支持人员等的工资、奖金和福利等的分摊。

外购的各类软硬件和技术服务针对特定项目,发生时直接计入相应项目的成本;其他费用包括服务费、检测费、调试费、折旧费、快递费等其他零星与项目相关的费用,按实际发生情况或归集后合理分摊至项目成本。

2. IPO审核关注要点

系统集成业务具有内容复杂、周期长、合同规模大等特点,公司根据合同订单及项目实施需要,主要通过市场化方式采购软硬件及服务;成本构成及变动是项目运营管理、成本控制的直观体现。成本归集准确性、完整性,以及相关内部控制设计及执行有效性是IPO审核关注重点,具体内容如下:

(1)成本归集、核算及结转方法。

结合企业的业务模式和流程,了解不同项目成本归集的内容是否合理、完整,核算方式是否恰当,包括:①按项目归集软硬件材料、服务费结转是否准确;②不能直接归集到项目的成本(如直接或间接费用)分摊方式是否合理且报告期保持一惯性;③按项目工时归集的薪酬分配至成本费用是否合理,是否与实际业务情况相匹配。

(2)成本归集、核算过程的内部控制。

成本核算关键环节包括采购管理、存货管理、项目管理(包括项目预算管理、工时管理、立项及实施管理)及财务管理,完善的内部控制制度及有效执行是保证项目成本准确计量、完整的基础。审核时通过访谈、检查资料了解及评价公司与成本归集、核算及结转相关的内部控制情况,并抽样测试相关内部控制的运行有效性。

（3）项目预算执行情况。

系统集成业务周期长，审核重点关注项目实施内容是否完整、预计总成本计算是否准确、项目预算编制是否合理、是否存在其他尚未考虑的项目成本或费用。通过对公司内部经审批的项目成本预算文件的成本明细内容与实际已发生的成本项目进行对比，核查项目成本的完整性；同时还需关注预算编制、变更的合理性及规范性。

3. 审计应对思路

会计师应当核查企业是否按照各项目进行成本归集，其成本分类是否清晰，成本的确认、计量、结转是否完整、恰当，具体可执行以下审计程序：

（1）访谈了解企业成本核算方法，获取公司与成本归集、核算及结转相关的内部控制制度，评价并测试相关内部控制的设计、运行有效性。

（2）了解和评估企业预算编制、调整预算成本的内部控制，测试其执行的有效性。

（3）了解企业的采购与销售业务流程，核查企业产品成本的核算方法和核算过程，各项目成本总额及成本结构是否清晰归类，成本确认、计量及结转是否符合企业会计准则的规定及企业实际情况。

（4）将企业报告期内的成本结构与同行业可比公司进行对比分析。

（5）检查报告期内企业成本核算是否准确、完整，具体如下：

①对报告期各期的采购执行细节测试，抽样检查采购合同或订单、入库单、到货签/验收单、技术服务结算单和采购发票等支持性文件，核查企业存货入库的及时性和完整性；

②对完工的重大项目，抽取其采购合同、出入库清单、价值较高的软硬件进行名称、型号、数量核对，核查成本的完整性；

③针对期末结存的大额存货项目实施存货监盘程序；

④了解企业人工成本分配方法，获取企业报告期内的工时记录表、各期工资计提表，核查员工薪酬是否与账面记录相一致，检查员工工资的真实性、准确性和完整性；

⑤对其他费用进行真实性和截止性测试，抽查大额费用的支出凭证，核对相关合同、发票及业务资料等，核查企业其他费用的真实性及是否存在提前或推迟归集其他费用的情况。

（6）抽查企业报告期内的《立项审批单》《成本核算单》等的编制和审批过程，将项目实际发生总成本与预算总成本进行对比分析，评估企业成本预算的可靠性、项目成本的完整性。

（7）对主要供应商进行走访或函证，了解供应商与企业的交易金额、交易条款等具体交易内容，核查采购的真实性和交易实质。

4.实务案例

案例1

中科通达：成本的主要核算方法和核算过程

问询：结合生产模式及业务流程，说明产品成本的主要核算方法和核算过程，成本能否按照不同产品清晰归类，产品成本确认、计量、结转的完整性与合规性。

发行人回复如下：

发行人项目成本主要包含材料成本、劳务成本、人工成本及实施费用等，具体归集方法和核算过程如下。

（1）材料成本。材料成本主要为设备、材料及外购软件等。发行人在项目立项阶段确定项目需求计划，项目部门根据项目实施方案提出设备、软件、材料等采购申请，项目经理填写采购申请单，列明项目编号、项目名称、采购内容等信息，采购申请审批通过后由采购部进行采购。采购完成并到货后，项目经理根据项目实施进度领用材料，在设备、软件安装、部署完成后及时向项目监理方提交项目实施记录。项目现场人员对现场材料巡视清点，定期对现场存货进行盘点清查，并向项目管理部及财务部门报送现场存货结余情况。资产负债表日，发行人根据各项目实际使用的材料、安装调试完成的设备及部署完成的软件等，计入项目"工程施工——材料成本"。

（2）劳务成本。在项目施工过程中，施工方将阶段/完工施工量结算表及施工图纸、安装记录等资料递交项目经理，在经过项目经理确认、项目管理部审批后形成施工量确认单，作为施工业务结算的依据。在资产负债表日，项目经理要求施工方提交最新的施工量结算表，确认后交项目管理部复核，复核后的施工量确认单及时传递至财务部门，财务部门根据施工量确认单确认入账劳务成本，计入项目"工程施工——劳务成本"。

（3）人工成本。人工成本为参与项目实施人员的工资、奖金、社保及公积金等。每月人力资源部根据员工既定工资和考核薪酬统计，汇总编制工资表并履行复核程序后递交财务部门；运营中心根据项目经理提交的工时表编制项目工时分摊表并履行复核程序后递交财务部门。财务部门根据人力资源部提交的工资表和运营中心提交的工时分摊表，编制每月人工成本项目分摊表，并相应计入各项目"工程施工——人工成本"。

（4）实施费用。实施费用主要包括项目发生的交通费、住宿费、餐饮费、仓库租赁费、检测费等。根据《费用报销制度》，实施费用发生后相关人员在ERP系统中填写费用报销单，报销单据列明项目编号、项目名称、报销内容等，按报销流程进行审批。财务部门根据审批完成后的费用报销单分项目进行归集，并相应计入项目"工程施工——实施费用"。

发行人发生的材料成本、劳务成本、人工成本及实施费用等均按照项目进行归集，可以在不同项目间清晰归类。发行人已建立完善的与项目成本相关的内控制度和核算制度，并在报告期内得到有效执行。产品成本的确认计量真实、准确、完整，结转准确及时，发行人成本核算符合行业惯例及企业会计准则的相关规定。

案例2

中科通达：成本计量的内部控制

问询：说明软硬件成本计入实际发生的成本的时点，如何保证成本的准确计量。

发行人回复如下：

（1）关于软硬件成本计入实际发生的成本的时点。

对于采用终验法确认销售收入的"数据处理应用平台开发建设"和商品购销业务，软硬件成本均在"库存商品"、"发出商品"或"合同履约成本"项目核算，待确认销售收入时同步结转"主营业务成本"。对于采用完工（履约）进度确认销售收入的信息化开发建设项目，软硬件成本实际计入项目成本的时点如下：①硬件成本：在硬件设备安装调试完成后，计入"工程施工——成本"（或"合同履约成本"）；②外购软件成本：在软件部署完成后，计入"工程施工——成本"（或"合同履约成本"）；③自有软件部署及定制化开发：软件定制化开发成本主要为项目技术团队的薪酬及差旅费等，在实际发生时计入"工程施工——成本"（或"合同履约成本"）。

（2）关于如何保证成本的准确计量。

发行人制定了完善的内部控制制度并严格执行，能保证报告期内项目成本的准确计量，具体如下：发行人制定了完善的《采购管理制度》《存货管理制度》《项目管理办法》《财务管理制度》等内部控制制度对软硬件采购进行规范，保证项目成本的准确计量。报告期内具体执行如下：

①采购申请。发行人实行按需采购模式。发行人在项目立项阶段确定项目需求计划，项目经理根据项目实际需要，按采购控制流程提出设备、材料、软件或服务采购申请，项目经理填写采购申请单，列明项目编号、项目名称、采购内容等信息，采购部在履行供应商评审程序并确定供应商后，报分管领导、财务部门审核、总经理审批后签订采购合同。项目需求存在变更的，由项目经理根据变更手续发起采购申请变更单，通过审批后再提出采购申请。

②产品入库。项目采购的设备、材料到货后，仓库管理员会同项目经理对采购产品的品种、规格、数量、质量进行验收，验收完成后办理入库手续。对于杆件等体积大、运输不便的存货，由供应商直接运输至项目现场，项目经理清点、签收完成后，办理存货入库手续。

③材料投入。项目经理根据项目实施进度领用设备及材料，并与仓库管理员办理出库手续。设备及材料到达项目现场后，项目经理及现场人员应及时完成设备的安装调试及软件部署工作，并及时向项目监理方提交项目实施记录。项目现场人员对现场材料巡视清点，每月末对现场存货进行盘点清查，并向项目管理部及财务部门报送现场存货结余情况。对于现场巡检及定期盘点发现的盘亏、损毁等情况，应及时查明原因，并上报至项目管理部、财务部门。

④账务处理。财务部门根据仓库审核的入库单确认原材料，并根据出库记录、材料投入汇总表、材料结余明细表等进行项目成本核算，确认"工程施工——成本"项目金额及发出商品金额。资产负债表日，财务部门根据累计发生的项目成本与项目进度计算表进行核对，确保项目已完成工作量的内容与已实际投入的成本相匹配。

（三）系统集成合同履约成本核算

1. 系统集成合同履约成本核算情况分析

对于系统集成业务而言，在期末，合同履约成本的余额列报在存货中，代表期末正在实施的项目中已经发生、但相关业务尚未满足收入确认条件的合同履约成本。其构成与主营业务成本相同，主要包括外采软硬件、技术服务、人工成本及项目实施过程中的其他相关成本。因系统集成业务部分项目在客户最终验收后一次性结转营业成本，在业务规模持续上升的情况下，存在预收款及存货余额均较高的情况。

2. IPO 审核关注要点

IPO 审核重点关注各期末存货余额较大的项目，同时关注存货余额或类别变动的原因、是否存在异常的情形、跌价准备计提是否充分、期末存货真实性等，具体包括以下几个方面：

（1）存货余额或类别变动的合理性，是否存在异常情形。

系统集成项目随着发行人业务市场战略、客户结构调整及特殊项目影响等可能存在期末余额或类别波动异常的情况。审核过程中重点关注期末余额与合同约定、实际进度及在手订单的匹配情况；对异常项目对应的项目是否存在应结转未结转成本的情况；存货周转率与同行业可比公司对比是否存在重大异常等（结合业务类型、收入确认政策、项目规模及客户类型等）。

（2）存货库龄、亏损合同情况，跌价准备计提是否充分。

存货库龄是项目实际执行周期的体现，审核重点关注库龄较长的未验收项目是否存在应结转成本未结转情形，库龄与合同约定执行周期、实际执行周期与相关业务正常周期对比是否存在重大差异等。

亏损合同是指履行合同义务不可避免会发生的成本超过预期经济利益的合同，包括各期已完结及待执行的亏损合同。审核关注亏损项目是否将合同预计发生的总亏损扣除已在账面反映的部分，按照《企业会计准则第13号——或有事项》记入"主营业务成本"与"预计负债"科目。

（3）发出商品的核查。

系统集成业务的发出商品为项目采购的软硬件材料，一般由供应商直接将货物发往客户项目现场。系统集成项目存货审核重点关注发行人存货管理内部控制的规范性、发出商品的真实性及中介机构的核查情况。

3.审计应对思路

基于以上分析，会计师主要审计程序参考如下：

（1）了解和评估企业存货核算相关的内部控制，测试其内部控制执行的有效性。

（2）获取企业报告期内存货的入库明细，检查各期主要项目的入库原始单据，核查企业存货入库的及时性和完整性。

（3）获取企业报告期各期末存货明细表，按业务类型统计各类业务项目成本的构成，了解报告期内企业存货余额波动的驱动因素，并评估企业存货余额是否与项目进度匹配，是否存在未及时结转成本的情形。

（4）获取主要项目实施起始时间、预计验收时间、实际完工验收时间、计划实施周期、实际实施周期等，检查主要项目与收入确认相关的支持性文件，包括中标文件、销售合同及验收报告等，了解并核查合同履行时间。

（5）访谈业务负责人，了解项目实际实施周期超过计划实施周期的原因；访谈财务负责人，了解相关项目的成本控制措施和执行情况；结合合同及相关支持性文件，分析期末存货余额的合理性，判断项目发生减值的可能性。

（6）对企业申报期末的存货执行监盘程序（如适用），复核企业存货盘点表；对未实施监盘程序的存货，执行向客户询证存货以及检查采购合同和到货签/验收单、技术服务结算资料等替代程序。

（7）对交易金额重大的客户进行函证，确认项目情况。向客户函证应收账款余额及收入金额时，询证函上列示该客户正在执行以及在本期已执行完成的所有项目合同金额、项目进度等情况，通过客户对项目情况的确认核实存货是否存在。

（8）获取企业报告期各期人工工时表和分配计算表，检查计入各项目的人工成本的准确性。

（9）对企业主要存货项目的期后验收单（如有）及结算资料进行检查，并与对应销售合同及出库记录进行核对，核实期后结转金额的准确性及完整性。

（10）计算企业报告期各期末存货跌价比，并与可比公司进行对比，详细了解差异原因及其合理性。

（11）检查在实施项目存货跌价准备的计提政策是否符合企业会计准则规定。获取项目采购合同及销售合同，复核存货减值测试表，检查在实施项目的预计收入、结存存货、预计成本、销售费用及税费的匹配情况，分析企业存货跌价准备计提政策是否适当，计提是否充分。

4. 实务案例

案例

山大地纬

问询：请发行人结合主要在手订单对应存货的库龄情况披露2019年

6月末存货是否存在大额长期挂账未结转销售的情况、存货对应各项目合同约定实施周期与实际执行周期是否存在差异,进而说明发行人2019年6月末存货减值准备计提是否充分。请保荐机构、会计师核查并发表明确意见。

发行人回复如下:

1.2019年6月末主要存货项目情况

公司2019年6月末前十大存货项目(按项目存货余额排序)情况如表4-13所示。

表4-13

公司2019年6月末前十大存货项目情况

序号	项目名称	客户名称	合同内容	合同金额(万元)	存货余额(万元)	合同签订时间	项目实施起始时间	拟验收时间	计划实施周期(天)	截至2019年6月末实际执行周期(天)	资产负债表日后验收时间
1	新华社媒体资源聚合共享平台——"现场云"(现场新闻服务平台)建设子项	新华媒体文化传播有限公司	融媒体平台	2 073.20	1 403.83	2019年3月	2019年1月	2019年10月	240	114	2019年9月
2	海南省政府网站集约化平台建设项目B包	海南省党政信息中心	互联网智慧门户	1 095.50	518.15	2018年8月	2018年7月	不晚于2020年2月	540	335	2019年9月

续表

序号	项目名称	客户名称	合同内容	合同金额（万元）	存货余额（万元）	合同签订时间	项目实施起始时间	拟验收时间	计划实施周期（天）	截至2019年6月末实际执行周期（天）	资产负债表日后验收时间
3	新华社媒体资源聚合共享平台——政务数据与服务集成平台及内容安全管控子项	新华新媒文化传播有限公司	政务服务平台	721.40	358.22	2018年11月	2018年10月	2019年4月	150	258	2019年9月
4	全国科技创新中心网络服务平台项目	北京市科学技术委员会	政务服务平台	496.00	339.75	2018年9月	2018年8月	2019年12月	510	324	未完工
……											

公司 2019 年 6 月末主要存货项目中，部分项目由于客户需求发生调整变更、客户管理层或主要对接人员变更、验收流程或验收报告审批时间较长等客观原因导致项目验收延后，实际实施周期与合同约定实施周期存在差异，具体情况如表 4-14 所示。

表 4-14

实际执行周期与合同约定实施周期存在差异情况

序号	项目名称	实际执行周期超过计划实施周期的主要原因
1	新华社媒体资源聚合共享平台——政务数据与服务集成平台及内容安全管控子项	（1）重大事件（春节、2017 年及 2018 年的两会、十九大、世界经济论坛、二十国峰会、"一带一路"、金砖会议等）报道期间不允许软件升级导致升级改版项目延后； （2）客户的主系统升级，推迟本项目新功能上线时间； （3）应客户要求增加预验收前的试用时间（90 天）。

续表

序号	项目名称	实际执行周期超过计划实施周期的主要原因
2	成都市政务网站群IPv6升级改造项目网站迁移服务	（1）此项目为联合体投标，项目实施及验收受到联合体内其他公司的整体迁移实施进度影响，项目已于2019年9月初验； （2）成都市政府网站集约化管理平台（以下简称网站平台）在网站迁移实施过程中进行了扩容、更换存储及调优，导致项目有较长时间延迟； （3）网站迁移实施环境不稳定，经常导致发布任务失败，影响网站迁移工作效率，后经客户协调，实施环境进行了整体迁移； （4）在迁移过程中，联合体遇到了部分网站的个性化功能（插件）开发需求，导致项目延迟； （5）部分网站在前期对接时正处于改版阶段，需改版完成后才能进场实施，导致项目延迟； （6）部分网站在迁移实施过程中，网站主办单位出现机构整合及网站移交的情况，公司需与新对接人员重新对接，导致项目延迟； （7）网站迁移实施完成后，等保测评由客户自主招标实施，导致项目延迟。
3	首都科技条件平台信息系统升级改造（二期）项目	合同约定2019年6月30日为项目完成时间，并由客户组织专家验收。客户实际于7月份统一组织专家对上半年完工的项目进行验收，排队验收期一般为三个月。该项目已于2019年9月底前完成验收，实际完工进度并未超期。
4	中山市商事登记全程电子化智能申报审批平台项目	（1）项目需要建设方的上级部门配合，建设方花了较长的时间才协调到位； （2）项目的建设需求在项目实施过程中发生变更； （3）在项目实施过程中建设方的机构职能发生变化，并且政府启动了新的一轮机构改革，导致项目的建设需求有一定的扩展。

截至2019年6月30日，公司结余存货的主要项目中，除新华社媒体资源聚合共享平台——政务数据与服务集成平台及内容安全管控子项等三个项目由于客观原因导致其实际执行周期超过计划实施周期外，其他项目实际执行周期均未超过项目计划实施周期，且大部分项目已于2019年下半年完工验收。

因此，公司2019年6月末存货不存在大额长期挂账未结转销售的情况。

2. 2019年6月末存货减值准备计提情况

公司存货减值准备计提方法如下：

> 公司在资产负债表日计提存货减值准备，采用成本与可变现净值孰低计量，按照单个存货成本高于可变现净值的差额计提存货跌价准备，可变现净值的计算公式为：预计可变现净值＝合同售价－资产负债表日至完工时预计总成本－估计的销售费用－估计的相关税费，其中：
>
> （1）以不含税的销售合同金额确认合同售价。
>
> （2）资产负债表日至完工时预计总成本的确认方法为：以项目对应所有外采合同金额（不含税）和预计人工总成本与其他费用的合计数，减去本期存货余额。预计人工总成本由已发生的人工成本与预计追加投入的人工成本组成，预计追加投入的人工成本的确认方法为：①一般情况下，项目预计追加投入人工成本按照单个项目累计已投入人工成本乘以当年已完工的同类规模项目的本期人工占前期累计投入人工成本的比例计算；②对于接近完工待验收和预估外采金额占项目合同金额较大比例的项目，根据项目的实际进展情况，对单个项目按照具体预算预计需追加投入的人工成本。
>
> （3）根据当期销售费用和相关税金占营业收入的比例，估计后续发生的销售费用和相关税费。

（四）行业高毛利率特点

1. 软件和信息技术服务业高毛利率现状

毛利率是一个公司在销售产品过程中获得利润率非常重要的一个指标，毛利率越高，代表着公司所获得的毛利润越高，它反映了企业产品销售的初始获利能力。影响毛利率高低的直接因素是产品成本和产品价格，产品成本取决于成本构成和生产技术水平，产品价格取决于产品竞争力、供求关系、市场定价权等。对软件企业来说，高毛利率是其典型的财务特征，个别企业毛利率甚至高达 97% 以上。本书将 2021 年软件和信息技术服务业上市企业毛利率从高到低排序，剔除了游戏企业后，获得 13 家毛利率高于 80% 的软件企业，其毛利率如表 4-15 所示。

表 4-15
行业毛利率高于 80% 的软件企业

证券代码	证券名称	毛利率	具体产品	产品类别
688083.SH	中望软件	97.87%	CAD、CAE 等标准软件	工业软件
688095.SH	福昕软件	96.57%	PDF	应用软件
300624.SZ	万兴科技	95.48%	视频、绘图、文档、工具等标准软件	应用软件
603039.SH	ST 泛微	95.47%	协同管理和移动办公标准软件	工业软件
688058.SH	宝兰德	93.11%	中间件	基础软件
300935.SZ	盈建科	91.97%	BIM 相关标准软件	应用软件
688206.SH	概伦电子	91.96%	集成电路设计 /EDA 标准软件	工业软件
688088.SH	虹软科技	91.85%	视觉人工智能解决方案应用软件	应用软件
301269.SZ	华大九天	89.36%	集成电路 /EDA 标准软件	工业软件
688111.SH	金山办公	86.91%	WPS	应用软件
688318.SH	财富趋势	86.59%	证券行情交易系统软件	工业软件
301270.SZ	汉仪股份	85.32%	字体、字库	应用软件
002410.SZ	广联达	83.95%	数字造价、数字施工、数字设计等软件及数据服务	工业软件
688188.SH	柏楚电子	80.29%	激光切割控制系统	工业软件

2. 软件企业高毛利率的原因分析

对一般企业而言，毛利率高的原因可能包括垄断和在特定细分市场中相对于竞争对手的竞争优势等。而软件企业高毛利率的原因却不尽相同，主要原因有两个：边际报酬递增和按企业会计准则核算的结果。

（1）边际报酬递增。

边际报酬是指在既定技术水平，保持其他要素投入不变的情况下，增加一单位某要素投入所带来的产量的增量。边际报酬递增可以理解为一种软件产品的安装基数越大，可兼容的关联产品的数量越多，由此对新客户的可能价值越大。当某一个软件成为行业标准时，其回报率也越来越高。因此随着安装基数的增加，独立软件程序开发商开发能够增加软件企业客户价值的互补软件，为获得新客户而进行的促销和其他销售工作就会越有成效。

软件企业存在边际报酬递增的原因如下：①软件商品销售的所有权不转移，交易的是使用权。软件产品卖出后，卖主还能再次销售。②前期研发投入大，但只要投入完成就取得成功，交易成本和边际成本极低，同时几乎无增量成本、仓储成本和运输成本。一般商品必须通过制造过程才能"复制"出来，而软件的"复制"增量成本几乎为零。一般商品存在于某一地点，而软件可以同时在多个地点存在。

因此，越是标准、通用的软件，越能满足边际报酬递增的条件，标准软件产品毛利率相当高。表 4-15 中高毛利率企业的主要产品多属于此类软件。

（2）企业会计准则的核算。

软件企业的研发投入前期较大，在形成标准可复制性的软件产品前大部分归集在研发费用，不影响主营毛利率。而产品成型标准化进入销售后发生的成本主要为销售过程中的人工、差旅费等，同时销售过程中发生的广告宣传等费用计入销售费用，亦不影响主营毛利率。

3. IPO 审核关注要点

从审核角度，高毛利率指标被高度关注，发行人需要结合公司的产品特性来说明财务指标是合理且符合逻辑的。

经上述分析可知，软件和信息技术服务业高毛利率的财务特征，是由具体的产品特性所决定的，软件企业的高毛利率一般存在于易于复制的产品当中，因此针对高毛利率情况，重点是核实相关产品的生产是否具有易于复制的特性、其成本构成中变动成本的占比，以及边际成本的高低。

4. 审计应对思路

基于上述分析，会计师应重点执行以下审计程序：

（1）结合公司战略及业务发展，了解公司主要产品类别及其成本构成，了解高毛利率项目的业务实质，是否存在特殊背景。

（2）了解公司软件产品收入的确认、成本的核算方法，比对收入与成本的核算是否匹配，是否符合企业会计准则要求，如收入的确认、成本的归集等是否准确，成本归集方法有无差别，并分析产品毛利率较高的原因。

（3）参考同行业同类产品对比，分析毛利率是否合理，收入确认方法与成本结构组成是否存在重要不同。分析产品成本性态，其固定成本、变动成本的构成和占比，与公司产品特征是否匹配。

（4）参考公司各期同类产品对比，结合内外部环境变化分析产品毛利变动合理性及可持续性。

（5）获取项目技术人员及研发人员名单，了解不同技术人员的工作职责及定位，核查不同技术人员成本的账务处理是否准确，相关费用归集是否合理、准确，是否存在人工成本在研发费用或成本中混同核算的情形。

（6）检查客户及供应商与公司是否存在关联关系，交易价格是否公允；是否存在关联方让利或者由关联方代为承担成本、费用的情形。

5. 实务案例

案例

华大九天：关于主营业务成本及毛利率

问询：请发行人结合公司生产经营特点，说明公司交付 EDA 软件是否发生相关物料、人工成本，将公司 EDA 软件相应开发成本全部计入研发费用、EDA 软件销售相关主营业务成本为 0 从而毛利率为 100% 的合理性，是否符合企业会计准则的规定及行业惯例。请说明技术开发服务毛利率整体较低的合理性、毛利率水平较低背景下公司开展该项业务的主要目标。

发行人回复如下：

第一，关于公司交付 EDA 软件是否发生相关物料、人工成本，将 EDA 软件相应开发成本全部计入研发费用、EDA 软件销售相关主营业务成本为 0 从而毛利率为 100% 的合理性，是否符合企业会计准则的规定及行业惯例。

（1）关于公司交付 EDA 软件是否发生相关物料、人工成本。在销售合同订立前，公司销售人员和技术支持人员负责对接客户开展售前评估工作，负责产品的安装、调试等相关工作，主要形式为邮件、电话或现场，服务方式灵活多样，相关人员薪酬等支出属于《企业会计准则第 14 号——收入》中规定的合同取得成本。销售合同订立前发生的支出主要是为了获得销售机会，但能否与客户签订销售合同具有不确定性，结合《〈企业会计准则第 14 号——收入〉应用指南》相关规定，合同取得成本在发生时一次性计入当期费用。

在销售合同订立后，公司主要通过邮件或指定地址下载等形式向客户提供已购软件安装包、操作手册和合同约定期限的密钥（license），故在 EDA 软件交付环节，相关的物料、人工成本极小，甚至为零。

（2）关于将 EDA 软件相应开发成本全部计入研发费用、EDA 软件销售相关主营业务成本为 0 从而毛利率为 100.00% 的合理性，是否符合企业会计准则的规定及行业惯例。公司对外销售的 EDA 软件是公司标准化自主研发软件成品，经下载、安装和取得授权后可直接使用，没有专属定制部分。公司对外销售的 EDA 软件已于销售之前完成研发、测试工作，相关研发成本已在相关产品研发期间合理归集，并于发生当期计入研发费用，同时公司自主研发的 EDA 软件均未形成无形资产或资本化，因此发行人确认的 EDA 软件无对应的营业成本。

综上，公司 EDA 软件销售业务毛利率为 100% 具有合理性，符合企业会计准则的规定。

第二，关于技术开发服务毛利率整体较低的合理性，以及毛利率水平较低背景下公司开展该项业务的主要目标。

报告期内，技术开发服务业务的毛利率分别为 34.25%、25.96%、24.74% 和 31.84%。公司的技术开发服务业务通常采用定制化服务模式，需要投入的人工成本和委外费用较大，此外，报告期内集成电路设计产业爆发，人力成本持续上涨，导致公司技术开发服务业务的毛利率整体偏低。

但基于当前集成电路设计行业的激烈竞争，公司出于战略考虑，需要抢占市场，获得更多的项目机会；通过项目锻炼团队，形成相应的技术积累；此外，技术开发服务和公司核心技术以及 EDA 工具软件是相辅相成、互相促进的关系，具体分析详见"第 8 题……（二）……2、说明公司技术开发服务的主要工作成果或者应用领域，该项业务与公司核心技术积累和 EDA 工具软件是否直接相关，提供技术开发服务对公司 EDA 工具软件销售有无促进作用"的相关分析。

第三节 研发活动业务循环

一、研发业务概述

软件和信息技术服务业和传统行业相比具有很多特点，如产品更新换代快、资本密集、知识密集、技术密集、高投入、高产出，软件产品具有创新性、无形性、易复制等特点。由于软件和信息技术服务业的特殊性，需要投入的研发费用数额大、占比高，因此研发费用对企业有着重大的影响。从上市的审核来看，研发对企业创新特征、持续经营能力、财务指标及内部控制等方面都有着重大影响。

（一）行业研发业务的特点

通常，软件企业的研究开发区分研究阶段、开发阶段与升级阶段，根据不同阶段对研发费用进行不同的会计处理。项目立项是区分研究与开发阶段的关键，一个研发项目在研究阶段进行立项申请审批，研究完成后验收结项；根据公司情况决定是否进入开发阶段的立项申请审批，开发完成后验收结项；根据项目是否存在升级需求，进行升级阶段的立项申请审批。

（二）研发费用的口径

目前研发费用有三个口径。一是会计核算口径，由《财政部关于企业加强研发费用财务管理的若干意见》（财企〔2007〕194号）规范，其主要目的是准确核算研发活动支出，而企业研发活动是企业根据自身生产经营情况自行判断的，除该项活动应属于研发活动外，并无过多限制条件。二是高新技术企业认定口径，由《科技部 财政部 国家税务总局关于修订印发〈高新技术企业认定管理工作指引〉的通知》（国科发火〔2016〕195号）规范，其主要目的是判断企业研发投入强度、科技实力是否达到高新技术企业标准，因此对人员费用、其他费用等方面有一定的限制。三是加计扣除税收规定口径，由《财政部 国家税务总局 科学技术部关于完善研究开发费用税前加计扣除政策的通知》（财税〔2015〕119号）、《国家税务总局关于企业研究开发费用税前加计扣除政策有关问题的公告》（国家税务总局公告2015年第97号）、《国家税务总局关于研发费用税前加计扣除归集范围有关问题的公告》（国家税务总局公告2017年第40号）以及《财政部 税务总局 科技部关于企业委托境外研究开发费用税前加计扣除有关政策问题的通知》（财税〔2018〕64号）规范，其主要目的是细化哪些研发费用可以享受加计扣除政策，引导企业加大核心研发投入，因此政策口径最小。

三个研发费用归集口径相比较，存在一定差异，这三套标准是互相独立的，不能互相替代。具体对比见表4-16。

表4-16

不同研发费用归集口径对比

费用项目	会计核算口径	高新技术企业认定口径	加计扣除税收规定口径
人工费用	企业在职研发人员的工资、奖金、津贴、补贴、社会保险费、住房公积金等人工费用以及外聘研发人员的劳务费用。	企业科技人员的工资薪金、基本养老保险费、基本医疗保险费、失业保险费、工伤保险费、生育保险费和住房公积金，以及外聘科技人员的劳务费用。	直接从事研发活动人员的工资薪金、基本养老保险费、基本医疗保险费、失业保险费、工伤保险费、生育保险费和住房公积金，以及外聘研发人员的劳务费用。

续表

费用项目	会计核算口径	高新技术企业认定口径	加计扣除税收规定口径
直接投入费用	研发活动直接消耗的材料、燃料和动力费用。	企业为实施研究开发活动而实际发生的相关支出。包括： （1）直接消耗的材料、燃料和动力费用； （2）用于中间试验和产品试制的模具、工艺装备开发及制造费，不构成固定资产的样品、样机及一般测试手段购置费，试制产品的检验费； （3）用于研究开发活动的仪器、设备的运行维护、调整、检验、检测、维修等费用，以及通过经营租赁方式租入的用于研发活动的固定资产租赁费。	研发活动直接消耗的材料、燃料和动力费用；用于中间试验和产品试制的模具、工艺装备开发及制造费，不构成固定资产的样品、样机及一般测试手段购置费，试制产品的检验费；用于研发活动的仪器、设备的运行维护、调整、检验、维修等费用，以及通过经营租赁方式租入的用于研发活动的仪器、设备租赁费。
相关折旧费用	用于研发活动的仪器、设备、房屋等固定资产的折旧费或租赁费以及相关固定资产的运行维护、维修等费用。	折旧费用：用于研究开发活动的仪器、设备和在用建筑物的折旧费。 长期待摊费用：研发设施的改建、改装、装修和修理过程中发生的长期待摊费用。	用于研发活动的仪器、设备的折旧费。
无形资产摊销费用	用于研发活动的软件、专利权、非专利技术等无形资产的摊销费用。	用于研究开发活动的软件、知识产权、非专利技术（专有技术、许可证、设计和计算方法等）的摊销费用。	用于研发活动的软件、专利权、非专利技术（包括许可证、专有技术、设计和计算方法等）的摊销费用。
设计、试验费等	（1）用于中间试验和产品试制的模具、工艺装备开发及制造费，设备调整及检验费，样品、样机及一般测试手段购置费，试制产品的检验费等。	（1）设计费用：为新产品和新工艺进行构思、开发和制造，进行工序、技术规范、规程制定、操作特性方面的设计等发生的费用。包括为获得创新性、创意性、突破性产品进行的创意设计活动发生的相关费用。	新产品设计费、新工艺规程制定费、新药研制的临床试验费、勘探开发技术的现场试验费。

续表

费用项目	会计核算口径	高新技术企业认定口径	加计扣除税收规定口径
设计、试验费等	（2）研发成果的论证、评审、验收、评估以及知识产权的申请费、注册费、代理费等费用。	（2）装备调试费用：工装准备过程中研究开发活动所发生的费用，包括研制特殊、专用的生产机器，改变生产和质量控制程序，或制定新方法及标准等活动所发生的费用。 （3）为大规模批量化和商业化生产所进行的常规性工装准备和工业工程发生的费用不能计入归集范围。 （4）试验费用包括新药研制的临床试验费、勘探开发技术的现场试验费、田间试验费等。	新产品设计费、新工艺规程制定费、新药研制的临床试验费、勘探开发技术的现场试验费。
其他费用	与研发活动直接相关的其他费用，包括技术图书资料费、资料翻译费、会议费、差旅费、办公费、外事费、研发人员培训费、培养费、专家咨询费、高新科技研发保险费用等。企业依法取得知识产权后，在境内外发生的知识产权维护费、诉讼费、代理费、"打假"及其他相关费用支出，从管理费用据实列支，不应纳入研发费用。	上述费用之外与研究开发活动直接相关的其他费用，包括技术图书资料费、资料翻译费、专家咨询费、高新科技研发保险费，研发成果的检索、论证、评审、鉴定、验收费用，知识产权的申请费、注册费、代理费，会议费、差旅费、通讯费等。此项费用一般不得超过研究开发总费用的20%，另有规定的除外。	其他相关费用指与研发活动直接相关的其他费用，如技术图书资料费、资料翻译费、专家咨询费、高新科技研发保险费，研发成果的检索、分析、评议、论证、鉴定、评审、评估、验收费用，知识产权的申请费、注册费、代理费，差旅费、会议费，职工福利费、补充养老保险费、补充医疗保险费。

续表

费用项目	会计核算口径	高新技术企业认定口径	加计扣除税收规定口径
委托外部研究开发费用	通过外包、合作研发等方式，委托其他单位、个人或者与之合作进行研发而支付的费用。	（1）企业委托境内外其他机构或个人进行研究开发活动所发生的费用（研究开发活动成果为委托方企业拥有，且与该企业的主要经营业务紧密相关）。 （2）委托外部研究开发费用的实际发生额应按照独立交易原则确定，按照实际发生额的80%计入委托方研发费用总额。	（1）企业委托外部机构或个人开展研发活动发生的费用，可按规定税前扣除；加计扣除时按照研发活动发生费用的80%作为加计扣除基数。委托个人研发的，应凭个人出具的发票等合法有效凭证在税前加计扣除。 （2）委托境外进行研发活动所发生的费用，按照费用实际发生额的80%计入委托方的委托境外研发费用。委托境外研发费用不超过境内符合条件的研发费用三分之二的部分，可以按规定在企业所得税前加计扣除。 （3）企业共同合作开发的项目，由合作各方就自身实际承担的研发费用分别计算加计扣除。

不同口径的研发费用可归集范围在大的方向上是大同小异的，但是明细费用的定义、名称和归集要求又是有所区别的，在实务中，研发费用的认定和归集远比文件规定的要复杂得多，难度很大，本书建议企业在归集时按尽可能细化每项费用并设置二级科目的原则进行归集。

（三）研发人员的认定

研发人员是指直接从事研发活动的人员以及与研发活动密切相关的管理人员和直接服务人员，主要包括：在研发部门及相关职能部门中直接从事研发项目的专业人员；具有相关技术知识和经验，在专业人员指导下参与研发活动的技术人员；参与研发活动的技工等。《监管规则适用指引——发行类第

9 号：研发人员及研发投入》规定，对于既从事研发活动又从事非研发活动的人员，当期研发工时占比低于 50% 的，原则上不应认定为研发人员。如将其认定为研发人员，发行人应结合该人员对研发活动的实际贡献等，审慎论证认定的合理性。

另外，与客户签订合同，为客户提供受托研发，除有充分证据表明履约过程中形成发行人能够控制的并预期能给发行人带来收益的研发成果外，原则上单纯从事受托研发的人员不能认定为研发人员。研发人员原则上应为与企业签订劳动合同的人员。劳务派遣人员原则上不能认定为研发人员。企业将签订其他形式合同的人员认定为研发人员的，应当结合相关人员的专业背景、工作内容、未签订劳动合同的原因等，审慎论证认定的合理性。

软件企业的人员使用在部门和职能中存在交叉时，能否准确区分研发活动和其他活动是确保核算准确的关键。企业应有明确的岗位责任表，不同的人员归属于不同的岗位，明确各岗位的成本归集部门，如研发人员属于研发岗位，成本归集于研发费用，项目实施人员属于实施岗，成本归集于营业成本（或存货）等。正常情况下人工成本按不同岗位在营业成本（不同项目）、研发费用等之间进行划分分配。

软件企业专职负责公司研发工作的高管，通常会兼任公司董事、副总经理或首席技术官等职位，需根据其工作内容和性质确定是否应将其薪酬计入研发费用。如依据公司内部的岗位分工，其主要职责是负责研发相关工作，则可以计入研发费用；若其主要职责是经营管理职能，则应计入管理费用；更多的可能是既承担一部分管理职能的工作，又承担一部分研发的工作，则应考虑其参与各类工作所投入的时间将薪酬分配后分别计入研发费用和管理费用。

（四）研发费用的归集与分摊

研发投入为企业研发活动直接相关的支出，通常包括研发人员职工薪酬、直接投入费用、折旧费用与长期待摊费用、设计费用、装备调试费、无形资产摊销费用、委托外部研究开发费用、其他费用等。发行人应按照企业会计准则相关规定，通过"研发支出"科目准确核算相关支出。研发支出的归集和计算应当以相关资源实际投入研发活动为前提。本期研发投入的计算口径原则上为本期费用化的研发费用与本期资本化的开发支出之和。

软件企业的研发应按项目进行管理，相关的人工成本、直接材料、测试费用以及其他费用，按研发项目进行归集，并建立研发项目台账。软件企业按相关人员从事研发项目的工时记录分摊研发项目的人工成本。会计核算系统中设置"研发支出"科目，并分项目、分费用类型设置辅助核算科目。

对于定制化产品相关研发支出，《监管规则适用指引——会计类第2号》规定："企业与客户签订合同，为客户研发、生产定制化产品。客户向企业提出产品研发需求，企业按照客户需求进行产品设计与研发。产品研发成功后，企业按合同约定采购量为客户生产定制化产品。对于履行前述定制化产品客户合同过程中发生的研发支出，若企业无法控制相关研发成果，如研发成果仅可用于该合同、无法用于其他合同，企业应按照收入准则中合同履约成本的规定进行处理，最终计入营业成本。若综合考虑历史经验、行业惯例、法律法规等因素后，企业有充分证据表明能够控制相关研发成果，并且预期能够带来经济利益流入，企业应按照无形资产准则相关规定将符合条件的研发支出予以资本化。"

（五）研发费用资本化

企业内部研究开发（研发）项目分为研究阶段和开发阶段。《企业会计准则第 6 号——无形资产》规定，"企业内部研究开发项目研究阶段的支出，应当于发生时计入当期损益。在开发阶段，可将有关支出资本化计入无形资产的成本，但必须同时满足相关条件：第一，完成该无形资产以使其能够使用或出售在技术上具有可行性；第二，具有完成该无形资产并使用或出售的意图；第三，无形资产产生经济利益的方式，包括能够证明运用该无形资产生产的产品存在市场或无形资产自身存在市场，无形资产将在内部使用的，应当证明其有用性；第四，有足够的技术、财务资源和其他资源支持，以完成该无形资产的开发，并有能力使用或出售该无形资产；第五，归属于该无形资产开发阶段的支出能够可靠地计量。无法区分研究阶段和开发阶段的支出，应当在发生时作为研发费用，全部计入当期损益。"

研发支出资本化需要根据《企业会计准则第 6 号——无形资产》及其应用指南和讲解等规定，结合企业具体的研发项目进行判断。研发费用进行资本化可以增加企业的当期净利润，减轻业绩压力，避免企业业绩波动过大。同时，研发费用资本化能增加公司资产的比重，有利于增加公司整体总资产和净资产，并体现良好的资产状况，从财务指标上提高偿债能力，为公司的融资等提供有力的支持。另外，研发费用资本化还影响现金流的分类。研发费用资本化时，相应的支出在现金流量表中计入"购建固定资产、无形资产和其他长期资产支付的现金"项目，会减少投资活动产生的现金流量净额。研发费用完全费用化时，相应的费用支出会体现在经营性现金流中，减少经营活动产生的现金流量净额。

（六）研发费用占收入的比重

研发费用占收入的比重是一个极为重要的指标。研发费用不仅影响企业的财务数据，从研发费用占收入比重的数据中更能看到公司真实的研发能力。通常情况下，研发费用越高，研发费用占收入比重越大，意味着公司在研发上的投入越大，产品的含金量更高、核心竞争力越强。

同时，研发费用也是高新技术企业认定的重要指标，根据《高新技术企业认定管理办法》（国科发火〔2016〕32号文件印发），研发费用占收入比重的指标如下：

"认定为高新技术企业须同时满足以下条件：

……

（五）企业近三个会计年度（实际经营期不满三年的按实际经营时间计算，下同）的研究开发费用总额占同期销售收入总额的比例符合如下要求：

1. 最近一年销售收入小于5 000万元（含）的企业，比例不低于5%；

2. 最近一年销售收入在5 000万元至2亿元（含）的企业，比例不低于4%；

3. 最近一年销售收入在2亿元以上的企业，比例不低于3%。

其中，企业在中国境内发生的研究开发费用总额占全部研究开发费用总额的比例不低于60%。"

申请科创板IPO的软件企业，在认定科创属性时，研发费用占收入比重亦是重要的评价标准，根据《科创属性评价指引（试行）》（2022年修改），具体要求如下：

"一、支持和鼓励科创板定位规定的相关行业领域中，同时符合下列4项指标的企业申报科创板上市：

（1）最近三年研发投入占营业收入比例5%以上，或最近三年研发投入金额累计在6 000万元以上；

（2）研发人员占当年员工总数的比例不低于10%；

（3）应用于公司主营业务的发明专利5项以上；

（4）最近三年营业收入复合增长率达到20%，或最近一年营业收入金额达到 3 亿元。

采用《上海证券交易所科创板股票上市规则》第 2.1.2 条第一款第（五）项规定的上市标准申报科创板的企业，或按照《关于开展创新企业境内发行股票或存托凭证试点的若干意见》等相关规则申报科创板的已境外上市红筹企业，可不适用上述第（4）项指标的规定；软件和信息技术服务业不适用上述第（3）项指标的要求，研发投入占比应在 10% 以上。"

二、研发项目内部控制

建立健全和有效实施内部控制是保证会计信息真实准确的基础，由于研发过程中涉及的费用大部分依赖于企业内部证据进行归集，并较多依赖管理层的判断，因此软件企业与研发相关的内控是否健全有效显得极为重要。

企业应结合公司实际业务情况以及相关内部控制规范要求，建立健全与研发活动相关的内部控制，且相关控制设计有效，包括健全公司的研发组织架构和研发工作流程体系，建立《研发管理办法》《专利管理办法》《研发费用核算管理办法》等与公司实际研发活动相适应的内部控制制度，对研发活动涉及的研发立项管理流程、研发项目阶段管理流程和研发项目领料与工时管理流程、研发成果验收管理等研发活动相关流程、财务核算要求进行规范。主要的内部控制流程、风险点和控制目标见表 4-17。

表 4-17

研发项目相关的内部控制

流程	主要风险点	控制目标
项目立项	（1）软件项目研究计划与企业发展战略不匹配； （2）研究项目负责人不具有相应资质； （3）研究项目未经可行性分析的科学论证或论证不充分； （4）项目评审和审批把关不严，可能导致创新不足或资源浪费。	确保项目符合公司的经营战略

续表

流程	主要风险点	控制目标
研发阶段管理	（1）软件研发人员及其他相关资源管理不到位，导致研发成本过高； （2）软件研发过程管理不善，影响研发效率，甚至造成资产流失； （3）多个项目同时进行时相互争夺资源，造成研发效率下降； （4）研究过程中未能及时发现错误，导致维护成本提高； （5）软件项目合同管理不善，导致权属不清，知识产权存在争议。	确保项目的质量和效率
项目验收结项	（1）验收人员的技术能力、独立性不足造成验收成果与事实不符； （2）软件测试投入不足，导致测试不充分，不能有效地降低技术失败的风险。	确保研发项目成果符合预期目标
项目成果保护	（1）未能有效识别和保护知识产权，权属未能得到明确规范，开发出的新技术或产品被限制使用； （2）软件核心研究人员缺乏管理激励制度，导致形成新的竞争对手或技术秘密外泄。	确保项目成果权属清晰
财务管理	研发支出核算不准确。	确保研发项目账务处理准确

三、研发活动审核要点及应对

结合前述对研发业务的概述以及研发项目内部控制的情况分析，本部分重点从研发人员和其他人员混用、研发费用的归集与分摊、研发费用资本化和研发费用占收入比重四个方面对软件和信息技术服务业研发活动IPO审核关注要点以及审计应对思路进行梳理。

（一）研发人员与其他人员混用

在软件企业实际生产或技术研发活动中，存在研发人员参与生产活动或生产人员执行研发项目的情况。软件企业的人员使用在部门和职能中存在交叉时，能否准确区分研发活动和其他活动是确保核算准确的关键。因此，应重点关注是否存在将研发人员和其他人员混同的情形，具体IPO审核关注要点和审计应对程序如下。

1. IPO 审核关注要点

（1）关注研发人员的认定是否合理、研发岗位职责是否明晰、研发人员调动是否有理有据；

（2）公司是否制定了严格的工时统计方法，研发人员认定、薪酬归集是否准确；

（3）公司研发人员数量、学历构成、人均薪酬与同行业可比公司、当地人均薪酬水平进行对比，是否存在异常。

2. 审计应对思路

（1）获取公司研发活动相关的管理制度，了解公司研发人员认定标准、职责范围，了解与研发活动相关的关键内部控制；执行研发人员相关的控制测试，核查公司是否制定了严格的内部控制制度保证相关研发工时统计及研发薪酬核算的准确性。

（2）获取报告期内公司员工花名册、工资表、研发人员工时记录表，抽取部分主要研发人员进行访谈，核查公司是否清晰划分各类人员，关注研发人员是否存在从事其他工作的情况，关注非全时研发人员当期研发工时占比并对研发人员的薪酬归集及在研发费用、主营业务成本、合同履约成本、管理费用之间的分摊进行复核，检查并确认公司研发人员的职工薪酬在报告期内的归集是否准确；特别关注是否存在以下情况：①将部分生产部门生产人员纳入专职研发人员名单，而实际在生产车间从事生产工作；②研发人员中有同时担任公司董监高或归属于其他职能部门的情况（市场、财务、行政等），是否有合理原因，相关管理与研发工作职责如何安排和分配，相关薪酬费用全部或按固定比例计入研发费用的合理性。

（3）对公司报告期填报的所有工时进行抽样测试，将填报工时内容、时间与相应试验档案、考勤记录、系统记录等进行对比，检查是否存在异常。

（4）获取公司的员工名册，了解研发人员的数量、职位、专业、受教育程度、年龄、入职年限以及工作履历等情况（包括专职与兼职），专职及兼职研发人员的结构情况及具体研发项目工作内容，检查研发费用核算期间与研发人员在职时间是否匹配，研发人员专业背景和工作经历与公司研发活动是否匹配，以核查相关人员是否具备从事研发工作的胜任能力。分析研发人员数量、结构变动情况、人均薪酬变动情况是否合理。

（5）获取同行业可比公司招股说明书、年度报告、问询回复及地方统计年报等公开信息，将公司人均薪酬与同行业可比公司、当地人均薪酬水平进行对比分析，以及将研发人员数量、结构、薪酬占比与同行业可比公司进行对比分析。

3. 实务案例

案例1

龙软科技

问询：发行人如何准确地划分和核算各项研发支出，是否存在应计入营业成本的支出计入研发费用的情形，是否存在应计入费用的支出计入研发费用的情形……研发人员和技术人员均参与产品开发的情形下，说明发行人如何准确将研发人员工资在项目成本和研发投入之间进行划分；说明发行人研发人员参与具体项目开发的合理性。

发行人回复如下：

公司拥有独立的研发部门、研发人员、独立的办公场所及研发项目，对于研发费用支出有明确的归集划分标准。下设的空间信息技术研究院为公司核心科研机构，负责公司 LongRuanGIS 平台、透明化矿山的构建技术、分布式协同"一张图"GIS 平台及图形处理技术、基于大数据分析的安全生产动态诊断技术等系列化核心技术及底层基础平台的研发工作，与其相关的基础研发投入在研发费用中核算；公司在项目实施过程中开展的应用研发，计入各项目成本。

研发费用主要包括职工薪酬、折旧及摊销、差旅费、租赁费、办公费、研究中心经费和其他相关费用。

（1）研发费用构成情况。

关于职工薪酬。公司下设空间信息技术研究院，为公司的研发部门。就职于空间信息技术研究院人员的工资、福利、社保、公积金等计入研发费用中的职工薪酬科目。

（2）计入项目成本的研发人员费用。

公司严格遵循因项目应用研发投入计入成本的划分原则，报告期内，对于公司和客户签订的个别项目中包含高难度技术内容，技术人员无法单独完成时，需要研发人员提供技术支持的费用，参与相关项目的研发人员该期间按项目工时计算的人工及与之相关的其他成本计入该项目成本。

（3）公司研发部门根据研发规划每年单独立项，进行独立的研发项目管理，期末进行相应的内部验收工作。

综上，公司有独立的研发部门、研发人员、独立的办公场所及研发项目，对于计入研发费用的范围有明确规定，不存在应计入营业成本的支出计入研发费用或应计入费用的支出计入研发费用的情形。

会计师执行的主要核查程序包括：

（1）了解发行人关于研发费用核算的管理制度；

（2）对研发人员进行访谈，了解研发项目实际管理及执行情况；

（3）获取研发项目的立项资料、研发支出明细，并检查相关支出的依据；

（4）检查研发费用支出与其他成本费用的归集情况，以确定研发费用与项目成本之间划分是否准确。

案例2

航天软件：关于政府补助和研发费用

问询：研发人员是指直接从事研究开发活动的人员，以及为研究开发活动提供直接服务和辅助性管理的人员，报告期内存在借调研发人员参与非研发活动和项目技术人员参与研发活动的情形。请发行人结合研发人员参与非研发活动及项目技术人员参与研发活动的具体情况等，说明研发人员薪酬的归集方法及其准确性、相关内控制度是否健全有效。

发行人回复如下：

1.关于研发人员参与非研发活动及项目技术人员参与研发活动的具体情况

公司所属软件和信息技术服务业属于技术密集型行业，员工学历素质与技术能力相对较高，截至2021年12月31日，公司员工总数为1 318人，其中硕士及以上（含硕士）人数占比为21.55%，本科学历人数占比为64.95%。报告期各期末公司研发人员和技术人员主要毕业于国内知名高校（如清华大学、北京大学、北京航空航天大学、北京理工大学、西北工业大学、哈尔滨工业大学、浙江大学等）的计算机技术、软件工程、航空航天等专业学科，研发人员与技术人员均具备胜任研发项目和经营类项目的能力。

2021年末，公司对研发人员进行了认定，将2021年投入研发工作的工时占全年总工时的比例不低于60%的人员认定为研发人员，并将认定情况报经公司专题办公会审议通过。在本次认定之前，公司未明确划分研发人员与项目技术人员，相关人员参与具体项目主要根据专业胜任能力及时间安排等因素综合确定，因此存在数量较多的研发人员参与经营类项目及技术人员参与研发项目的情形。

报告期内，公司研发活动和非研发活动（特指经营类项目）主要以项目制形式开展，公司综合考虑研发项目和经营类项目的项目紧迫性、具体内容、员工专业背景、工作经验、人员时间安排等因素后抽调研发人员和技术人员组建项目团队开展具体项目（包括研发项目和经营类项目），相关人员的薪酬严格按照各项目的性质及相关工时记录分配至研发费用及存货/成本。

（1）研发人员参与非研发活动的具体情况。

报告期内，公司主要依据员工所属部门、学历素质、技术能力及其承担的具体职责等标准划分研发人员。2019—2021年末，公司研发人员数量分别为212人、227人和282人（2019年末及2020年末的研发人员根据2021年的认定原则进行认定），其中参与过经营类项目涉及的人数分别为185人、199人和223人。研发人员主要参与研发项目的技术攻关工作，相关人员薪酬主要计入研发费用中（各年度占比均在2/3以上）。研发人员参与非研发活动的主要工作内容包括支持公司大型、复杂经营类项目进行前期规划设计、关键技术攻关或各验收环节的技术评审等，报告期内研发人员支持经营类项目的人数较多，但工作时长相对较短，因此相关人员薪酬计入存货/成本的比例相对较低。

（2）项目技术人员参与研发活动的具体情况。

公司大部分业务定制化程度较高且具有一定的技术难度，研发与业务在技术层面结合紧密，技术人员必须拥有丰富的技术储备和经验，才能够更加了解下游客户的业务需求，形成相应的技术解决方案并提供定制化的产品和服务。因此，公司的技术人员在技术水平和业务需求方面具有参与研发活动的能力和内在需求。2019—2021年末，公司项目技术人员数量分别为731人、746人和766人，其中参与研发活动涉及的人数分别为542人、509人和555人。项目技术人员主要以开展经营类项目活动为主，参与研发活动的人员较多但人员薪酬占比相对较低。因公司承担的大量国家重大科技专项具有项目难度高、项目周期长、涉及范围广（技术研发及产业化等多方面）等特点，在技术攻关核心期间对时间紧迫性要求较多，因此，项目技术人员参与研发活动的主要工作内容为协助公司研发人员按时完成国家重大科技专项的研发推进及验收工作。

2.关于研发人员薪酬的归集方法及其准确性、相关内控制度是否健全有效

公司自2018年开始使用运营管理平台，用于对所有研发项目、经营项目进行日常管理，员工工时的填报、审批、检查和分析等是运营管理平台的重要功能之一。公司根据项目性质对所有项目进行唯一编号，可通过项目编号区分项目属于研发项目还是经营项目。公司所有研发人员及技术人员均需要在运营管理平台中按日填报工时（对应至具体项目），相应研发项目经理或经营项目经理对工时填报的有效性、规范性进行详查，确保项目人员填报准确；相关部门负责人和项目管理部定期对工时填报完整性、及时性、规范性、有效性进行检查，对异常填报情况及时通报、整改。成本核算人员每月将所有研发人员及技术人员的当月薪酬按工时分配至不同的研发项目及经营项目，并将各项目归集的人工成本计入对应项目研发费用或存货。

（二）研发费用的归集与分摊

软件企业的研发应按项目进行管理，相关的人工成本、直接材料、测试

费用以及其他费用,按研发项目进行归集,并建立研发项目台账。具体 IPO 审核关注要点和审计应对程序如下。

1. IPO 审核关注要点

(1)公司是否制定并严格执行研发相关内控制度,明确研发支出的开支范围、标准、审批程序;

(2)研发项目是否设立台账归集核算研发支出,研发费用相关数据来源及计算是否合规;

(3)是否严格按照研发开支用途、性质据实列支研发支出,是否存在将与研发无关的费用在研发支出中核算的情形。

2. 审计应对思路

(1)获取公司研发相关的内控制度文件,核查研发相关内控制度是否健全且被有效执行;公司是否建立研发项目的跟踪管理系统以及与研发项目相对应的人财物管理机制,有效监控、记录各研发项目的进展情况;是否已按照相关要求制定完善的研发内控制度并有效执行。

(2)获取立项文件,评价研发活动认定是否合理,与同行业企业相比是否存在重大差异。

(3)获取公司研发费用台账,检查与公司研发费用支出相关的支持性文件,核查研发费用是否准确、及时地归集到了对应的项目上;研发投入计算口径是否合理,研发投入的归集是否准确,研发投入相关数据来源是否可验证。

(4)查询公司研发费用科目设置及归集情况,对报告期内研发投入归集是否对应研发项目、归集对象的合规性以及研发支出是否与研发活动有关进行核查。

（5）公司研发投入中包括股份支付费用的，应充分关注：股份支付的背景，具体授予对象及其职务、职责；授予权益工具的数量及确定依据、与授予对象的贡献或职务是否匹配；权益工具的公允价值及确认方法、等待期及费用分摊方式等是否合理。

（6）针对主要明细科目执行如下审计程序：

①职工薪酬：取得员工花名册、职工薪酬明细表，分析各类员工数量、薪酬与公司业务的匹配情况；执行分析性程序，对报告期内研发费用中的职工薪酬费用进行分析，分析变动的合理性及其月度波动情况是否符合公司实际经营情况。

②技术服务费用：检查合同、发票等原始凭证；检查账务处理；分析技术服务费用变动的原因。

③材料费：查看材料费相关合同、发票等原始凭证，与研发明细账中的材料费进行核对。

④折旧摊销费：获取固定资产、无形资产卡片账，对折旧和摊销进行重新计算，核实折旧和摊销费列支的准确性。

⑤办公费等其他费用：查看合同、支出审批单、发票等原始凭证及附件，核实用于哪些研发项目，与账面记录核对，核实各项费用列支的真实性、准确性等。

⑥公司开展受托研发业务的，是否存在将受托研发人员或支出认定为公司研发人员或研发投入的情况及其合理性。

⑦公司研发投入计算口径与下列口径的差异情况：本期费用化的研发费用与本期资本化的开发支出之和、向税务机关申请加计扣除优惠政策的研发费用。存在较大差异的，应充分关注差异原因及合理性。

3. 实务案例

> **案例**
>
> ### 中科通达
>
> （一）研发相关内控制度及执行情况
>
> 发行人制定了《研发项目管理制度》和《研发支出核算制度》以规范发行人研发活动和研发支出核算。发行人设立研发中心，严格按照《研发项目管理制度》和《研发支出核算制度》的相关规定，统筹协调与研发相关的工作。
>
> 发行人研发相关内控制度具体内容如下：
>
> （1）研发项目立项管理。
>
> 发行人每年制定年度研发计划，研发中心根据年度研发计划制定具体的研发项目并组织实施。
>
> 发行人建立了"方案提出、审查论证、审议决策、审批实施"的立项决策程序。发行人研发部门根据拟开展的研发项目编制项目计划书，明确研发方案、参与人员和资金预算等内容，形成研发项目方案交研发中心负责人审核；研发中心负责人对项目方案进行充分论证后提出建议，并出示专业意见报财务部门、总经理办公会审议决策。审议通过的研发项目由研发中心成立研发小组负责具体实施。
>
> （2）项目过程管理。
>
> 项目立项后，研发项目组负责人定期向研发中心负责人汇报项目进展。研发中心对在研项目进行跟踪检查、定期总结、阶段评估，在研项目经评估需终止或暂停的，需经严格评估。
>
> 项目研发完毕后，研发中心负责对项目研发成果进行评价，编制《（阶段性）研究成果报告》，并召开验收评审会。研发中心负责对发行

人研发项目的技术资料、项目过程文档等存档备案。

（3）研发成果管理。

发行人建立了严格的研发成果保护机制，研发成果由发行人相关部门及时完成专利注册、软件著作权登记等程序，同时对于可能接触到核心技术的人员、合作伙伴均签署保密协议，明确研发成果的产权归属及保密责任，加强文件资料的保密管理。

（4）研发支出核算管理。

发行人严格按照《高新技术企业认定管理工作指引》及企业会计准则等相关规定，对研发支出内容进行了明确的范围界定，对研发支出核算进行了具体的规定。

发行人研发支出包含职工薪酬支出、设备材料支出、技术服务支出以及其他支出等。其中，职工薪酬支出包括从事研发活动人员的工资薪金、社会保险费和住房公积金，各研发项目的职工薪酬支出根据各月实际参与项目人员的薪酬归集核算；设备材料包括为实施研究开发活动而实际发生的相关材料消耗费用，各研发项目耗用的材料在ERP系统中按对应研发项目进行归集核算；技术服务支出主要包括委托开发费、产品检测费等，按照谁受益谁承担的原则计入相关研发项目；其他支出包括发行人用于研究开发活动的仪器、设备折旧费和研发人员外出测试、交流费用等，均按照谁受益谁承担的原则计入相关研发项目费用。

（二）发行人研发费用的归集对象、是否与研发项目对应

发行人的研发费用归集对象为参与研发工作的研发人员薪酬以及与研发活动相关的各类支出。其中，研发费用中的职工薪酬主要包括研发人员工资、福利、社保、公积金等；与研发活动相关的各类支出包括用于研发活动的材料费、与研发活动直接相关的技术服务费，以及研究开发活动发生的房租及物业费、折旧及摊销费、办公费等。

报告期内，发行人研发费用按研发项目归集，与研发项目对应。发

行人按照研发项目设立研发费用台账，研发活动中发生的职工薪酬、设备材料费、技术服务费等均按照研发项目进行归集核算，研发中心发生的房租及物业费、折旧及摊销费、办公费等按项目进行分配。

（三）研发人员的界定标准及相关标准是否合理

报告期内，发行人研发人员的界定标准为：研发人员是指直接从事研究开发活动的人员，以及为研究开发活动提供直接服务和辅助性管理的人员，研发人员均在研发中心任职。为信息化系统开发建设项目提供技术服务及软件定制化开发的技术人员不属于研发人员。

发行人界定研发人员符合《财政部关于企业加强研发费用财务管理的若干意见》（财企〔2007〕194号）对研发人员的定义，发行人研发部门及人员职责清晰，与其他部门划分明确，研发人员的界定标准合理。

（三）研发费用资本化

基于前述研发费用资本化对财务报表及其分析指标的影响，研发费用资本化的时点显得极为重要，相应的，企业对资本化时点的评价标准和相关内控在IPO中备受关注，特别体现在企业应避免外界将研发费用资本化认定为利润调节行为。因此，在IPO项目的操作过程中，为了避免出现调节利润之嫌，如无明确的资本化证据可以支撑，一般将研发支出全部费用化或尽量减少资本化的比例。具体IPO审核关注要点和审计应对程序如下。

1.IPO审核关注要点

（1）研发费用资本化的具体时点，资本化时点的选择是否谨慎、合理；

（2）研发支出资本化相应的内部控制节点、内外部证据支撑，研发支出资本化会计处理是否符合企业会计准则规定；

（3）与同行业公司资本化时点相比是否存在差异，若是，应说明原因及合理性；

（4）相关内部控制是否一贯执行、健全有效。

2. 审计应对思路

（1）向公司管理层、研发人员了解主要研发领域、研发项目的形成背景、进展、主要用途、研发成果及市场需求等情况，向财务人员了解研发费用的会计处理方法，评价研发支出的会计处理是否符合企业会计准则的规定；

（2）根据相关内控制度，测试其实际执行的有效性，判断研发支出资本化时点的确定等是否契合公司研究开发流程及相关依据是否充分；

（3）获取公司报告期研发投入资本化项目明细及对应的立项文件、费用预算等，了解研发项目的情况，取得研发投入资本化相关的支持性文件，复核公司对研发投入资本化时点的判断是否符合企业会计准则的规定；

（4）取得并复核公司研发人员花名册，结合研发投入情况评估人均研发投入变动趋势并分析合理性；

（5）取得项目资本化论证资料以及相关论证专家履历，复核及评价专家论证意见；

（6）与同行业对比，研发支出资本化情况是否存在差异，分析差异原因及合理性。

3. 实务案例

案例

用友金融：研发支出资本化合规性

问询：（1）结合无形资产的形成背景及报告期内研发支出资本化项

目情况，说明发行人研发支出资本化会计处理是否符合企业会计准则规定，是否有充分可靠的外部证据支撑。（2）对比 2019 年至 2021 年的项目研发情况，并结合发行人内控制度关于研发资本化的规定，说明发行人仅在 2018 年存在较大金额的研发费用资本化的原因及合理性，研发支出资本化处理与同行业可比公司相比是否存在差异，会计政策执行是否具有一致性。

发行人回复如下：

1. 关于公司研发费用资本化的外部证据支撑

公司通过向北京软件和信息服务业协会发函邀请 5 位外部专家，对公司研发项目出具了《用友金融信息技术股份有限公司研发项目资本化专家论证意见》，对公司研发项目的资本化处理进行了鉴定。外部专家中技术与行业专家 3 名，分别为陈某、王某某及张某；财务专家 2 名，分为戴某、樊某。公司控股股东、实际控制人及董事、监事、高级管理人员、核心人员等关联方与上述 5 位专家不存在关联关系。

会议采取现场召开的形式。根据企业会计准则、《研发项目管理制度》的要求，专家组审阅了公司 3 个项目的研究开发文档等相关材料，听取了项目实施情况汇报，考察了研发项目的建设情况。专家现场进行了会议讨论，形成如下意见：

"专家组认为，用友金融信息技术股份有限公司充分分析了研发费用资本化的条件、资本化开始时点以及核心技术使用情况，用友金融链融云平台及应用项目、AI 财务管理产品项目及新一代租赁系统产品项目资本化依据充分，研发支出资本化会计处理符合企业会计准则规定。"

综上，公司研发支出资本化已获得充分、可靠的外部证据支撑。

2. 关于公司仅在 2018 年存在较大的研发费用资本化的原因、合理性及会计政策执行的一致性

报告期内，公司研发产品的类型分为应用模块、业务中台及应用中

台。其中，业务中台与应用中台为底层架构，系应用模块研发的基础；应用模块系组成解决方案的标准功能模块，无法独立使用或销售。报告期内，公司费用化研发项目的产品类型均为应用模块，主要系研发部门分析提炼客户的共性需求后进行的通用功能模块研发，主要在后续定制化开发项目中根据客户需求组合嵌入交付产品中，无法单独形成市场化产品并产生经济利益，因此根据《企业会计准则第6号——无形资产》的相关规定，公司认定其无法独立产生经济利益，无法确定运用该无形资产生产的产品存在市场或无形资产自身存在市场，不满足资本化条件。

报告期内，公司所有研发项目均严格按照研发管理制度执行，具体情况详见本问题回复之"一、研发支出归集、核算的规范性"之"（一）公司研发投入的归集、核算符合《审查问答（一）》问题4及《一号指南》中关于研发投入指标的规定"之"2.研发相关内控"之"（4）研发内控制度在公司研发项目的执行情况"。

关于公司资本化研发项目符合《企业会计准则第6号——无形资产》规定的五项资本化条件的具体内容，详见"问题14-4"之"（一）补充披露报告期内各研发项目费用化阶段支出明细、资本化阶段支出明细、转入无形资产具体时点、转入无形资产的标准、是否存在项目在研究阶段即中止或终止的情况，若有，补充披露相关项目名称、中止或终止原因、已发生费用具体构成"。

综上所述，公司对研发费用资本化及费用化的会计处理符合《企业会计准则第6号——无形资产》的规定，会计政策执行具有一致性。

（四）研发费用占收入比重

研发费用作为综合反映科技创新能力的衡量指标之一，其重要性不言而喻。研发费用不仅影响企业的财务数据，同时既是高新技术企业认定的重要指标，也是申报科创板 IPO 的软件企业在认定科创属性时的重要评价标准。因此，IPO 审核时应对研发费用进行重点核查，具体 IPO 审核关注要点和审计应对程序如下。

1. IPO 审核关注要点

（1）研发费用报告期内大幅增加的原因及合理性；

（2）研发费用率与同行业可比公司相比存在明显差异的原因。

2. 审计应对思路

（1）查阅研发费用明细表等财务资料，核查研发费用的真实性、准确性、完整性。

（2）对公司管理层、研发人员实施访谈，了解公司研发方向、研发重点领域是否与公司情况相吻合，了解研发所处的阶段。

（3）通过查询公开披露信息，了解同行业可比上市公司研发投入情况，与公司研发费用率进行对比，分析存在差异的具体原因及合理性；报告期内，研发投入金额、占比或构成发生显著变化的，应重点关注变化原因及合理性，是否符合行业变动趋势。

（4）针对研发的具体明细项目，执行相应的核查程序，核实真实性、准确性，分析变动的原因及合理性。

（5）报告期内公司委外研发支出金额较大或占研发投入比例较高的，应重点关注委外研发的真实性、必要性和交易价格公允性，是否符合行业惯例，委外研发主要成果及其对公司生产经营的具体贡献，主要受托方及其研发能力；是否存在通过委外研发虚构研发支出的情形；是否存在公司自身研发能力较弱的情形。

3. 实务案例

案例

武汉中科通达高新技术股份有限公司

问询：请发行人披露研发费用率与同行业可比公司相比存在明显差异的具体原因、发行人研发费用的确认依据及核算方法与同行业是否一致。

发行人回复如下：

报告期内，同行业可比公司研发投入占营业收入比例的对比情况如表 4-18 所示。

表 4-18

同行业可比公司研发投入占营业收入比例的对比情况

公司名称	2020 年度	2019 年度	2018 年度
易华录	—	5.79%	7.47%
银江股份	—	5.73%	4.63%
立昂技术	—	3.40%	2.95%
恒锋信息	—	6.58%	6.40%
网进科技	—	5.04%	5.15%
平均值	—	5.31%	5.32%
公司	5.80%	5.99%	6.69%

说明：2018 年至 2020 年，同行业可比公司研发投入包括当期费用化及资本化的研发投入。报告期内，公司无资本化的研发投入。同行业公司 2020 年度财务数据尚未披露。

1. 关于研发费用率与同行业可比公司相比存在差异的具体原因

报告期内，发行人研发费用率与各同行业可比公司相比存在一定差异，各可比公司报告期内各年度的研发费用率亦存在较大波动。整体而言，发行人研发费用率与易华录、恒锋信息较为接近，小幅高于银江股份、立昂技术和网进科技。

发行人与可比公司研发费率相比存在较大差异，主要是受收入规模、业务结构、研发方向及研发进度等方面的影响，具体如下：

易华录、银江股份收入规模均处于行业前列，远高于发行人。其中，易华录研发方向主要包括核心数据湖产品、城市大数据及公安交通行业大数据应用产品等，易华录产品布局较广，各业务开展对技术研发需求较高；银江股份研发项目包括HERO-全域交通AI控制系统、智慧安保平台、街镇大脑、指挥通、ENLOOP大数据平台、智慧法援系统等。易华录及银江股份资金实力较强，其研发投入金额均保持在较高水平，其中，易华录2019年研发投入金额为2.17亿元，银江股份研发投入为1.19亿元，发行人研发投入为2652.87万元，但由于易华录、银江股份收入规模均远高于发行人，导致易华录研发费用率与发行人基本持平，银江股份研发费用率略低于发行人。

恒锋信息收入规模略高于发行人，其研发费用率与发行人基本持平；立昂技术2019年完成并购扩张后，其主营业务包括公共安全系统服务、数据中心与云计算服务、电信运营商增值服务及通信网络技术服务等，2018年前其研发方向主要集中在公共安全系统软件平台研发，研发方向与发行人具有较大差异。网进科技报告期内研发方向主要为智慧公安、智慧政务、智慧交通、智慧医疗等领域的软件系统研究开发，报告期内其收入规模与发行人较为接近，但由于其研发投入略低于发行人，导致发行人研发费用率小幅高于网进科技。

报告期内，发行人对公安信息化系统中软件平台的功能模块及基础技术进行了持续深入的开发。发行人结合技术发展趋势和方向，开展预研性、创新性研究开发，以应用于公司软件产品，提升信息化系统数据处理能力和使用效率；同时，为满足客户日益增长的信息化应用需求及基于发行人自身对行业的深入理解，发行人及时开发新的功能模块。因此，报告期内，发行人研发投入一直保持在较高水平，研发费率与自身发展阶段及行业特征相符。

2. 关于发行人研发费用的确认依据及核算方法与同行业是否一致

发行人研发投入的确认依据与同行业可比公司一致，均是将与研发活动相关的费用确认为研发费用。

在研发费用核算方面，发行人报告期内将研发费用全部计入当期损益，未进行资本化。同行业可比公司中，易华录、银江股份存在较大金额的研发费用资本化，立昂技术资本化金额极低，恒锋信息、网进科技研发费用均未资本化。

第五章
行业财务事项审核要点及应对

IPO Practice of
Software and Information
Technology Services

财务事项方面，当前半数以上的软件企业存在活跃的并购活动，商誉金额较大意味着付出了较高的溢价，容易财务造假；且由于部分软件企业的政府补助及税收优惠占当期利润总额的比例较高，以及受下游客户性质、项目验收及预算管理制度和采购审批制度政策影响，软件企业收入呈现较为明显的季节性特征，软件企业面临政府补助及税收优惠不能持续风险、经营业绩季节性波动风险等财务风险，影响企业经营业绩和持续经营能力。因此，IPO审核会对企业合并及商誉、行业收入季节性、业绩波动、财务数据逻辑关系异常、税收优惠及软件企业政府课题等事项给予重点关注。

第一节　企业合并及商誉

一、企业合并及商誉概况

商誉形成于企业合并，其作为一项资产，属性较为特殊，按现行企业会计准则规定应定期开展减值测试，无须折旧或摊销，一旦管理不当将会对企业会计信息质量和资产质量造成较大影响，加剧企业经营业绩的波动。

软件和信息技术服务业商誉的确认及商誉减值的情况，具体如表5-1所示。从该表可以看出，截至2023年3月1日，软件和信息技术服务业上市企业共340家，拥有商誉的企业190家，占总数的55.88%，其中134家对商誉计提了减值，占拥有商誉企业的70.53%，商誉均值为4.38亿元。半数以上的企业存在活跃的并购活动，商誉金额较大意味着付出了较高的溢价，其中七成的企业计提了商誉减值，说明不少并购活动并未达到预期的效果。

表 5-1

软件和信息技术服务业上市公司商誉情况

上市板块	企业数	拥有商誉的企业数	存在商誉减值的企业数	商誉合计（亿元）	商誉平均值（亿元）
北证	17	5	0	2.42	0.48
创业板	152	96	74	269.36	2.81
科创板	72	23	9	32.68	1.42
主板	99	66	51	527.30	7.99
总计	340	190	134	831.76	4.38

数据来源：同花顺 iFinD，数据截至2023年3月1日。

收购的评估方法对估值影响也较大，一般评估报告会采用资产基础法和收益法确定公允价值。由于软件和信息技术服务业企业多数采用轻资产模式运营，有价值的资产较多地体现在专利和技术等无形资产当中，因此收益法一般较资产基础法评估的公允价值要高很多。部分并购中，由于被并购企业研发投入大等原因未能实现盈利，会采用 PS（Price to Sales Ratio）市销率估值法。无论采用哪种方法进行估值，对于高溢价收购并确认大额商誉的合理性，最终要关注被收购方对于收购方所具有的战略价值大小。

二、IPO 审核关注要点

上述情况表明行业中部分企业的并购活动存在高估值、高溢价、高商誉的特点，企业合并产生的商誉对合并财务报表的影响越来越大。同时，高溢价、高商誉也带来高减值的连锁风险，如果管理不当将对企业权益、会计信息质量产生重大影响，还会加剧企业经营业绩的波动，影响企业平稳运行。商誉减值问题一直以来都是监管机构的重点关注对象。商誉减值测试涉及重大会计估计，而重大会计估计的重大错报风险也是管理层凌驾控制之上的特别风险通常涉及的风险领域。因此，在对软件企业的并购活动和商誉情况进行 IPO 审核时，应重点关注以下内容：

（1）关注并购的目的、原因、背景，以及并购的过程，与被并购企业研发人员、核心技术、销售渠道等方面的整合和优化情况；

（2）收购前后核心管理层、核心技术人员是否稳定，是否存在大量流失的情形；

（3）收购前后的业绩变化，资产总额、资产净额、营业收入、利润总额等指标在收购前后是否发生重大变化，特别是不利变化；

（4）商誉确认和计量是否合理、商誉减值测试中使用的各项参数的确定依据及合理性，如收入增长率、毛利率、净利率、折现率、资产组的划分等；

（5）被收购企业管理层是否存在为满足对赌业绩而舞弊的风险，以及对赌主体与内部关联交易的必要性及合理性，相关收入、费用的跨期情况等；

（6）在业绩对赌未完成的情况下，基于收购协议及业绩补偿方各方面情况，判断相关业绩补偿公允价值的合理性。

三、审计应对思路

基于以上分析，会计师在进行 IPO 审计时应重点核查并购的目的、原因、背景和全过程，以及商誉减值情况，执行的具体审计程序如下：

（1）查阅相关主体工商登记资料及股权转让协议等，了解相关交易背景和交易过程中的关键事项；

（2）查阅相关资产评估报告及被收购企业现金分红会议决议和支付凭证，确认估值存在差异的原因及合理性和估值确定依据的合理性；

（3）查阅收购过程中的相关协议，确认相关交易属于非同一控制下企业合并的依据，以及是否存在其他安排；

（4）查阅被收购企业相关审计报告、资产评估报告和相关协议，分析被收购企业可辨认净资产公允价值和合并成本确定的合理性，核查商誉确认及相关会计处理是否符合企业会计准则规定和交易实质；

（5）评估与商誉减值相关的风险；

（6）评估及测试与商誉减值测试相关的内部控制的设计及执行有效性；

（7）获取公司相关的商誉减值测试报告及底稿，了解第三方评估机构的情况，评估其独立性、专业素质和胜任能力；

（8）评估与商誉相关的资产组划分的正确性；

（9）评估商誉减值测试模型的适当性；

（10）复核合并财务报表附注中有关商誉减值的披露充分性和完整性。

四、实务案例

案例 1

大族数控科技

问询：请发行人补充披露收购后麦逊电子、升宇智能的运营情况、主要财务数据，是否达到收购预期，2019 年末对升宇智能全额计提商誉减值的原因和合理性。

发行人回复如下：

1. 关于麦逊电子

麦逊电子收购后各年度主要财务数据情况如下：

麦逊电子自被收购以来，收入规模从 2009 年度的 6 095.12 万元增加至 2020 年度的 35 051.53 万元，被收购后累计实现营业收入 294 691.79 万元；净利润从 2009 年度的 349.23 万元增加至 2020 年度的 6 361.85 万元，收购后累计实现净利润 51 085.86 万元。受益于 PCB 行业的快速发展，麦逊电子业绩持续向好，达到收购预期。

2. 关于升宇智能

升宇智能收购后各年度主要财务数据情况见表 5-2。

表 5-2
升宇智能收购后各年度主要财务数据

单位：万元

年度	资产总额	净资产	营业收入	净利润
2016 年末 /2016 年 5—12 月	4 194.35	1 644.17	4 895.71	589.64
2017 年末 /2017 年度	4 994.46	2 115.04	4 982.90	350.87

续表

年度	资产总额	净资产	营业收入	净利润
2018年末/2018年度	5 397.51	2 334.35	5 853.38	241.35
2019年末/2019年度	4 927.19	2 075.43	4 901.27	−285.62
2020年末/2020年度	4 934.26	2 234.09	5 067.16	152.28
2021年6月30日/2021年1—6月	6 438.45	2 145.35	2 372.39	−89.56

升宇智能2019年原管理层发生变化，加之贴附市场竞争的加剧，升宇智能的业绩下滑，收购未达预期。根据2019年底减值测试结果，对形成的商誉全额计提减值准备具有合理性。

案例2

埃夫特智能装备

问询：请发行人说明商誉减值测试中资产组的划分及依据、采用的减值测试方法、是否聘请第三方专家。

发行人回复如下：

1. 关于商誉减值测试中资产组的划分及依据

公司按照《企业会计准则第8号——资产减值》第十八条的规定，以资产组产生的主要现金流入是否独立于其他资产或者资产组的现金流入为依据，同时考虑公司管理层管理生产经营活动的方式（如是按照生产线、业务种类还是按照地区或者区域等）和对资产的持续使用或者处置的决策方式等因素，认定资产组。考虑到商誉主要系三家子公司的并购所产生，且三家子公司均能独立产生现金流入，并有各自的管理层决策方式，故将三家子公司分开作为独立的资产组进行减值测试。

2. 关于采用的减值测试方法

公司按照《企业会计准则第8号——资产减值》第十九、二十二、二十五条的规定，在对包含商誉的资产组进行减值测试时，资产组的可收回金额低于其账面价值的，就确认相应的减值损失。其中资产组的可收回金额按照预计未来现金流量的现值确定。

本次与商誉相关的各项资产组的产权持有单位没有对外出售意图，不存在销售协议价格，且在公开市场上难以寻找与资产组相同或相类似的交易案例，因此无法可靠确定资产组公允价值减去处置费用的净额。综上，我们采用预计未来现金流量现值来确定各项资产组的可收回金额，并以此作为与商誉相关的各项资产组的商誉减值测试的依据。

资产组预计未来现金流量的现值通常采用现金流量折现法，即按照资产组在持续经营过程中和最终处置时所产生的预计未来现金流量，选择恰当的折现率对其进行折现后的金额加以确定。

3. 关于是否聘请第三方专家

（1）在进行2016—2018年度财务数据审计时，公司聘请了具有证券、期货资格的资产评估机构厦门市大学资产评估土地房地产估价有限责任公司对截至2018年末的WFC商誉减值测试涉及的资产组可收回金额进行评估，并出具了大学评估评报字〔2019〕960004号评估报告。对截至2016年末、2017年末、2018年末的EVOLUT商誉减值测试涉及的资产组可收回金额进行评估，并出具了大学评估评报字〔2019〕960005号、大学评估评报字〔2019〕960006号、大学评估评报字〔2019〕960007号评估报告。

（2）2019年12月对EVOLUT的复核性测试、2019年9月末的WFC商誉减值测试、2019年末的商誉减值测试，公司均独立完成。

问询：请发行人对比《会计监管风险提示第8号——商誉减值》中列明的商誉减值情况，分析三家子公司是否出现商誉减值风险，及相关减值测试结果,并结合三家子公司主要业务、下游客户等分别对商誉减值风险在重大事项提示中予以针对性提示。

发行人回复如下:

1. 关于《会计监管风险提示第 8 号——商誉减值》中列明的商誉减值情况

详见表 5-3。

表 5-3
商誉减值情况

与商誉减值相关的前述特定减值迹象	WFC	EVOLUT	CMA
现金流或经营利润持续恶化或明显低于形成商誉时的预期,特别是被收购方未实现承诺的业绩	否	是	否
所处行业产能过剩,相关产业政策、产品与服务的市场状况或市场竞争程度发生明显不利变化	否	否	否
相关业务技术壁垒较低或技术快速进步,产品与服务易被模仿或已升级换代,盈利现状难以维持	否	否	否
核心团队发生明显不利变化,且短期内难以恢复	否	否	否
与特定行政许可、特许经营资格、特定合同项目等资质存在密切关联的商誉,相关资质的市场惯例已发生变化,如放开经营资质的行政许可、特许经营或特定合同到期无法接续等	否	否	否
客观环境的变化导致市场投资报酬率在当期已经明显提高,且没有证据表明短期内会下降	否	否	否
经营所处国家或地区的风险突出,如面临外汇管制、恶性通货膨胀、宏观经济恶化等	否	否	否

经逐项对照《会计监管风险提示第 8 号——商誉减值》中列明的商誉减值情况,除 EVOLUT 存在第一项相关情形并由此计提了商誉减值准备外,其他例举事项 WFC、EVOLUT、CMA 均不涉及。喷涂机器人制造及系统集成商 CMA、通用工业机器人系统集成商 EVOLUT、中高端汽车白车身焊接系统集成商 WFC,均为围绕公司发展战略而实施收

购的主体，相关系统集成领域行业前景明朗；为便于收购后的整合，以上主体被收购后核心团队保持稳定，保障了海外子公司专利/非专利技术（包括以 know-how 形式存在的经验技术）等与国内的融合。

2.关于报告期商誉减值测试（或复核测试）结果

详见表 5-4。

表 5-4
报告期商誉减值测试（或复核测试）结果

单位：万元

公司	2019年12月31日 商誉账面原值	2019年12月31日 商誉减值准备	2018年12月31日 商誉账面原值	2018年12月31日 商誉减值准备	2017年12月31日 商誉账面原值	2017年12月31日 商誉减值准备	2016年12月31日 商誉账面原值	2016年12月31日 商誉减值准备
CMA	1 288.33	—	1 292.96	—	1 286.17	—	1 211.37	—
EVOLUT	6 089.72	4 540.74	6 114.50	4 559.21	6 079.43	1 789.08	5 693.29	1 675.48
WFC	36 509.79	2 015.17	36 643.54	—	36 435.02	—	—	—
合计	43 887.84	6 555.91	44 051.00	4 559.21	43 800.62	1 789.08	6 904.66	1 675.48

说明：报告期商誉减值准备的变动为外币报表折算的变动。

第二节　行业收入季节性

一、行业上市公司收入季节性概述

表5-5统计了2019—2022年（截至本书成稿，2023年上市公司数据未完全公告）软件和信息技术服务业上市公司各季度收入占比情况。其中，行业分类为软件和信息技术服务业的上市公司总数为336家，剔除公告业绩不满3年的79家公司、11家ST公司后得到的样本总数为246家。从表5-5可以看出，软件和信息技术服务业上市公司收入具有明显的季节性特征，主要体现在第四季度收入占比较高，平均占比达到了37%左右，第一季度收入占比较低，平均占比在16%左右。

表5-5

软件和信息技术服务业上市公司各季度收入占比

年度	项目	第一季度占比	第二季度占比	第三季度占比	第四季度占比
2019年度	行业平均数	17.27%	22.66%	22.26%	37.81%
2020年度	行业平均数	14.12%	22.63%	23.40%	39.85%
2021年度	行业平均数	16.71%	23.47%	22.49%	37.32%
2022年度	行业平均数	18.53%	22.95%	23.20%	35.32%

数据来源：同花顺iFinD。

初步分析，软件企业收入呈现出明显季节性特征的原因主要体现在三个方面。一是客户群体特征，此部分软件上市公司主要客户群体为政府部门、大型央企、国家电网、三大电信运营商、烟草公司、军工、学校、医院等。这些客户通常为政府部门和国有企业，受预算管理和集中采购制度影响，内部审批决策、管理流程都有较强的计划性，体现为客户的采购决策和采购实施具有季节性特点，因此也决定了软件和信息技术服务业上市公司业务呈现较为明显的季节性分布。二是业务按项目制管理，项目存在实施周期，项目结项验收存在明显的季节性特点，通常收入确认、结项回款均集中在第四季度。三是收入确认采用时点法。与时段法相比，时点法确认收入更体现收入确认集中的特征。

如图 5-1 所示，项目存在实施周期，同时收入按时点法确认，主要客户群体特征使较多的项目集中在第四季度验收结算，最终导致第四季度收入确认金额较大。

图 5-1　收入体现为季节性的原因

二、IPO 审核关注要点

前文对软件企业的收入季节性现象进行了分析，IPO 审核时针对收入季节性现象应重点关注以下内容：

（1）发行人收入呈现季节性特征的原因，是否符合行业惯例；报告期内第四季度确认收入的主要项目的客户类型、合同签订时间、项目完成时间和验收时间，订单执行周期与同类产品的其他客户或者在其他月份执行的订单周期是否存在显著差异及合理性。

（2）结合发行人收入确认政策、实际销售情况和截止性测试情况，关注发行人是否存在跨期确认收入的情形。

（3）关注截止性测试的情况，项目验收情况，报告期内各产品的平均项目周期，较长工期项目的收入确认情况。

（4）关注项目周期提前或延长的项目情况，是否合理，是否存在在报告期提前或延迟确认收入的情形。

三、审计应对思路

会计师在 IPO 审计中应当重点核查发行人收入呈现季节性特征的原因，关注是否存在提前或延迟确认收入的情形，具体可执行以下审计程序：

（1）了解与收入确认相关的关键内部控制，评价内部控制的设计，确定其是否得到执行，并测试相关内部控制的运行有效性；

（2）访谈公司的销售人员、财务人员，了解公司销售模式、客户群体，对不同客户、产品定价策略、客户订单获取方式、在手订单情况等，查阅同行业可比公司公开信息，了解并分析公司收入呈现季节性的原因及合理性；

（3）获取公司报告期内销售合同台账和收入明细表，抽取部分合同进行实质性核查，包括合同内容、验收结算条款、收入确认凭证、发票和付款凭证等，判断收入确认方式是否符合企业会计准则要求，复核收入确认的真实性、准确性和完整性；

（4）对收入、成本、毛利率执行实质性分析程序，包括主要产品和主要客户的收入、成本、毛利率波动和比较分析等；

（5）对报告期各期主要客户的销售收入开票金额和项目执行进度实施函证程序；

（6）对资产负债表日前后确认的营业收入实施截止测试，就报告期各期资产负债表日前后记录的收入交易选取样本，核对回单、对账单、签收单和验收报告等，评价收入是否被记录于恰当的会计期间；

（7）实地走访公司报告期内主要客户，了解公司与客户合作情况、交易金额真实性和准确性、交易价格公允性、是否存在关联关系等情况；

（8）收集同行业上市公司的公开信息，核实收入是否存在季节性及原因，并与公司收入季节性情况进行比较。

四、实务案例

案例1

中亦科技

问询：请补充披露报告期各期收入的季节性波动情况与同行业可比公司是否一致，结合合同签订日期与交付、验收日期，收入回款日期与合同约定回款日期的情况，补充披露是否存在年末集中确认收入的情形。

发行人回复如下：

公司客户以金融、电信、交通运输等行业的大型国有企业以及政府部门为主，其内部预算、采购、验收结算均有较强的计划性，一般集中在第四季度进行验收结算。由于公司部分业务以客户验收或结算作为收入确认时点，导致公司收入存在一定的季节性特征。2018—2020年度，公司第四季度主营业务收入占比分别为40.77%、36.56%和42.62%，明显高于其他季度。

报告期内，公司与同行业可比公司营业收入均存在一定的季节性特征；同时，由于公司下游客户主要集中于金融行业，特别是银行业，其收入的季节性更为明显。因此，公司第四季度收入占比较高具有合理性，与同行业可比公司相比不存在重大差异。

综上所述，2018—2020年度，公司第四季度收入占比较高，主要是由于部分客户年度IT运行维护服务因合同签订时间较晚或合同明确约定于年末服务期满时一次性进行验收结算，同时大型国有企业及政府部门对于金额较高的原厂软硬件产品采购验收一般集中在第四季度。公司与同行业可比公司营业收入均存在一定的季节性特征，不存在重大差异。公司严格按照收入确认政策执行，不存在年末集中确认收入的情形。

案例2

三维天地

问询：说明发行人收入的季节性特征是否与同行业可比公司一致。

发行人回复如下：

2018年度、2019年度和2020年度，公司第四季度确认收入分别为9 329.08万元、18 212.53万元和16 859.10万元，占当期主营业务收入的比重分别为50.03%、69.22%和61.59%。

公司的主要客户为政府机关、事业单位、大型企业集团等单位，基于预算管理制度的特点，主要客户通常在每年年底编制下一年的IT预算，次年上半年启动项目，年末验收和付款。公司以项目验收为确认收入的时点，故公司主营业务收入受客户预算制度和预算执行的影响较为显著，一般上半年确认收入较少，下半年尤其是第四季度确认收入较多。

第三节　业绩波动

一、业绩波动概述

由于软件企业部分客户的 IT 硬件设备存在使用年限，附着于硬件之上的软件也有迭代升级的需求，同时 IT 服务大部分也伴随硬件而产生，因此软件和信息技术服务业在硬件及软件迭代升级驱动下存在一定的周期性，部分企业业务呈现大小年特征。受行业周期因素影响，一些企业在经历了业绩的高速增长后，会迎来业绩低谷。

市场周期加速了软件企业业务扩张的同时，也带来了高应收款项、高应付及预付款项、人员冗余等风险事项，导致行业周期结束时企业出现资产减值、信用损失甚至严重亏损等情况。

另外，客户集中度较高时，主要客户的采购情况也对企业业绩影响较大。一些细分领域的竞争策略也会导致业绩出现剧烈波动，如竞争对手采用免费策略，颠覆了行业原有的盈利模式，竞争对手因此极快地占领市场份额，影响行业企业的业绩。

二、IPO 审核关注要点

IPO 审核应重点关注发行人经营业绩是否发生变化。经营业绩发生重大变化时，无论是增长还是下降，都应当先确定所受到的影响是短期的还是长期的，以及与行业的特征及趋势是否相符，具体要点内容如下：

（1）关注经营业绩变化的程度，经营业绩变化是否具有合理性，与同行业公司是否存在重大差异；

（2）关注经营业绩是否发生重大不利变化，是否影响持续经营能力；

（3）关注经营能力或经营环境发生变化的具体原因，变化的时间节点、趋势方向、具体影响程度，以及正在采取或拟采取的改善措施及预计效果；

（4）关注发行人报告期因不可抗力或偶发性特殊业务事项导致经营业绩下滑的情形，如自然灾害造成的一次性损失或阶段性业绩下滑、大额研发费用支出、并购标的经营未达预期导致巨额商誉减值、个别生产线停产或开工不足导致大额固定资产减值、个别产品销售不畅导致大额存货减值、债务人出现危机导致大额债权类资产减值或发生巨额坏账损失、仲裁或诉讼事项导致大额赔偿支出或计提大额预计负债、长期股权投资大幅减值等；

（5）关注发行人受特殊因素影响导致行业整体下滑的情形，关注相关因素影响的程度与持续性，发行人业绩下滑情况与行业趋势是否一致，行业是否存在整体持续衰退，业绩下滑的情况是否得到扭转或有所减轻；

（6）关注发行人是否属于强周期行业，发行人收入、利润变动情况与行业可比上市公司情况是否基本一致，行业景气指数在未来是否能够改善，行业是否存在严重产能过剩或整体持续衰退；

（7）经营业绩波动风险是否充分披露。

三、审计应对思路

根据上述 IPO 审核关注要点，会计师应当执行以下审计程序，重点核查发行人经营业绩的变化情况：

（1）获取报告期内公司财务报表，分析报告期内公司收入、净利润和经营性现金净流量波动的原因及其合理性；

（2）查阅同行业可比公司报告期内的年报、招股说明书等相关资料，对比分析报告期内公司和同行业可比公司收入和净利润变动情况；

（3）访谈公司管理层、财务负责人，了解公司业绩波动情况及其原因；

（4）查阅相关公开数据和行业资料，了解行业现状、发展趋势，以及竞争环境；

（5）获取公司在手合同，访谈公司管理层，检查合同相关内容，了解合同的变动情况和预计确认收入的时间、金额，评估公司业务是否具有可持续性；

（6）公司对客户进行函证、访谈等收入核查，重点核查各业务的销售及收款情况。

四、实务案例

案例1

金山办公软件

问询：请发行人结合最新一期经审计财务数据，分析业绩变化情况、原因及合理性，分析是否存在业绩下滑风险，以及持续经营能力是否发生不利变化。请保荐机构及申报会计师发表意见。

发行人回复如下：

利润表项目中，2019年1—3月与2018年同期相比，营业收入、销售费用、管理费用均保持稳定增长，营业成本、研发费用呈现较大幅增长……

关于营业成本。2019年第一季度营业成本较2018年同期变化情况如表5-6所示。

表 5-6

2019 年第一季度营业成本及同比变化情况

金额单位：万元

项目	2019 年 1—3 月	2018 年 1—3 月	变动金额	变动幅度
主营业务成本合计	4 872.73	2 613.76	2 258.97	86.43%
其中：IDC/CDN	2 480.26	1 248.48	1 231.78	98.66%
会员功能服务采购	1 279.32	568.87	710.45	124.89%
其他	1 113.15	796.41	316.74	39.77%
其他业务成本合计	4.26	—	4.26	100.00%

营业成本的增加主要系 IDC/CDN 成本及会员功能服务采购成本的增长导致。

随着公司个人订阅业务的快速发展，个人用户规模迅猛提升，为满足用户需求，提升用户体验，2018 年下半年公司进行产品版本迭代，大幅提升在线服务功能，进而导致服务提供过程中对服务器的需求量增加；同时，基于市场布局及战略部署的需要，公司逐步开拓海外市场，受海外保护政策影响，需在多地部署服务器节点。综上，公司根据对当前及未来的业务需要，增加了对 IDC/CDN 服务的采购。

公司 2019 年第一季度较 2018 年同期新增论文查重、PDF 工具包、流程图等核心产品，会员功能服务采购成本与个人订阅业务收入的高速增长相匹配……

综上，公司各项财务数据以及整体经营业绩变动具备合理性，公司主要经营状况正常，经营模式、主要产品及服务价格、主要客户及供应商的构成、税收政策以及其他可能影响投资者判断的重大事项方面均未发生重大变化。公司不存在业绩下滑风险，持续经营能力未发生不利变化。

案例 2

正方软件

问询：请发行人说明报告期内净利润大幅波动的原因及合理性；对比同行业可比公司经营状况，详细说明业绩变动是否符合行业发展及变动趋势。

发行人回复如下：

关于报告期内净利润大幅波动的原因及合理性。

受益于国家政策推动、教育信息化需求增长以及公司持续的研发创新、丰富的客户资源和有效的市场开拓策略，公司的经营情况良好，盈利能力较强。报告期内，公司营业收入及扣除非经常性损益后归属于公司普通股股东的净利润变化及波动情况如表 5-7 所示。

表 5-7
报告期内公司收入及利润情况

金额单位：万元

项目	2021 年度 金额	2021 年度 变动率	2020 年度 金额	2020 年度 变动率	2019 年度 金额
营业收入	21 048.93	13.23%	18 589.52	26.56%	14 687.97
营业毛利	16 366.40	11.02%	14 741.70	29.76%	11 360.96
营业利润	9 505.52	-5.83%	10 093.76	62.56%	6 209.10
净利润	8 111.70	-7.41%	8 761.29	60.68%	5 452.75
扣除非经常性损益后的净利润	8 124.48	-2.02%	8 291.97	64.07%	5 054.00

报告期内，公司扣除非经常性损益后的净利润变动中，2020 年度公司扣除非经常性损益后的净利润较 2019 年度较大增长主要系营业收入较大增长，营业毛利至营业利润之间的期间费用等项目较为稳定所致，

2021年度公司扣除非经常性损益后的净利润与2020年度基本保持稳定。具体情况如下：

一是营业收入变动分析。

报告期内，公司主营业务收入主要由智慧校园相关的软件开发、运维及服务和硬件及集成销售收入构成，其中，软件开发收入占主营业务收入比例的平均值为87.88%，为主营业务收入的主要来源。

公司智慧校园软件开发业务根据提供服务的功能可分为业务系统和基础平台两大产品类别。报告期内，公司软件开发业务收入规模处于持续增长趋势，其中2020年较2019年增长29.65%，2021年较2020年增长13.64%，报告期内，公司智慧校园软件开发各类业务收入规模持续增长，主要原因如下：

公司智慧校园软件开发业务销售合同数量的增加和单位合同金额的提高，带动了公司软件开发业务销售收入增长。

报告期内，公司智慧校园软件开发销售收入合同数量呈增长趋势，2019年、2020年和2021年经最终客户验收且实现销售收入的软件开发项目合同数量呈增长趋势，分别为220个、262个和258个。同时，公司教育信息化软件产品销售合同包含的产品种类和功能模块增加，公司产品一体化、智能化水平提升，技术复杂程度提高，软件开发业务单位合同价值上升，2019年、2020年和2021年，公司业务系统软件的单位合同金额分别为51.86万元、54.56万元和62.01万元，基础平台的单位合同金额分别为52.83万元、55.84万元和62.46万元。

……

第四节　财务数据逻辑关系异常

一、财务数据逻辑关系概述

会计是商业的语言，类似于"翻译"，把日常的经济活动用会计的语言表达出来，是企业生产经营状况的综合体现。每个财务数据及其变动背后都有对应的业务实质，反映企业的财务状况、经营成果和现金流量。通过分析财务数据，既可以了解企业当前的经营策略和方向，也能通过财务报表评价过去、衡量现在、预测未来。例如，研发费用的数据可以反映企业为保持或提高竞争力、促进企业经济增长、增强企业创新能力的付出，也会影响当期利润。

此外，财务数据之间有其内在逻辑和联系，例如营业收入、应收项目与销售商品、提供劳务收到的现金之间存在钩稽关系。通常情况下，应收项目和现金流量与营业收入和信用政策相关，当信用政策不变时，营业收入、应收项目和现金流量的变化具有相同的趋势和相近的变化幅度。当以上财务数据之间的变化趋势不一致或者出现异常时，往往意味着潜在的风险，应予以特别关注。

二、IPO财务分析的整体思路

财务报表中，相对重要的是资产负债表和利润表。财务报表整体分析思路具体如下：

（1）整体评价。识别整体风险、重要科目，一般根据金额、占比、科目性质等来确定。

（2）会计政策、会计估计的合理性评价。评价具体会计政策（例如，收入确认、坏账准备计提、研发费用资本化等）是否符合规范；会计政策披露是否详细、有针对性和具体化；会计政策与同行业的可比性；会计政策是否严格执行，会计政策变更的合理性。

（3）合并的准确性。对合并范围及报告期内合并处理的准确性予以评价。

（4）重要科目的明细评价。具体包括明细的性质、金额、变化趋势等。

（5）财务数据与业务数据的匹配性。识别是否存在业务与财务信息不一致的情形。

（6）关联交易、非常规交易的影响。结合关联方、关联交易及非常规交易，评价相关交易对财务报表的影响，相关交易的可持续性、合理性等。

（7）或有事项的潜在风险。结合最新政策、市场、客户供应商、诉讼、期后事项等，评估有无新增风险。

三、IPO 审核关注要点

根据上述分析，IPO 财务审核应重点关注以下具体内容：

（1）综合考虑行业特点、规模特征、销售模式等，重点关注业务实质、资产负债表、利润表项目与现金流量表项目之间的钩稽关系。

（2）重点关注公司报表项目变动情况和原因，确认财务报表科目变动情况是否与行业趋势一致、与同行业可比公司一致。

（3）关注公司各维度财务指标并进行详细分析，通过总结和评价公司财务状况与经营成果的分析指标，包括偿债能力指标、运营能力指标、盈利能力指标和发展能力指标等，关注相关指标是否符合行业趋势、同行业绩、变动趋势，是否存在相关指标超过正常水平，影响公司偿债、运营等情形。

（4）关注经营活动现金流净额与当期净利润的差异原因及合理性，是否符合行业特征，实现的利润是否有足够的现金流支撑，公司大额现金流量变动项目的内容、发生额，是否与实际业务相符。

（5）关注报表数据之间的钩稽关系及其变动：例如，各期销售商品、提供劳务收到的现金与营业收入，购买商品、接受劳务支付的现金与营业成本之间的匹配性，以及发行人经营活动现金流量大幅波动的原因；支付给职工以及为职工支付的现金，是否与期间费用、营业成本中职工薪酬变动匹配；报告期"购建固定资产、无形资产和其他长期资产支付的现金"、相关非流动资产科目变动的金额、其他应付款科目的钩稽关系等。

（6）关注原始报表与申报报表是否存在较大差异。

四、审计应对思路

IPO审计时会计师应当依据IPO财务分析整体思路以及IPO财务审核关注要点，运用以下审计程序，对发行人财务数据的逻辑关系进行重点核查：

（1）了解发行人与报表项目相关的关键内部控制制度，评价内部控制的设计是否完善并得到有效执行，并测试相关内部控制的运行有效性；

（2）取得发行人财务报表的编制底稿，抽查相关交易的记账凭证和原始凭证，核查相关项目会计处理是否符合企业会计准则相关规定；

（3）重新测算检查报表编制的准确性，对现金流量表项目与资产负债表、利润表项目的钩稽关系进行分析比对；

（4）结合发行人业务模式进行对比分析，结合收入确认时点、合同约定信用政策等方面综合考虑，与同行业可比公司进行对比，确认财务报表科目变动情况是否与同行业可比公司一致；

（5）对发行人财务报表进行各维度的详细分析，核查发行人财务报表项目变动情况及原因，判断发行人资产流动性、偿债能力、盈利能力及风险。

五、实务案例

案例 1

新致软件

问询：发行人在招股说明书（申报稿）中披露，报告期各期，经营活动产生的现金流量净额分别为 1 650.74 万元、–4 353.75 万元、3 168.48 万元及 –20 822.51 万元，与当期净利润的金额差异较大。2019 年 1—6 月，公司经营现金净流量额快速下降至 –20 822.51 万元的原因主要为季节性因素。随着下半年回款的增加，2019 年全年公司经营性现金流量状况有望继续改善。请发行人结合净利润调节为经营活动产生的现金流量净额，进一步分析说明净利润与经营活动产生的现金流量净额变动趋势不一致的原因。

发行人回复如下：

2017 年度、2018 年度和 2019 年度，公司经营活动产生的现金流量净额分别为 –4 353.75 万元、3 168.48 万元和 –1 659.64 万元，同期净利润分别为 3 860.17 万元、6 511.86 万元和 8 531.11 万元。公司经营活动产生的现金流量净额存在波动，且与同期净利润金额及变动趋势存在差异。一方面，公司信息技术服务属于人才密集和知识密集型业务，其人力成本占比较大且其薪酬等现金支出具有刚性，随着公司营业收入持续增长、项目规模不断扩大，公司经营性现金流出持续增加；另一方面，公司主要客户为大型保险银行等金融机构，其信息化建设项目的审批、招标通常在上半年，系统调试、验收则更多集中在下半年，且支付审批等流程的周转时间较长，导致现金流入和流出存在时间上的不对等性。公司报告期内收入规模逐年上升，因此时间性差异导致经营活动产生的现金流量净额与净利润变动趋势存在不一致。

问询：请发行人说明：（1）报告期"销售商品、提供劳务收到的现金"与相关会计科目的钩稽关系；（2）经营活动中"收到其他与经营活动有关的现金""支付其他与经营活动有关的现金"的明细情况。

发行人回复如下：

报告期内，公司销售商品、提供劳务收到的现金与营业收入金额比较情况如表5-8所示。

表 5-8
公司销售商品、提供劳务收到的现金与营业收入金额比较情况

金额单位：万元

项目		2019 年	2018 年	2017 年
销售商品、提供劳务收到的现金	金额	102 299.24	95 712.85	81 090.12
	同比增速	6.88%	18.03%	19.63%
营业收入	金额	111 769.86	99 335.79	88 055.61
	同比增速	12.52%	12.81%	24.14%
应收票据及应收账款	金额	62 696.80	46 591.10	36 602.86
	同比增速	34.57%	27.29%	33.05%

报告期内销售商品、提供劳务收到的现金逐年上升，且与营业收入同步增长，2017年销售商品、提供劳务收到的现金增长幅度小于营业收入的增长幅度，主要系公司应收账款增加所致。2018年销售商品、提供劳务收到的现金增长幅度略高于营业收入增长，主要系前期应收账款回笼所致。2019年销售商品、提供劳务收到的现金增长幅度略低于营业收入增长，主要系因为业务规模增加且支付审批相对较慢由此应收账款上升所致。

公司销售商品、提供劳务收到的现金与相关会计科目的钩稽关系如表5-9所示。

表 5-9
公司销售商品、提供劳务收到的现金与相关会计科目的钩稽关系

单位：万元

项目	2019 年	2018 年	2017 年
营业收入	111 769.86	99 335.79	88 055.61
加：增值税——销项税	9 026.66	7 695.31	5 135.36
加：应收票据及应收账款余额减少	-18 039.01	-10 990.95	-10 012.46
加：预收账款余额增加	-253.27	-16.63	-1 529.05
加：受限保证金减少	-93.83	12.24	-100.01
加：其他流动资产（因合并引起增值税变动数）	-93.91	-322.90	-459.33
减：应收账款核销	-17.26		
合计	102 299.24	95 712.85	81 090.12
销售商品、提供劳务收到的现金	102 299.24	95 712.85	81 090.12
核对	—	—	—

案例 2

芯愿景软件

问询：报告期各期，发行人"购建固定资产、无形资产和其他长期资产所支付的现金"分别为 731.78 万元、1 070.06 万元和 1 474.57 万元。请发行人说明：各期"购建固定资产、无形资产和其他长期资产支付的现金"购买的具体内容、资金的具体流向，与同期固定资产、无形资产、在建工程等资产增加值的匹配关系，是否存在虚增资产、资金体外循环的情况。

发行人回复如下：

报告期内，公司"购建固定资产、无形资产和其他长期资产支付的现金"购买的具体内容如表 5-10 所示。

表 5-10
公司购建固定资产等支付的现金购买的具体内容

单位：万元

项目	2019 年度	2018 年度	2017 年度
购置设备	1 259.20	860.20	344.21
装修工程	215.37	209.86	387.57
合计	1 474.57	1 070.06	731.78

报告期内，公司购建固定资产及长期资产均与相关供应商签订采购合同，采购合同价款均通过公司银行对公账户支付至供应商指定银行账户。

报告期内，公司"购建固定资产、无形资产和其他长期资产支付的现金"与同期固定资产、无形资产、在建工程等资产增加值具有匹配关系，具体如表 5-11 所示。

表 5-11
匹配关系情况

单位：万元

项目	2019 年度	2018 年度	2017 年度
加：固定资产原值增加	2 587.08	830.97	294.84
在建工程增加	250.40	119.05	−24.30
长期待摊费用原值增加	215.34	52.01	411.87
其他非流动资产增加	185.57	—	—
增值税进项税额	185.25	117.35	88.17
减：应付账款长期资产购置款变动	—	−38.80	38.80
投资性房地产转入固定资产	1 949.07	88.12	—
合计	1 474.57	1 070.06	731.78
购建固定资产、无形资产和其他长期资产支付的现金	1 474.57	1 070.06	731.78
差异	—	—	—

综上，报告期内，公司不存在虚增资产、资金体外循环的情况。

第五节 税收优惠

一、行业税收优惠政策

（一）行业主要税种及特点

1. 增值税

国家对软件企业适用的增值税税收政策进行了多次调整。目前软件产品的增值税税率为13%，软件服务的增值税税率为6%，比如信息系统服务、业务流程管理服务等。同时，对软件企业征收增值税后实际税负超过3%的部分予以退税。这一比例接近我国制造业企业平均实际税负水平，考虑到国家对软件产业发展的支持，这一比例仍有继续降低的空间。

行业增值税有如下特点：第一，软件企业产品开发过程中直接人工的投入在产品成本中占很重要的部分，但这部分无法抵扣相应的进项税额；第二，软件产品开发周期长、附加值高，高附加值的产品会造成一定时期的销售收入和销项税额偏高，相应进项税额配比的情况对软件企业实际税负会有较大影响。

2. 企业所得税

软件企业所得税方面的优惠，可从减免税优惠期限和应纳税所得额计算方法上得以体现。第一，减免税是所得税优惠政策中普遍采用的一种方式。

现行软件企业所得税优惠政策采取的是"两免三减半"的定期减免办法,减免税期自获利年度起计算。鉴于软件产品开发周期长,前期投入大,软件企业获利时间相对滞后,现行政策没有采用自开业或投产年度起计算减免税期的办法是比较适当的。第二,通过调减应纳税所得额来减轻所得税税负是另一重要方式。软件企业可适用的优惠政策主要是技术开发费的税前扣除办法,以及依法享受相关固定资产加速折旧政策。

(二) 主要税收优惠的具体政策

近年来出台了一系列税收优惠政策,有力支撑了国家信息化建设,促进了国民经济和社会持续健康发展。其中,软件企业相关的具体政策如表5-12所示。

表5-12

软件和信息技术服务业税收优惠具体政策

类别	政策名称	具体内容
增值税超税负即征即退	《财政部 国家税务总局关于软件产品增值税政策的通知》(财税〔2011〕100号);《财政部 税务总局关于调整增值税税率的通知》(财税〔2018〕32号)第一条;《财政部 税务总局 海关总署关于深化增值税改革有关政策的公告》(财政部 税务总局 海关总署公告2019年第39号)第一条。	自行开发生产销售软件产品(包括将进口软件产品进行本地化改造后对外销售)的增值税一般纳税人,销售其自行开发生产的软件产品,按17%(自2018年5月1日起,原适用17%税率的调整为16%;自2019年4月1日起,原适用16%税率的调整为13%)税率征收增值税后,对其增值税实际税负超过3%的部分实行即征即退政策。享受条件:软件产品需取得著作权行政管理部门颁发的《计算机软件著作权登记证书》。

续表

类别	政策名称	具体内容
软件服务增值税免税	《财政部 国家税务总局关于全面推开营业税改征增值税试点的通知》(财税〔2016〕36号)附件3第十四、二十六项。	个人转让著作权免征增值税。纳税人提供技术转让、技术开发和与之相关的技术咨询、技术服务免征增值税。
增值税进项税额加计抵减应纳增值税额	《财政部 税务总局 海关总署关于深化增值税改革有关政策的公告》(财政部 税务总局 海关总署公告2019年第39号)及附件、《财政部 税务总局关于明确生活性服务业增值税加计抵减政策的公告》(财政部 税务总局公告2019年第87号); 《财政部 税务总局关于促进服务业领域困难行业纾困发展有关增值税政策的公告》(财政部 税务总局公告2022年第11号); 《财政部 税务总局关于明确增值税小规模纳税人减免增值税等政策的公告》(财政部 税务总局公告2023年第1号)。	自2019年4月1日至2022年12月31日,享受生产生活性服务业纳税人按照当期可抵扣进项税额加计10%。2019年10月1日至2021年12月31日,生活性服务业纳税人的加计抵减比例由10%提高至15%等抵减应纳增值税额的政策。自2023年1月1日至2023年12月31日,生产性服务业纳税人按照当期可抵扣进项税额加计5%抵减应纳增值税额;生活性服务业纳税人按照当期可抵扣进项税额加计10%抵减应纳税额。
软件企业取得即征即退增值税款用于软件产品研发和扩大再生产企业所得税	《财政部 国家税务总局关于软件产品增值税政策的通知》(财税〔2011〕100号); 《财政部 国家税务总局关于进一步鼓励软件产业和集成电路产业发展企业所得税政策的通知》(财税〔2012〕27号)第五条; 《中华人民共和国工业和信息化部 国家发展改革委 财政部 国家税务总局公告2021年第10号》。	按照《财政部 国家税务总局关于软件产品增值税政策的通知》(财税〔2011〕100号)规定取得的即征即退增值税款,由企业专项用于软件产品研发和扩大再生产并单独进行核算,可以作为不征税收入,在计算应纳税所得额时从收入总额中减除。
国家鼓励的软件企业定期减免企业所得税	《财政部 国家税务总局关于进一步鼓励软件产业和集成电路产业发展企业所得税政策的通知》(财税〔2012〕27号)第三条; 《财政部 国家税务总局 发展改革委 工业和信息化部关于软件和集成电路产业企业所得税优惠政策有关问题的通知》(财税〔2016〕49号); 《财政部 税务总局关于集成电路设计和软件产业企业所得税政策的公告》(财政部 税务总局公告2019年第68号); 《财政部 税务总局关于集成电路设计企业和软件企业2019年度企业所得税汇算清缴适用政策的公告》(财政部 税务总局公告2020年第29号);	自2020年1月1日起,国家鼓励的软件企业,自获利年度起,第一年至第二年免征企业所得税,第三年至第五年按照25%的法定税率减半征收企业所得税。

续表

类别		政策名称	具体内容
国家鼓励的软件企业定期减免企业所得税		《财政部 税务总局 发展改革委 工业和信息化部关于促进集成电路产业和软件产业高质量发展企业所得税政策的公告》（财政部 税务总局 发展改革委 工业和信息化部公告2020年第45号）第三条、第五条、第六条、第九条；《中华人民共和国工业和信息化部 国家发展改革委 财政部 国家税务总局公告2021年第10号》。	自2020年1月1日起，国家鼓励的软件企业，自获利年度起，第一年至第二年免征企业所得税，第三年至第五年按照25%的法定税率减半征收企业所得税。
国家鼓励的重点软件企业减免企业所得税		《财政部 税务总局 发展改革委 工业和信息化部关于促进集成电路产业和软件产业高质量发展企业所得税政策的公告》（财政部 税务总局 发展改革委 工业和信息化部公告2020年第45号）第四条、第五条、第六条、第九条；《国家发展改革委 工业和信息化部 财政部 海关总署 税务总局等五部门关于做好享受税收优惠政策的集成电路企业或项目软件企业清单制定工作有关要求的通知》（发改高技〔2021〕413号）。	自2020年1月1日起，国家鼓励的重点软件企业，自获利年度起，第一年至第五年免征企业所得税，接续年度减按10%的税率征收企业所得税。
职工培训费用按实际发生额税前扣除		《财政部 国家税务总局关于进一步鼓励软件产业和集成电路产业发展企业所得税政策的通知》（财税〔2012〕27号）第六条；《中华人民共和国工业和信息化部 国家发展改革委 财政部 国家税务总局公告2021年第10号》。	自2011年1月1日起，符合条件的软件企业的职工培训费用，应单独进行核算并按实际发生额在计算应纳税所得额时扣除。
高新技术企业税收优惠	企业所得税	（1）取得国家《高新技术企业证书》的企业，在有效期可依法享受15%的优惠税率缴纳企业所得税。 （2）根据《财政部 税务总局关于海南自由贸易港企业所得税优惠政策的通知》（财税〔2020〕31号）的规定，2020—2024年，海南自由贸易港设立的高新技术产业企业新增境外直接投资取得的所得，免征企业所得税。 （3）根据《财政部 税务总局关于延长高新技术企业和科技型中小企业亏损结转年限的通知》（财税〔2018〕76号）的规定，2018年1月1日起，高新技术企业或科技型中小企业，其具备资格年度之前5个年度发生的尚未弥补完的亏损，准予结转以后年度弥补，最长结转年限由5年延长至10年。 （4）根据《财政部 国家税务总局关于高新技术企业境外所得适用税率及税收抵免问题的通知》（财税〔2011〕47号）的规定，自2010年1月1日起，符合规定的高新技术企业取得的境外所得可以按照15%的优惠税率缴纳企业所得税。 （5）根据《中华人民共和国企业所得税法实施条例》的规定，一个年度内，居民企业技术转让所得不超过500万元的部分，免税；超过500万元的部分，减半征收。

续表

类别	政策名称	具体内容
高新技术企业税收优惠	研发费用加计扣除	（1）根据《财政部 税务总局关于进一步完善研发费用税前加计扣除政策的公告》（财政部 税务总局公告2021年第13号）的规定，制造业企业开展研发活动中实际发生的研发费用，未形成无形资产计入当期损益的，在按规定据实扣除的基础上，自2021年1月1日起，再按照实际发生额的100%在税前加计扣除；形成无形资产的，自2021年1月1日起，按照无形资产成本的200%在税前摊销。 （2）科技型中小企业开展研发活动中实际发生的研发费用，未形成无形资产计入当期损益的，在按规定据实扣除的基础上，自2022年1月1日起，再按照实际发生额的100%在税前加计扣除；形成无形资产的，自2022年1月1日起，按照无形资产成本的200%在税前摊销。 （3）其他企业的研发费用按照实际发生额的75%进行加计扣除。在2022年10月1日至2022年12月31日期间，税前加计扣除比例提高至100%。
	设备购置加计扣除	（1）符合《国家税务总局关于企业固定资产加速折旧所得税处理有关问题的通知》（国税发〔2009〕81号）、《国家税务总局关于设备器具扣除有关企业所得税政策执行问题的公告》（国家税务总局公告2018年第46号）等文件规定条件的企业，可依法享受固定资产加速折旧扣除优惠政策。 （2）根据《财政部 税务总局 科技部关于加大支持科技创新税前扣除力度的公告》（财政部 税务总局 科技部公告2022年第28号）的规定，高新技术企业在2022年10月1日至12月31日期间新购置的设备、器具，允许当年一次性全额扣除，并100%加计扣除。研发费用加计扣除75%的企业，在2022年10月1日至12月31日期间提高至100%。

二、IPO审核关注要点

软件和信息技术服务业税收优惠政策较多，不少税收优惠政策是在特定时间、特定背景下颁布的，并规定有截止日期，如优惠政策到期后被取消，可能会对企业经营业绩产生重大影响。另外，一些税收优惠政策需要企业满足一定的条件或取得相关的资格认定，例如高新技术企业可按15%的优惠税率缴纳企业所得税，但企业是否能够持续获得高新技术企业资格具有不确定性。

享受税收优惠的可持续性方面，属于全国性、行业性、长期有效的优惠政策，一般而言不确定性风险较小，如软件产品增值税即征即退的税收优惠政策。而需要满足一定条件才能享受的优惠政策，随着企业经营的变化或相关条件的变动，其持续性和稳定性都会存在风险，如重点软件企业、高新技术企业的企业所得税税收优惠政策需要软件企业满足特定的要求或条件才能享受相应的税收优惠。

综上所述，在对软件企业的税收优惠事项进行 IPO 审核时，应重点关注以下要点：

（1）对税收优惠是否高度依赖，税收优惠是否具有可持续性。软件企业受国家支持而享受较多税收优惠，符合国家政策且长期稳定的税收优惠是不计入非经常性损益的，属于正常的经常性收入。

企业是否对税收优惠存在依赖，一般从税收优惠金额占税前利润的比例方面考虑。虽然税收优惠占比高有时候并不是 IPO 的实质性障碍，但是是否对优惠存在很大的依赖，有没有独立面对市场竞争的能力，未来税收优惠是否具有可持续性以及是否具有独立面对市场竞争的能力，是 IPO 审核中需要关注的地方。

（2）增值税退税的合规性。关注是否符合软件企业增值税退税的相关规定，是否获得主管税务机关的批准及相关证明，增值税退税计算过程是否准确，退税金额与各期业务收益情况的钩稽关系等。

（3）税收优惠的前提条件是否满足。如软件产品享受税负超 3% 增值税即征即退政策，需取得《计算机软件著作权登记证书》。

（4）企业享受各种优惠政策之间的协调。例如，如果企业取得了增值税留抵退税款，不得再申请享受增值税即征即退、先征后返（退）政策。在 2020 年 6 月 30 日前缴回留抵退税款，可以按规定享受增值税即征即退、先征后返（退）政策；否则，不得享受增值税即征即退、先征后返（退）政策。

三、审计应对思路

根据以上分析，IPO 审计中会计师应当重点核查软件企业税收优惠的合规性和可持续性，并执行以下审计程序：

（1）访谈发行人财务负责人及相关业务人员，了解发行人的税收优惠政策；

（2）查阅《高新技术企业认定管理办法》《高新技术企业认定管理工作指引》《中华人民共和国企业所得税法》等相关税收政策，核查发行人及内部主体单位的所得税税率及优惠政策；

（3）取得发行人所得税纳税申报表及完税证明，取得发行人《高新技术企业证书》、高新技术企业认定的申请材料、所得税汇算清缴报告、研发费用专项审计报告，了解报告期内各研发项目投入情况、研发成果等具体情况，核实发行人是否符合高新技术企业认定条件；

（4）取得发行人税收优惠批准文件，核实发行人报告期享受的税收优惠金额、构成及占合并报表利润总额的比例，分析发行人对税收优惠是否有重大依赖；

（5）获取报告期各月的增值税纳税申报表，与申报表中即征即退项目列示的销项税金额、进项税金额、销售收入等核对是否一致；

（6）获取报告期各期增值税退税银行回单，与增值税退税计算表核对是否一致，核实发行人对纯软件产品及嵌入式软件产品收入的拆分依据及金额，是否与退税计算表上的收入一致；

（7）获取发行人符合增值税优惠政策的自行开发软件产品登记证书或计算机软件著作权登记证书；

（8）获取发行人报告期各期开票明细，检查申请软件退税的开票内容是否与经备案的自行开发产品内容一致。

四、实务案例

案例

北京三维

问询：2017至2019年度，发行人税收优惠金额占利润总额的比例分别为43.83%、26.63%、19.76%。请发行人补充披露：各项税收优惠的具体规定，发行人是否对税收优惠存在严重依赖，未来税收优惠是否具有可持续性，并对税收优惠占净利润的比重较大作为重大事项进行风险提示。

发行人回复如下：

第一，关于各项税收优惠的具体规定。

（1）发行人作为高新技术企业享受的税收优惠。

发行人于2017年10月25日取得北京市科学技术委员会、北京市财政局、北京市国家税务局、北京市地方税务局联合下发的编号为GR201711003001的高新技术企业证书。根据《中华人民共和国企业所得税法》和《高新技术企业认定管理办法》的有关规定，报告期内享受15%的企业所得税优惠税率。

（2）发行人作为软件企业享受的税收优惠。

根据《财政部 国家税务总局关于软件产品增值税政策的通知》（财税〔2011〕100号）的规定，增值税一般纳税人销售其自行开发生产的软件产品，按17%（或16%、13%）税率征收增值税后，对其增值税实际税负超过3%的部分实行即征即退政策。

（3）发行人子公司海南三维天地作为小型微利企业享受的税收优惠。

根据《财政部 税务总局关于实施小微企业普惠性税收减免政策的通知》(财税〔2019〕13号),子公司海南三维天地云数据科技有限公司属于小型微利企业,对小型微利企业年应纳税所得额不超过100万元的部分,减按25%计入应纳税所得额,按20%的税率缴纳企业所得税;对年应纳税所得额超过100万元但不超过300万元的部分,减按50%计入应纳税所得额,按20%的税率缴纳企业所得税。报告期内海南三维天地云数据科技有限公司享受所得税10%的优惠税率。

……

第二,关于发行人未来税收优惠是否具有可持续性。

(1)发行人作为高新技术企业享受的税收优惠。

根据《高新技术企业认定管理办法》第十一条所规定的高新技术企业认定条件,会计师对发行人高新技术企业认定条件进行逐项比对,确认其符合高新技术企业认定条件……

截至本审核问询函回复签署日,发行人符合《高新技术企业认定管理办法》规定的认定标准。发行人目前获得的《高新技术企业证书》将于2020年10月到期,发行人已于2020年7月申请高新技术企业复审认定。在发行人仍满足《高新技术企业认定管理办法》规定的认定标准的前提下,预计发行人能够通过复审并继续享受有关税收优惠。

(2)发行人作为软件企业享受的税收优惠。

根据《财政部 国家税务总局关于软件产品增值税政策的通知》(财税〔2011〕100号)的规定,增值税一般纳税人销售其自行开发生产的软件产品,按17%(或16%、13%)税率征收增值税后,对其增值税实际税负超过3%的部分实行即征即退政策。

截至本回复出具之日,上述法律、法规未发生重大变化,发行人享受的税收优惠政策适用具有可持续性。

(3)发行人子公司海南三维天地作为小型微利企业享受的税收优惠。

根据《财政部 税务总局关于实施小微企业普惠性税收减免政策的通知》(财税〔2019〕13号)，子公司海南三维天地云数据科技有限公司属于小型微利企业，对小型微利企业年应纳税所得额不超过100万元的部分，减按25%计入应纳税所得额，按20%的税率缴纳企业所得税；对年应纳税所得额超过100万元但不超过300万元的部分，减按50%计入应纳税所得额，按20%的税率缴纳企业所得税。报告期内海南三维天地云数据科技有限公司享受所得税10%的优惠税率。

截至本审核问询函回复签署日，上述法律、法规未发生重大变化，发行人子公司海南三维天地享受的税收优惠政策适用具有可持续性。

第三，关于发行人对税收优惠占净利润的比重较大作为重大事项风险提示的补充披露。

发行人已在招股说明书第四节之"二、财务风险"之"(三)税收优惠风险"做如下风险披露：

"(三)税收优惠风险

公司报告期内享有软件产品增值税即征即退和高新技术企业所得税税收优惠政策，2017年度、2018年度和2019年度，公司享受的税收优惠金额占利润总额的比例分别为43.83%、26.63%和19.76%。如公司现行有效的高新技术企业证书到期后，未能被重新认定为高新技术企业，或国家对软件企业、高新技术企业的税收优惠政策发生变化，则可能对公司经营业绩产生一定负面影响。"

第六节 政府课题项目

一、政府课题项目概述

部分软件企业因其技术优势会承担或参与一些国家或行业重大科研工程项目，政府会拨付项目经费。政府课题项目一般以课题任务书的形式签订协议，约定相关成果的交付对象、技术指标、交付方式等信息。软件企业一般通过申报课题项目、公开招投标、以分包合同方式参与等三种方式获得课题项目。

政府课题经费来源于政府，部分课题项目对"无偿性"并无明确清晰的体现，还有部分政府课题项目需要向政府交付约定的成果，其实质是否为政府或有关部门向拥有一定技术能力的企业以课题项目的名义进行的采购任务，涉及专业判断，因此实务中对政府课题收入适用政府补助准则还是收入准则需要先做出判断。

（一）相关企业会计准则及规定

《〈企业会计准则第14号——收入〉应用指南》规定："收入，是指企业在日常活动中形成的、会导致所有者权益增加的、与所有者投入资本无关的经济利益的总流入。"财政部2012年发布的《财政部关于做好执行企业会计准则的企业2012年年报工作的通知》（财会〔2012〕25号）规定："企业与政府发生交易所取得的收入，如果该交易具有商业实质，且与企业销售商品或提供劳务等日常经营活动密切相关的,应当按照《企业会计准则第 14 号——收入》的规定进行会计处理。在判断该交易是否具有商业实质时,应考虑该交易是否具有经济上的互惠性,与交易相关的合同、协议、国家有关文件是否已明确规定了交易目的、交易双方的权利和义务,如属于政府采购的,是否已履行相关的政府采购程序等"。从收入准则及财政部发布的通知可知,与政府的交易确认收入的关键是交易要具有商业实质且与企业日常经营活动密切相关。

《〈企业会计准则第 16 号——政府补助〉应用指南》规定:"政府补助,是指企业从政府无偿取得货币性资产或非货币性资产。"中国证监会会计部发布的《2013 年上市公司年报会计监管报告》中指出:"随着企业会计准则的发展,企业会计准则制定部门就企业从政府获取资源是否属于政府补助作了进一步规范。政府补助的典型特征是企业无偿从政府获取资源,而对于企业与政府之间发生交易而取得的收入,如果该交易具有商业实质,且与企业销售商品或提供劳务等日常经营活动密切相关的,则应根据收入准则的规定进行会计处理。"从政府补助准则及证监会报告可知,政府补助的典型特征是无偿性。

(二)收到政府课题经费的会计处理探讨

根据相关企业会计准则的规定及收入、政府补助的特征,本书认为,在判断政府课题经费应适用哪类准则时需充分考虑交易是否具有商业实质、是否需要交付成果以及交付的成果的权属。

1. 交易是否具有商业实质

"在判断该交易是否具有商业实质时,应考虑该交易是否具有经济上的互惠性，与交易相关的合同、协议、国家有关文件是否已明确规定了交易目的、交易双方的权利和义务"。

经济上的互惠性可以体现在政府拨付的款项是否足以涵盖企业为该项目实际需要发生的支出，交易定价是否基本遵循了等价交换的商业原则，即从政府收到的款项能否覆盖支出并有适当的盈利。当从政府课题收到的经费无法覆盖完成项目所需发生的支出时，可能不满足商业实质的要求，更可能属于政府补助。同时，需结合课题任务书约定的交易目的、交易双方的权利和义务进行分析，分析取得的补贴收入是否与企业销售商品或提供服务等活动密切相关，且是企业商品或服务的对价或者对价的组成部分。

具体可以考虑依据企业从项目中获取经济利益的方式进行判断，分析课题任务书（合同）的目的是否为进行产品（技术、专利等）的研制，并转让研制的产品（技术、专利等）以取得收益，还是通过将研制成果应用于企业日常经营活动中以获取经济利益。除了任务书中约定的政府拨款以外，是否还可以通过自主使用研究成果，如用于本企业的日常生产经营、转让、对外投资或授权他人使用等方式获取经济利益。当企业获取经济利益的主要方式是政府拨款时，更可能属于营业收入。当企业主要通过后续自主使用项目成果获取经济利益时，更可能属于政府补助。

2. 是否需要交付成果

政府补助具有无偿性，因此政府补助一般不涉及成果的交付，但政府部门为确保企业的研究投入落到实处，要求以研究论文、研究报告、行业标准技术规范、技术方案、样机、取得的专利等形式提供成果的证明，对项目进行验收，以便政府部门对课题项目进行评价，此时政府部门未获得成果的所有权，也未取得与成果相关的收益，即政府部门通常并不会采用"通过使这些成果"的方式来直接获益，仅是为确保相关补助投入特定的领域，监督企业合理利用补助资金。

3. 课题项目研究成果的权属

当课题研究成果如专利、产品等的权属归于政府部门或第三方（使用单位）时，更可能属于销售收入。如果研究成果的所有权仍归属于企业自身，则政府拨付的资金更类似于为鼓励相关产业发展而给予的相关补贴，因而更可能适用政府补助准则。

综上所述，对政府课题项目经费属于收入还是政府补助的判断，很可能是比较复杂和主观的，实务中应结合具体的业务背景进行判断。

二、IPO 审核关注要点

根据上述分析，收到政府课题项目经费属于收入还是政府补助涉及较多的专业判断，IPO 审核中需判断发行人政府课题项目经费的性质，重点关注以下内容：

（1）发行人参与或承担政府课题项目的具体内容；

（2）发行人签订该项目合同的根本性目的、在项目中承担的角色、产品交付形态及其归属；

（3）对重大项目工程和课题项目的核算方式，相关收入、成本、费用如何划分等方面，综合判断是否符合企业会计准则的要求。

三、审计应对思路

会计师在 IPO 审计中需先结合商业实质、成果交付及成果权属等方面综合判断政府课题项目经费的性质，以确定适用收入准则还是政府补助准则，再执行以下针对性的审计程序：

（1）取得发行人重大课题项目明细表、课题任务书/协议书，检查发行人承担的角色、拨付资金对应的内容、产品交付形态及其开发成果的归属情况。

（2）向发行人管理层了解重大课题项目的内容，并向发行人管理层了解部分政府课题项目与主营业务项目名称相似的情况；对管理层进访谈，了解企业的商业模式、获取课题项目的商业目的。

（3）了解发行人政府课题项目的背景及开展情况，获取相关合同、招投标文件、政府补助拨款银行回单、预算明细表、资金专项支出明细账等文件。

（4）了解各研发项目的合作形式、成果归属、分成情况、开发期限、保密措施等；对比研发项目成本投入与补助金额。

（5）了解发行人通过分包方式参与政府课题项目的联合体成员工作成果的监督或约束措施，复核相关会计处理的准确性和合理性。

（6）对课题经费拨付部门进行走访和函证，了解政府课题项目的根本目的、交付成果的用途、是否履行了相关的政府采购程序等。

四、实务案例

案例

北京吉威空间信息股份有限公司

问询：参与或承担国家/行业重大工程项目、课题项目的具体内容以及如何区分，在项目中发行人承担的角色、产品交付形态及其归属。

发行人回复如下：

公司通过产品技术参与国家重大工程项目是公司拓展市场的一种方

式，公司通常通过公开招投标方式获取业务，根据客户招投标要求履行相关招投标程序，并在取得中标通知书后签订相关合同。公司参与国家重大项目中提供的产品系处于批量生产或标准化生产阶段的产品，以实现产品销售获得营业利润为主要目的。

公司参与或承担的课题项目系公司根据相关部门科技项目申报计划指南，牵头或作为参与方配合牵头方申报，经过立项评审、课题申请答辩等立项程序后，依据签署的课题任务书具体执行研发任务。公司承担课题项目主要目的是进行新技术的研发和新产品的试制等，在这些课题任务的执行过程中，公司获得了与研发成果相关的知识产权和相关经济利益流入收益权，即除了协议中约定的政府拨款以外，公司还可以通过将该成果运用于本公司的日常生产经营、转让该成果、将该成果对外投资或授权他人使用等方式获取经济利益。

公司参与或承担的重大工程项目和课题项目的主要区别如表 5-13 所示。

表 5-13
重大工程项目和课题项目的主要区别

项目	工程项目	课题项目
承担角色	合同乙方	课题承担单位、参研单位
合同义务	交付产品	完成技术研究、研发任务、提交研发成果
产品交付形态	合同约定的产品	论文、行业标准技术规范、研究报告、技术方案
知识产权归属	甲方	公司/委托人与公司共有
合同目的	完成产品销售，获得利润	获取研发经费、进行技术积累
财务核算	完成验收后计入营业收入，归集的成本计入营业成本	收取的资金计入递延收益/其他收益，归集的成本计入研发费用

问询：对重大工程项目和课题项目的核算方式，相关收入、成本、费用如何划分，是否符合企业会计准则的要求。

发行人回复如下：

（1）收入核算。

……

根据上述准则及相关规定，公司承担的重大工程项目取得的经济利益流入，是企业商品或服务的对价或者对价的组成部分，适用《企业会计准则第14号——收入》等相关会计准则；公司承担课题项目取得的经济利益流入，属于公司单方面受益，符合政府补助准则中的无偿性特点，应将其作为政府补助，按照《企业会计准则第16号——政府补助》相关会计准则处理。公司按照上述会计政策对重大工程项目和课题项目进行核算，即重大工程项目验收后计入营业收入，课题项目收到的资金按照政府补助准则的规定计入递延收益/其他收益。

（2）成本、费用核算。

……

综上所述，针对工程项目，公司已按照准则的要求将工程项目收入计入营业收入，同时，公司已建立健全有效的项目管理相关审批及控制制度，按照不同的项目对各类成本进行归集核算，同时在项目验收后及时准确地结转该项目上归集的各类成本。针对课题项目，公司已按照准则的要求将课题相关的收入计入政府补助，同时，公司已建立健全有效的研发相关审批及控制制度，按照不同的课题项目对研发支出进行归集核算，根据项目预算及实际需求进行研发支出的申请及逐级审批，研发相关职工薪酬、折旧摊销、费用支出与生产经营活动之间划分清晰，相关核算具备应有的准确性。

第六章
行业技术与合规性审核要点及应对

IPO Practice of
Software and Information
Technology Services

在技术与合规性事项方面，软件企业基于科技创新能力突出而钟爱在科创板上市，因而板块定位问题受到关注；软件企业常常面临技术创新风险、技术研发与成果转化不确定性风险等技术风险；部分企业对于技术能力要求低、可替代性强的辅助性工作，通常会采用劳务派遣方式予以解决，可能违反劳务派遣规定；未招投标或未签署合同而先行根据客户要求提供产品或服务的情况在软件企业时有发生；软件企业的信息化程度较高，容易面临数据安全及合规性风险等。结合制度要求以及这些行业特点，IPO审核会重点关注板块定位与核心技术、数据合规性和安全、劳务派遣和劳务外包合规性、招投标合规性、未签合同先行实施项目、信息系统等事项。

第六章 行业技术与合规性审核要点及应对

第一节　板块定位与核心技术

一、板块定位及科创属性

全面注册制实施后，A股各大板块的定位更加清晰，主板主要服务于成熟期大型企业，科创板突出"硬科技"特色企业，创业板服务于成长型创新创业企业，北交所与全国股转系统则是共同打造服务创新型中小企业的主阵地。根据证监会和交易所的要求，拟IPO企业在选择上市板块时需要结合多个因素进行考虑，包括所处行业领域、主营业务构成、业务模式、核心技术、财务指标状况等，以此综合考虑以确定板块适配性。

（一）科创属性判断依据

基于关键核心技术和科技创新能力突出的行业特点，软件和信息技术服务业企业钟爱在科创板上市。从行业IPO监管问询问题中涉及板块定位事项的频率来看，科创板定位被问询94次，创业板、北交所、主板定位则分别被问询60、2、0次，具体详见本书附录。对于拟申报科创板发行上市的软件企业，不仅要核查其是否符合科创板发行上市中有关科创属性的制度要求，还应重点关注主营业务与所属行业领域归类是否匹配等。

1. 有关科创属性的制度要求

《科创属性评价指引（试行）》（2022年修改）和《上海证券交易所科创板企业发行上市申报及推荐暂行规定》（2022年12月修订）具体规定了科创属性的判断标准。从表6-1可知，通常情况下发行人的科创属性需满足"4+5"指标，而软件行业只适用"3+5"指标，即软件企业同时满足"3项指标"或"5项例外"中的任意一项，即可认为企业满足科创属性。

其中，"3项指标"具体指：（1）最近三年研发投入占营业收入比例10%以上，或者最近三年研发投入金额累计在6 000万元以上；（2）研发人员占当年员工总数的比例不低于10%；（3）最近三年营业收入复合增长率达到20%，或者最近一年营业收入金额达到3亿元。"5项例外"具体指：（1）拥有的核心技术经国家主管部门认定具有国际领先、引领作用或者对于国家战略具有重大意义；（2）作为主要参与单位或者核心技术人员作为主要参与人员，获得国家自然科学奖、国家科技进步奖、国家技术发明奖，并将相关技术运用于主营业务；（3）独立或者牵头承担与主营业务和核心技术相关的国家重大科技专项项目；（4）依靠核心技术形成的主要产品（服务），属于国家鼓励、支持和推动的关键设备、关键产品、关键零部件、关键材料等，并实现了进口替代；（5）形成核心技术和应用于主营业务的发明专利（含国防专利）合计50项以上。

表 6-1
科创属性判断制度依据和具体规定

制度名称	具体条款
《首次公开发行股票注册管理办法》	科创板面向世界科技前沿、面向经济主战场、面向国家重大需求。优先支持符合国家战略、拥有关键核心技术、科技创新能力突出、主要依靠核心技术开展生产经营、具有稳定的商业模式、市场认可度高、社会形象良好、具有较强成长性的企业。

续表

制度名称	具体条款
《科创属性评价指引（试行）》（2022年修改）	一、支持和鼓励科创板定位规定的相关行业领域中，同时符合下列4项指标的企业申报科创板上市： （1）最近三年研发投入占营业收入比例5%以上，或最近三年研发投入金额累计在6 000万元以上； （2）研发人员占当年员工总数的比例不低于10%； （3）应用于公司主营业务的发明专利5项以上； （4）最近三年营业收入复合增长率达到20%，或最近一年营业收入金额达到3亿元。 采用《上海证券交易所科创板股票上市规则》第2.1.2条第一款第（五）项规定的上市标准申报科创板的企业，或按照《关于开展创新企业境内发行股票或存托凭证试点的若干意见》等相关规则申报科创板的已境外上市红筹企业，可不适用上述第（4）项指标的规定；软件行业不适用上述第（3）项指标的要求，研发投入占比应在10%以上。 二、支持和鼓励科创板定位规定的相关行业领域中，虽未达到前述指标，但符合下列情形之一的企业申报科创板上市： （1）发行人拥有的核心技术经国家主管部门认定具有国际领先、引领作用或者对于国家战略具有重大意义； （2）发行人作为主要参与单位或者发行人的核心技术人员作为主要参与人员，获得国家科技进步奖、国家自然科学奖、国家技术发明奖，并将相关技术运用于公司主营业务； （3）发行人独立或者牵头承担与主营业务和核心技术相关的国家重大科技专项项目； （4）发行人依靠核心技术形成的主要产品（服务），属于国家鼓励、支持和推动的关键设备、关键产品、关键零部件、关键材料等，并实现了进口替代； （5）形成核心技术和应用于主营业务的发明专利（含国防专利）合计50项以上。 三、限制金融科技、模式创新企业在科创板上市。禁止房地产和主要从事金融、投资类业务的企业在科创板上市。
《上海证券交易所科创板企业发行上市申报及推荐暂行规定》（2022年12月修订）	第三条　科创板优先支持符合国家科技创新战略、拥有关键核心技术等先进技术、科技创新能力突出、科技成果转化能力突出、行业地位突出或者市场认可度高等的科技创新企业发行上市。 第四条　申报科创板发行上市的发行人，应当属于下列行业领域的高新技术产业和战略性新兴产业：

续表

制度名称	具体条款
《上海证券交易所科创板企业发行上市申报及推荐暂行规定》（2022年12月修订）	（一）新一代信息技术领域，主要包括半导体和集成电路、电子信息、下一代信息网络、人工智能、大数据、云计算、软件、互联网、物联网和智能硬件等； （二）高端装备领域，主要包括智能制造、航空航天、先进轨道交通、海洋工程装备及相关服务等； …… 限制金融科技、模式创新企业在科创板发行上市。禁止房地产和主要从事金融、投资类业务的企业在科创板发行上市。 第五条　支持和鼓励科创板定位规定的相关行业领域中，同时符合下列4项指标的企业申报科创板发行上市： （一）最近三年研发投入占营业收入比例5%以上，或者最近三年研发投入金额累计在6 000万元以上； （二）研发人员占当年员工总数的比例不低于10%； （三）应用于公司主营业务的发明专利5项以上； （四）最近三年营业收入复合增长率达到20%，或者最近一年营业收入金额达到3亿元。 采用《上海证券交易所科创板股票上市规则》第2.1.2条第一款第（五）项规定的上市标准申报科创板的企业，或按照《关于开展创新企业境内发行股票或存托凭证试点的若干意见》等相关规则申报科创板的已境外上市红筹企业，可不适用前款第（四）项指标的规定；软件行业不适用前款第（三）项指标的要求，研发投入占比应在10%以上。 第六条　支持和鼓励科创板定位规定的相关行业领域中，虽未达到本规定第五条指标，但符合下列情形之一的企业申报科创板发行上市： （一）拥有的核心技术经国家主管部门认定具有国际领先、引领作用或者对于国家战略具有重大意义； （二）作为主要参与单位或者核心技术人员作为主要参与人员，获得国家自然科学奖、国家科技进步奖、国家技术发明奖，并将相关技术运用于主营业务； （三）独立或者牵头承担与主营业务和核心技术相关的国家重大科技专项项目； （四）依靠核心技术形成的主要产品（服务），属于国家鼓励、支持和推动的关键设备、关键产品、关键零部件、关键材料等，并实现了进口替代； （五）形成核心技术和应用于主营业务的发明专利（含国防专利）合计50项以上。

2. 主营业务与所属行业领域归类的匹配性

表6-2列示了2022—2023年科创板上市的部分软件和信息技术服务业企业的主营业务情况。可以看出，软件企业的主营业务与科创板所属行业领域归类匹配，属于新一代信息技术领域的高新技术产业和战略性新兴产业，主要包括以下几类：（1）基础软件企业，包括操作系统、数据库管理系统、中间件等，是我国长期以来软件核心技术"卡脖子"领域和短板；（2）工业软件企业，包括研发设计类工业软件、生产控制类工业软件等，长期面临与国外行业巨头间的激烈竞争，亟须加快自主创新；（3）新兴技术软件企业，包括大数据软件、人工智能软件、超级计算软件、区块链软件等，能够为行业或其他企业提供新兴技术能力和共性平台，是数字经济、智能经济和现代信息服务业的核心支柱；（4）信息安全软件企业，包括安全内容管理、VPN、防火墙、入侵检测与防御等多个领域，是维护国家网络空间安全和信息安全的重要保障。

表6-2

2022—2023年科创板上市的软件和信息技术服务业企业主营业务情况

证券名称	主营业务	主营产品类型	首发上市日期
浩辰软件（688657.SH）	CAD相关软件的研发及推广销售业务。	2D CAD、3D CAD、浩辰CAD看图王	2023-10-10
盛邦安全（688651.SH）	网络安全产品的研发、生产和销售，并提供相关网络安全服务。	网络安全基础类产品、业务场景安全类产品、网络空间地图类产品、网络安全服务	2023-07-26
莱斯信息（688631.SH）	提供以指挥控制技术为核心的指挥信息系统整体解决方案和系列产品，长期服务于国家治理体系和治理能力的现代化建设。	民航空中交通管理、城市道路交通管理、城市治理	2023-06-28
航天软件（688562.SH）	大型专业软件与信息化服务公司。	自主软件产品、信息技术服务、信息系统集成	2023-05-24

续表

证券名称	主营业务	主营产品类型	首发上市日期
友车科技（688479.SH）	面向汽车主机厂和汽车经销商、服务站提供汽车经销管理系统软件、定制化实施服务、运营维护和咨询服务等汽车营销和后市场领域全套解决方案。	软件开发与服务、系统运维服务、智能设备销售	2023-05-11
索辰科技（688507.SH）	CAE软件研发、销售和服务。	工程仿真软件、仿真产品开发	2023-04-18
云天励飞（688343.SH）	研发和销售面向应用场景的人工智能产品及解决方案。	数字城市AI解决方案、人居生活AI解决方案、公司面向场景的解决方案中提供的核心AI产品和服务	2023-04-04
英方软件（688435.SH）	为客户提供数据复制相关的软件、软硬件一体机及软件相关服务。	软件产品、软硬件一体机产品、软件相关服务、其他	2023-01-19
麒麟信安（688152.SH）	从事操作系统产品研发及技术服务，并以操作系统为根技术创新发展信息安全，云计算等产品及服务业务。	操作系统产品、信息安全产品、云计算产品	2022-10-28
永信至诚（688244.SH）	网络安全产品的研发、生产和销售，以及为客户提供网络安全服务。	网络靶场系列产品、安全管控与蜜罐产品、安全工具类产品、安全防护系列服务	2022-10-19
星环科技（688031.SH）	数据的集成、存储、治理、建模、分析、挖掘和流通等数据全生命周期相关基础软件及服务。	大数据与云基础平台软件、分布式关系型数据库软件、数据开发与智能分析工具软件、产品技术服务	2022-10-18
浩瀚深度（688292.SH）	电信级互联网流量管理系统的研发、生产、销售及升级维护，并在此基础上提供进一步的精准营销、流量经营、数据挖掘、用户行为分析等互联网数据服务。	网络智能化解决方案、信息安全防护解决方案、其他产品	2022-08-18
云从科技（688327.SH）	提供高效人机协同操作系统和行业解决方案。	人机协同操作系统、人工智能解决方案	2022-05-27

续表

证券名称	主营业务	主营产品类型	首发上市日期
格灵深瞳（688207.SH）	将先进的计算机视觉技术和大数据分析技术与应用场景深度融合，提供面向城市管理、智慧金融、商业零售、体育健康、轨交运维等领域的人工智能产品及解决方案。	视图大数据解决方案、智能交通解决方案、智慧社区解决方案、智慧金融解决方案、智慧油站解决方案、商业智能解决方案、体育健康解决方案、轨交运维解决方案	2022-03-17
亚信安全（688225.SH）	网络安全产品、网络安全服务、云网虚拟化三大部分。	网络安全产品、网络安全服务、云网虚拟化	2022-02-09
纬德信息（688171.SH）	从事智能安全设备和信息安全云平台的研发、生产和销售，并基于上述产品为客户提供工业互联网信息安全整体解决方案。	智能安全设备、信息安全云平台业务	2022-01-27

（二）IPO审核关注要点

对拟在科创板IPO的行业内企业进行IPO审核时，应重点从核心技术的先进性、产品的功能作用和战略意义、科技创新能力、行业领域和行业地位等角度，分析是否符合科创板定位，具体内容包括：

（1）发行人拥有和应用的技术是否具有先进性；

（2）发行人是否符合国家科技创新战略相关要求；

（3）发行人是否符合科创行业领域；

（4）发行人主营业务与所属行业领域归类是否匹配，与可比公司行业领域归类是否存在显著差异；

（5）发行人是否符合科创属性相关指标。

（三）审计应对思路

根据以上分析，会计师IPO审计应重点核查发行人是否符合科创板定位，具体可以应用以下审计程序：

（1）通过获取行业权威专家的意见、现场查看、查阅行业报告，对企业研发的技术及其功能和性能、取得的研发进展及其成果、获得的专业资质和主要奖项等进行核查，了解发行人技术和产品，确认其拥有和应用的技术是否具有先进性；

（2）从先进技术应用形成的产品（服务）以及产业化情况、核心技术人员的科研能力和研发投入情况、在境内与境外发展水平中所处的位置和在细分行业领域的排名情况、保持技术不断创新的机制安排和技术储备、市场认可程度情况等方面进行核查；

（3）根据相关权威产业分类目录、规划或指南的规定，核查所属行业领域是否属于《上海证券交易所科创板企业发行上市申报及推荐暂行规定》（2022年12月修订）第四条规定的行业领域；

（4）结合《科创属性评价指引（试行）》（2022年修改）的相关规定，逐项核查对比研发投入归集、营业收入（尤其是核心技术带来的收入）、研发人员认定、发明专利权利归属、有效期限、有无权利受限或诉讼纠纷以及在主要产品（服务）中的应用等情况。

（四）实务案例

案例1

永信至诚

问询：请发行人结合发行人研发活动实际开展情况、发行人研发人员胜任能力情况、发行人技术水平，评价说明发行人的科创属性和产业核心竞争力是否符合科创板定位。请保荐机构、申报会计师发表核查意见。

发行人回复要点如下：

公司从2013年开始致力于平行仿真技术的研究，经过公司研发人员的不断努力和创新，解决了将现实网络空间大规模的复杂场景高逼真地映射到虚拟网络靶场空间、在网络靶场中对虚实设备进行全面的数据采集和体系化的效能分析等重难点问题，公司研发人员提出的具体解决方案如下：

网络靶场是网络空间安全关键基础设施、网络安全行业未来发展重点方向，在国家安全、数字经济安全、科研创新中都具有重要价值，且网络靶场在行业中的地位越来越重要。公司核心业务为网络靶场系列产品，具有丰富的应用场景，广泛应用于公安、研究机构、高等院校、电力、石油、电信、航天、军队等部门，创新性地解决了网络安全行业多个关键问题。

公司网络靶场构建了高逼真实战化网络靶场的核心技术、大规模高性能网络靶场的核心技术、高甜度诱捕的对抗式网络靶场核心技术、多维度的实战性网络攻防核心技术，并荣获了北京市科学技术奖（科学技术进步奖）一等奖，核心技术先进。

公司研发人员以解决网络靶场、安全管控与蜜罐、安全工具重点难题为目标，研发新技术、新模型、新方式，用以解决行业难点，公司核心研发人员具有较高的专业素质和较丰富的专业履历，能够从专业基础、行业经验和技术能力等方面胜任公司的研发工作。

根据发行上市相关规定和《科创属性评价指引（试行）》规定，公司在行业定位、研发投入及研发人员占比、发明专利数量及收入增长等方面符合科创板定位及科创属性。

案例 2

华澜微

问询：请发行人结合《上海证券交易所科创板企业发行上市申报及推荐暂行规定》（2022年12月修订）附件1中关于科创属性相关指标二的要求，具体分析论证公司均符合五项指标的依据是否充分；如否，请修改有关信息披露内容。

发行人回复要点如下：

公司关于符合科创属性指标二的情况修订如表6-3所示。

表6-3
关于符合科创属性指标二的情况修订

序号	科创属性评价标准二	是否符合
1	拥有的核心技术经国家主管部门认定具有国际领先、引领作用或者对于国家战略具有重大意义	否
2	发行人作为主要参与单位或者发行人的核心技术人员作为主要参与人员，获得国家科技进步奖、国家自然科学奖、国家技术发明奖，将相关技术运用于公司主营业务	是
3	发行人独立或者牵头承担与主营业务和核心技术相关的国家重大科技专项项目	是
4	发行人依靠核心技术形成的主要产品（服务），属于国家鼓励、支持和推动的关键设备、关键产品、关键零部件、关键材料等，并实现了进口替代	否
5	形成核心技术和应用于主营业务的发明专利（含国防专利）合计50项以上	是

公司符合科创属性评价标准二中的第二条，即"发行人作为主要参与单位或者发行人的核心技术人员作为主要参与人员，获得国家科技进步奖、国家自然科学奖、国家技术发明奖，并将相关技术运用于公司主营业务"。

公司于2020年开始承担了国家关键核心技术攻关A项目课题，该课题的牵头单位为本公司。该项目符合《国家中长期科学和技术发展规划纲要（2006—2020年）》提出的重点领域及其优先主题"高效能可信计算机——海量存储"和"面向核心应用的信息安全——安全存储"。符合科创属性评价标准二中的第三条，即"发行人独立或者牵头承担与主营业务和核心技术相关的国家重大科技专项项目"。

形成核心技术和应用于主营业务的发明专利64项，其中国内发明专利53项，美国发明专利11项，发行人形成核心技术及应用于主营业务的专利数量合计超过50项，符合科创属性评价标准二中的第五条，即"形成核心技术和应用于主营业务的发明专利（含国防专利）合计50项以上"。

公司暂不适用科创属性评价标准二之第二、四条。

二、核心技术

目前，我国在关键核心技术领域还存在很多"卡脖子"难题，部分核心技术仍然高度依赖国外进口，亟须打破国外技术的垄断和封锁。核心关键技术需要深厚的理论基础和不断的技术创新，必须经过长时间的技术积累和持续大规模的研发投入，非一朝一夕之功。行业龙头企业应持续加大研发投入、开拓市场，提高产品服务水平以适应未来市场竞争格局，避免长期受制于人。

近年来，监管机构对拟IPO企业核心技术的审核要求不断提高，例如，《公开发行证券的公司信息披露内容与格式准则第57号——招股说明书》中明确要求拟上市企业对核心技术情况进行详细披露，包括核心技术产业化情况、核心技术的具体使用情况和效果、核心技术来源、相关技术所处阶段（如处于基础研究、试生产、小批量生产或大批量生产阶段）以及核心技术是否取得专利或其他技术保护措施等。拟在科创板或创业板上市的发行人应在

"业务与技术"中结合行业技术水平和对行业的贡献，披露发行人的技术先进性及具体表征；披露发行人的核心技术在主营业务及产品或服务中的应用和贡献情况；披露核心技术人员、研发人员占员工总数的比例，核心技术人员的学历背景构成，取得的专业资质及重要科研成果和获得奖项情况，对公司研发的具体贡献，发行人对核心技术人员实施的约束激励措施，报告期内核心技术人员的主要变动情况及对发行人的影响。拟在科创板上市的发行人应披露核心技术的科研实力和成果情况，包括获得重要奖项、承担重大科研项目、核心学术期刊发表论文等情况；披露发行人新技术、新产品的商业化情况。

同时，核心技术也是科创板与创业板对发行人科创属性的核查重点，发行人核心技术的创新性和稳定性是判断科创属性的重要因素之一。创新性与稳定性的判断来源于该技术的研发路径、技术来源、技术先进性与市场稀缺性等因素支持，影响着企业的技术先进性、核心竞争力以及持续发展能力。其中，核心技术来源的合法合规性、权属清晰、价格公允等均关系着发行人的技术稳定性。

（一）IPO 审核关注要点

核心技术方面，IPO 审核应重点关注发行人的核心技术来源、研发费用投入、专利来源、职务发明、技术先进性等方面的内容，具体关注要点如下。

1. 核心技术来源

来源于自主研发的，重点关注：（1）技术形成过程和所处阶段；（2）核心技术在主营业务及产品中的应用情况；（3）核心技术对应知识产权与专利存在纠纷或潜在纠纷的情况。

来源于合作研发的，重点关注：（1）在合作研发过程中发行人及其相关人员与合作方各自承担的工作内容、发挥的具体作用；（2）合作研发项目的主要技术负责人及其任职情况；（3）合作研发的技术成果及其对应的知识产权情况，历史上发行人向合作方支付费用的相关协议约定及具体支付情况；（4）受让、使用或以其他方式取得合作单位的技术、人员、设备或其他支持的情况；（5）与合作研发单位的相关知识产权纠纷或潜在争议情况。

来源于外延并购的，重点关注：（1）对于来源于吸收创新的技术，发行人进一步开发创新的情况；（2）来源于吸收创新的技术在发行人主要业务或产品中的应用；（3）并购技术及吸收创新后技术在使用过程中存在的法律风险情况；（4）发行人的自主研发能力情况。

2. 研发费用投入

研发费用投入包括：（1）研发费用构成；（2）研发相关内控制度说明，包括研发支出的开支范围、标准、审批程序等；（3）研发投入和形成的技术成果之间的匹配关系；（4）发行人在行业内研发投入及研发能力所处水平；（5）存在研发投入不足导致的竞争力下降和产品迭代对持续经营能力的情况。

3. 专利来源

技术转让的，重点关注：（1）发行人受让专利、技术的背景及原因；（2）转让专利后再取得普通许可对发行人生产经营、产品竞争力、技术先进性的影响；（3）转让价格及其公允性，相关专利、技术是否存在瑕疵、权属纠纷或争议；（4）转让专利是否涉及发行人核心技术；（5）转让方与发行人存在关联关系，为发行人分担成本费用的情形。

共有专利的，重点关注：（1）共有专利涉及的产品情况；（2）发行人与共有方对相关共有专利的权利义务约定情况；（3）共有专利对发行人生产经营的重要程度；（4）发行人存在对共有方重大依赖的情况；（5）共有方存在为发行人分担成本或进行其他利益输送行为的情况。

4. 职务发明

职务发明包括：（1）发行人的核心技术人员、董监高与原任职单位是否存在竞业禁止协议；（2）发行人与核心技术人员、董监高的原任职单位是否存在纠纷或潜在纠纷；（3）发行人是否对技术人员原单位构成研发和技术体系依赖；（4）发行人对关键技术人员是否实施了有效的约束激励措施，是否有效避免了关键技术人才的流失和技术秘密的外泄；（5）报告期内核心技术人员的主要变动情况及对发行人的影响。

5. 技术先进性

技术先进性包括：（1）发行人核心技术在行业内所处水平；（2）反映发行人主要产品技术先进性的指标；（3）发行人核心技术先进性具体体现的生产环节；（4）存在技术快速迭代的情况。

6. 核心技术的重要性、利润贡献等

关注核心技术对发行人的重要性、利润贡献，以及技术迭代方向。

7. 对发行人未来经营存在重大影响的关键技术

对发行人未来经营存在重大影响的关键技术，应当予以特别关注和专项调查。

（二）审计应对思路

会计师在 IPO 审计中应重点核查发行人的核心技术情况，为获取 IPO 审核关注要点相关的审计证据，会计师应当执行以下审计程序：

（1）查阅发行人的说明确认，了解发行人核心技术、合作研发、共有专利等相关情况；

（2）查阅发行人与相关机构签署的合作研发合同、共有专利证书、受让专利合同等，访谈发行人研发负责人；

（3）查阅发行人专利及非专利技术说明、产品手册、技术应用案例、发行人所获荣誉等，访谈发行人管理层、研发负责人、财务负责人等，了解公司产品的基本情况、技术先进性评价维度及评价指标，确认公司的行业地位和技术实力；

（4）查询国家知识产权网、中国及多国专利审查信息查询网、中国裁判文书网、中国执行信息公开网等网站的公示信息；

（5）查阅公开的学术论文、新闻等信息，收集相关市场信息，了解国内外技术发展状况及同行业可比公司的主要产品及其技术路线；

（6）查阅发行人核心技术人员、研发人员的相关资料，包括报告期内核心技术人员、研发人员的人数，核心技术人员的学历背景、取得的专业资质及重要科研成果和获得奖项情况、对公司研发的具体贡献、核心技术人员的任职是否违反曾经签订的竞业禁止协议等；

（7）查阅发行人核心技术人员的奖励制度、股权激励计划等资料；

（8）查阅发行人同行业可比公司的公开披露资料。

（三）实务案例

案例

亚信安全

问询：招股书披露，发行人在身份安全及终端安全行业领先，研发团队在端点安全、网络安全、虚拟化防护和威胁情报等领域积累了深厚的技术储备。截至 2020 年 12 月 31 日，公司拥有已获授权的专利 6 项；截至 2020 年 12 月 31 日，公司已登记计算机软件著作权 324 项。主要核心技术包括威胁情报数据湖和智能防护云技术、安全沙箱检测与分析技术、虚拟云安全手机技术等。请发行人结合细分行业现有技术水平、衡量核心技术先进性的关键指标等，进一步分析核心技术先进性的表征及具体体现。

发行人回复如下：

公司核心技术所具备的先进性、主要应用产品及产品获奖情况如表 6-4 所示。

表 6-4
公司核心技术情况

序号	技术名称	技术先进性及具体表征（技术水平、技术先进性的关键指标）	主要应用产品及产品获奖情况
1	自适应智能身份认证技术	技术水平： 该技术在基于用户账号认证策略绑定的传统模式基础上，创新使用将用户登录行为与登录所在设备、登录时间、登录地点、登录行为等安全要素与用户身份结合，基于自适应算法智能计算配置用户认证策略，降低高风险终端访问业务系统。 技术关键指标： 经过 10 万以上用户动态登录认证有效性抽样测试，认证策略调用有效率达到 90% 以上，显著降低账号密码被盗、身份冒用等安全风险，在国内处于领先水平。	泛身份安全类产品： 1. 统一身份认证与访问管理系统。（中华人民共和国工业和信息化部——网络安全技术应用试点示范项目、中国网络安全产业联盟——2020 年度网络安全解决方案优秀奖、中国通信企业协会——2020 年度 ICT 中国创新应用特别贡献奖、中国软件行业协会——2018 年度中国软件行业优秀解决方案、人民邮电报——2019 年度"ICT 创新奖"网络安全卓越解决方案奖、中国通信企业协会——2020 年度 ICT 中国创新应用特别贡献奖、中国信息协会——2017 至 2018 年度新一代信息技术优秀解决方案等） 2. 堡垒机。 [安全牛《中国网络安全细分领域矩阵图》（Matrix 2019.05）——堡垒机领先者象限]

第六章　行业技术与合规性审核要点及应对

续表

序号	技术名称	技术先进性及具体表征（技术水平、技术先进性的关键指标）	主要应用产品及产品获奖情况
2	身份管理与认证技术	技术水平： 国内主要技术是围绕用户的账号进行认证，无法与实体的人相对应。跨区域的身份互认互通实现困难，隐私保护严重不足，容易造成隐私泄露。公司以身份为核心，实现了统一账号和身份体系，建立了一站式账号管理流程。支持多因素认证，并聚合了多种认证能力，实现了"一次认证，全网通行"。解决了跨域身份互认过程中的隐私保护和效率问题，保障了大范围、海量用户下的数据安全和互认互通效率。通过微服务架构演进，无状态化、配置分离等改造实现支持云化部署、PaaS化部署。 技术关键指标： 国内主要技术性能上限一般为几十万用户，无法支撑超大用户量的身份服务。截至2020年12月31日，公司该技术实现了10亿用户量、6000TPS的统一身份管理系统建设和运行，在业内处于领先水平。	泛身份安全类产品： 1. 统一身份认证与访问管理系统。（中华人民共和国工业和信息化部——网络安全技术应用试点示范项目、中国网络安全产业联盟——2020年度网络安全解决方案优秀奖、中国通信企业协会——2020年度ICT中国创新应用特别贡献奖、中国软件行业协会——2018年度中国软件行业优秀解决方案、人民邮电报——2019年度"ICT创新奖"网络安全卓越解决方案奖、中国通信企业协会——2020年度ICT中国创新应用特别贡献奖、中国信息协会——2017至2018年度新一代信息技术优秀解决方案等） 2. 堡垒机。 [安全牛《中国网络安全细分领域矩阵图》（Matrix 2019.05）——堡垒机领先者象限]
3	基于SIM卡的密码服务技术	技术水平： 区别于传统的账号密码、短信验证码等方式的身份认证方式，公司提供基于SIM卡的证书认证、加解密服务和安全存储服务。具备商用密码产品型号，可通过运营商标准国密近场通信（NFC）卡直接提供物联网设备使用，通过蓝牙国密NFC卡提供人端使用。且不需要额外的安全模块，就可在人端、物端不挑选设备使用。目前市场上未发现同类产品可达到此效果。 技术关键指标： 该技术适配99%以上手机、PAD，99%以上模组，提供独立的密码模块（卡应用大小26K），领先于同行业产品。同时，该技术支持10个U盾，每个U盾可独立使用。	泛身份安全类产品： SIM卡型U盾。

续表

序号	技术名称	技术先进性及具体表征（技术水平、技术先进性的关键指标）	主要应用产品及产品获奖情况
4	动态自适应 Radius 专业应用软网关技术	技术水平： 该技术打破了必须在四层交换设备或防火墙上配置安全策略的传统机制，它可以在四层交换设备或防火墙和远程用户拨号认证系统服务器间增加一层软网关，接入设备发送来的数据包先通过软网关进行地址校验、异常判断、域名过滤、黑名单拦截和报文分发，可根据业务需要灵活地自适应监控，解决各种原因引起的发送大量无效报文给远程用户拨号认证系统服务器导致的系统瘫痪问题，同时可以有效防止对系统的恶意攻击。 技术关键指标： 该技术支持处理大业务量的报文，每天处理报文量可达10亿条，而且处理效率高，并发处理可达到3万每秒查询率（QPS），同时支持多种负载均衡模式，包括轮询、随机、最小连接等。还可以支持多种过滤策略，包括设备过滤、域名过滤、限流、黑白名单。	泛身份安全类产品： 互联网接入认证系统。
5	威胁情报数据湖和智能防护云技术	技术水平： 安全数据湖技术是在大数据架构的基础上，结合数据挖掘和专家知识，全面利用机器学习和深度安全分析技术不断将威胁数据提炼为信息、知识和智慧。传统安全的独立样本分析、静态策略匹配和人工研判，存在数据处理有限，时效性差，分析不深入、事件定位难的问题。同时，安全数据湖融入独有的样本同源发现技术、数据包多协议深度检测技术、攻击行为建模技术和威胁指标评级等技术，创新性地将机器学习应用于大数据安全分析中，能够快速进行自动化检测、响应、追踪、拓展威胁事件，高效辅助	泛身份安全类产品： 1. 统一身份认证与访问管理系统。 2. 零信任身份安全产品。 泛终端安全类产品： 1. 终端安全防护平台。 （赛可达实验室——东方之星信创终端安全认证） 2. 高级威胁终端检测及响应系统。 （赛可达实验室——东方之星威胁检测能力认证、赛迪网、《互联网经济杂志》——2018年IT产业最具创新突破产品） 云及边缘安全类产品： 1. 服务器深度安全防护系统。 （至顶传媒——2020年度凌云奖）

第六章　行业技术与合规性审核要点及应对

续表

序号	技术名称	技术先进性及具体表征（技术水平、技术先进性的关键指标）	主要应用产品及产品获奖情况
5	威胁情报数据湖和智能防护云技术	安全运营、研究和对抗。推出的基于云的产品防护架构，相比传统的特征码更新和规则更新，能够第一时间同步数据湖的情报数据，对最新威胁进行秒级的响应，处于国内领先水平。 技术关键指标： 公司安全数据湖威胁情报基础数据采集容量大于10T，各类型情报条目数量大于10亿条。同时，情报自动化处理流程数量多、处理效率高，威胁情报数据的并发处理流程超过50类，情报处理速度达到分钟级。威胁情报赋能产品的客户数量大，防护企业端点数量达到千万级别。	"云安全解决方案奖"、Vmware-NSX-T认证、全球IPv6测试中心——IPv6 Ready Logo Phase-2认证证书、《中国计算机报》——2015年度编辑选择奖、至顶网凌云奖——2015年最佳服务器虚拟化安全解决方案） 2.云安全管理平台。 高级威胁治理类产品： 1.高级威胁网络防护系统。 2.深度威胁邮件网关。 3.深度威胁发现设备。 4.深度威胁分析设备。 大数据分析及安全管理类产品： 1.安全运营与态势感知平台。 （《人民邮电报》——2019年度"ICT创新奖"网络安全创新先锋奖、金科创新社——2020年度金融数据智能网络安全创新优秀解决方案、凌云奖——2017年度安全态势感知平台技术领先奖、中国银行保险监督管理委员会——2018年银行业信息科技风险管理课题——三类成果） 2.安全中台。 （《人民邮电报》——2020年度"ICT创新奖"运营商杰出方案奖、《金融电子化》——2020年度金融科技产品创新突出贡献奖） 网络安全服务类产品： 超洞察威胁情报平台。
……	……	……	……

第二节　数据合规性和安全性

软件和信息技术的发展不断催生出新技术、新产业、新业态、新模式，数据作为一种新的生产要素，已然成为数字经济的核心。在软件企业提供服务的过程中不可避免地涉及收集、存储、传输、处理、使用客户数据或个人信息的情形，软件企业的数据合规性和安全性因此受到IPO监管审核的重点关注。

一、数据合规性

随着数据在企业经营中的地位越来越重要，相关法律法规也日趋完善。数据合规性是指企业数据管理遵循公司治理、行业组织和政府制定的政策、制度和法规，例如《中华人民共和国网络安全法》《中华人民共和国数据安全法》《中华人民共和国个人信息保护法》《网络安全审查办法》《互联网信息服务管理办法》《关键信息基础设施安全保护条例》等。这些法规规定了有关如何收集、存储、使用、加工、传输、提供、公开、删除和管理敏感数据的协议以及其他要求，以防止其丢失、损坏、盗窃和滥用。数据合规性要求与数据治理和数据安全密切相关，确保从数据的收集、存储、使用到交换、销毁的每个阶段都满足合规性要求，实现全生命周期的数据合规管理。

（一）IPO审核关注要点

数据合规性侧重于确保数据的收集和使用符合法律法规的要求。针对发

行人数据合规事项,在 IPO 审核时应关注以下内容:

(1)发行人经营过程中所获取的数据类型。

(2)采集数据的方式和途径是否合法合规、是否取得相关主体的授权、是否明确告知收集信息的范围及使用用途。

(3)对采集的数据的存储和利用方式、利用目的是否合法合规,是否存在用于牟利等违法违规行为,是否存在过度利用。

(4)发行人是否制定关于个人信息保护及数据安全方面的制度与保障措施,该等制度和措施是否有效执行。

(5)发行人是否存在因违反有关数据安全及信息保护相关法律法规而受到行政处罚、发生争议或纠纷的情形,是否存在因泄露客户及其用户信息或数据而产生诉讼、仲裁等争议或纠纷的情形。

(6)涉及数据跨境流通的,相关环节及措施是否符合境外当地的个人信息保护、数据安全要求,是否依法进行了数据出境申报,是否存在被境外主管机构处罚的情况或潜在风险。

(7)对于发行人向数据供应商购买数据的,供应商授权发行人使用相关数据是否经过终端用户或者其他相关方同意,授权是否完备合规,个人信息获取是否合法;关注采购所涉相关数据信息的产权归属,是否存在对数据供应商的重大依赖;发行人是否建立完善的供应商评价体系,以及供应商甄选、数据源核验与合同合规性审核的内控措施。

(8)运用大数据相关技术从事精准推荐和个性化营销服务的,大数据相关技术及其使用、相关服务的开展的合法合规性,是否涉及侵犯产品用户个人隐私或其他侵权风险,是否存在纠纷或潜在纠纷。

(9)是否存在采用特殊互联网手段或技术采集法律法规规定不属于公开的社会信息或需要特殊许可等前置程序方可获取数据的情形,发行人确保该等数据来源合法性的具体方式。

（二）审计应对思路

会计师在 IPO 审计中应重点核查发行人的数据合规情况，并执行以下审计程序：

（1）查阅发行人制定的《隐私政策》《数据活动专项管理规范》《个人信息安全保护专项管理规范》《数据供应商数据安全管理规范》《安全与合规管理制度》《数据管理规定》《数据采购管理规范》等系列数据安全内部控制制度。

（2）审阅发行人提供的有关业务模式的说明材料及对公司管理层进行业务访谈。

（3）审阅发行人提供的数据采集网站清单、企业流量分布表及与数据类供应商签订的合同、数据确认书等文件。

（4）查阅发行人主要生产资产的电子设备清单及固定资产台账，以及发行人同行业可比公司的招股说明书/公开转让说明书、年度报告。

（5）登录中国执行信息公开网、信用中国、中国裁判文书网等网站，对发行人及其子公司是否存在知识产权纠纷、数据合规相关的处罚及纠纷情况进行查询。

（6）登录并参与发行人正在执行的调研项目，核查发行人获取被访者数据的授权情况、获取数据是否明确提示、获取数据的授权范围情况、相关条款是否符合法律法规和规范性文件的规定。

（7）对研发负责人进行访谈，了解发行人技术来源、研发模式、技术被许可情况；对业务人员进行访谈，了解发行人业务经营中数据使用及获取情况，以及数据集成及采购的数据中，收集、使用、储存、分享、转让和披露个人信息的相关情况。

（8）访谈数据供应商，确认供应商的数据来源，与发行人的交易背景，采购数据的价格及具体内容，是否获得对外销售该等数据的授权，双方交易的方式和地点，是否存在任何的争议或纠纷，是否因为销售数据受到过追责、索赔或处罚，是否与发行人的实际控制人、董监高、核心技术人员以及主要关联方、主要客户和供应商存在关联关系。

(三) 实务案例

案例1

合合信息

问询：根据招股说明书，发行人的大数据获取主要有两种途径，分别是向供应商（包括个人）采购企业数据、自动化访问获取企业数据；为保障数据采购的供应商数据来源的合法合规性，发行人采取了制定管理规范、通过多种方式调查供应商等措施。

根据申报材料，报告期内，发行人存在数据管理相关内控制度有待进一步完善、与部分数据供应商的合作协议中数据供应商未明确承诺数据来源合法合规、App用户隐私协议中未明确约定采集数据的使用范围等问题。

请发行人说明：发行人自动化访问获取的企业数据如何确保来源合法性，发行人调查供应商及数据来源合法性的具体方式及有效性。

发行人回复如下：

1. 自动化访问获取的企业数据确保来源合法性的具体方式

发行人通过自动化访问采集的数据主要是企业工商、企业经营信息、诉讼等公开的信息。发行人采集的网站主要为全国各工商网站、各省律师事务所信息披露网站、各省社会组织信息网、各级人民银行官网，主要是政府机构等公开信息披露的平台。发行人采取了多重方式确保自动化数据采集全过程的数据合规性。

（1）数据采集前完成合规评估。发行人会在数据采集前对采集网站做综合评估，包括获取数据的主要类型、被采集网站是否为政府公开信息网站或商业性网站、被采集网站是否具备Robots协议或公示条款限制自动化采集、网站是否具备自动化采集限制措施、自动化采集数量及频率是否影响采集对象网站的正常运行等核心因素。在评估数据采集合规之后，发行人才会正式开始数据采集。脚本运行前，数据技术人员结合Alexa数据（Alexa中国免费提供Alexa中文排名官方数据查询、网站访问量查询、网站浏览量查询和排名变化趋势数据查询。Alexa排名数据常用于评价某一网站的访问量）评估目标网站一天的总访问量，以此计算自动化访问程序每秒的访问频率上限，并在自动化访问程序配置阶段对并发数和访问频率进行适当的限制。

（2）关于外部数据自动化获取的新增和修改流程。产品经理在协同办公系统中发起采集需求并添加《需求说明书》作为附件，法务负责人和个人信息保护负责人评估采集目标网站的Robots协议、网站声明和目标网站的内容安全。评估完成后，需求部门负责人、需求部门所属事业部负责人、数据采集团队负责人和法务负责人在协同办公系统中完成采集需求的审批。数据开发人员完成自动化访问程序开发并提交测试数据，测试人员测试完成后通过邮件将测试结果反馈至数据技术人员。在获取测试结果后，数据技术人员上线自动化访问程序并将新增的目标网站更新至数据采集网站清单中。

（3）定期检查被采集网站的规定是否发生变化。发行人制定了《数据自动获取源定期审阅制度》，对被采集网站做定期检查，如以上因素发生变化，即做相应调整，确保数据采集符合综合评估。发行人制定了

第六章　行业技术与合规性审核要点及应对

相关的管理制度及流程以管理自动化访问工具。当新增或者下线自动化访问工具时，须经适当审批后由发行人启信宝数据技术人员负责日常维护自动化访问网站清单。通过对自动化访问工具的代码扫描，识别是否存在正在运行的自动化访问工具实际爬取的网站范围超出公司自行维护的自动化访问网站清单的情况。另外，数据技术人员每三个月使用自开发的代码扫描工具对代码中写入的自动化访问网站的 URL 进行扫描，以确保所有自动化访问网站均在公司入册的数据自动化访问网站清单的范围内，且均为公开信息。若发现异常，则由数据技术人员自查流程并完成整改。

根据上海市瑛明律师事务所（成立于 1998 年，具有中国法律业务的资格，为本项目提供企业数据管理及信息系统合规相关的法律服务）出具的《关于上海合合信息科技股份有限公司数据安全管理的尽职调查报告》，发行人数据采集的评估过程未见异常，合合信息于 2021 年 9 月 30 日在所有重大方面符合《中华人民共和国网络安全法》等所涉法规的相关规定。

根据北京市中伦律师事务所出具的《关于上海合合信息科技股份有限公司数据安全管理的尽职调查报告》，报告期内发行人数据采集的评估过程未见异常，合合信息于 2022 年 12 月 31 日在所有重大方面符合《中华人民共和国网络安全法》等所涉法规的相关规定。

2. 发行人调查供应商及数据来源合法性的具体方式及有效性

（1）内控制度。对于数据供应商采购，发行人制定了《供应商准入制度》《数据采购管理规范》等制度文件并制定了数据采购管理流程。

根据《供应商准入制度》和《数据采购管理规范》的相关规定，发行人在采购前需根据内控要求实施以下程序：①审核评估采购数据类型范围、目的、用途、时间、授权函；②调查数据供应商资质、数据来源的合法性，确认供应商不存在信息、数据权属及知识产权相关重大争议；

③调查确定供应商不存在重大违法、违规、行政处罚记录、重大法律纠纷或相关负面报道，并将尽职调查结果记录于《供应商基础信息调查表》。

（2）内部数据采购流程管理。公司对数据供应商进行尽职调查以及评审数据采购合同。经安全与合规部评估后，发行人使用协同办公系统记录和存储与第三方签订的采购合同、廉洁协议以及交易记录（包括对公付款流程和收入合同审批流程等）。报告期内，发行人与第三方数据供应商均签署了协议。

（3）与数据供应商对接合作。发行人按规定要求数据供应商签署含数据来源合法合规确认条款的数据合同。合同中约定"承诺提供数据均来自公开、合法渠道，否则由数据提供方承担一切法律责任。承诺其提供的数据信息来源合法有效，且有权就该等数据信息提供对应合同项下的数据服务"等相关条款。

若数据合同中未做出相关约定，相应数据供应商会提供《数据信息使用确认书》，其中通常会确认提供的数据信息来源合法有效，且有权就该等数据提供合作协议项下的数据服务，由此向发行人确认其数据来源及开展业务的合法合规性，以进一步保障发行人数据采购的合法合规性。

报告期内，发行人的主要供应商有凭安征信和人民数据，均为行业内权威性较高的数据供应商。凭安征信是经人民银行上海分行备案的企业征信机构，2016年正式成为国家发展改革委电子商务行业信用建设官方合作征信机构，同年与国家公共信用信息中心数据实现互联互通。可及时提供工商信息发生新增和变更的企业名称列表，公司可利用此列表通过自动化访问技术从全国各工商网站获取公开的企业工商数据，此种模式可以保证工商数据的完整性和时效性。

人民数据由人民网舆情数据中心（北京人民在线网络有限公司）与工信云（中卫）科技有限公司共同成立，以承建国家大数据灾备中心、国家应急数据中心、智慧党建数据中心等国家大数据项目为契机，打造安全、高效、开放、共享的国家级大数据平台，并致力于做好各级党政机关、央国企、民企等大数据的"存、管、用"工作。公司2020年9月30日与人民数据签署系列协议，就"人民金融大数据中心"项目进行合作，同时向人民数据采购企业工商大数据。2020年11月28日，公司与国家公共信用信息中心签订《信用修复结果信息安全共享保密协议》，将"信用中国"对行政处罚后信用修复结果数据与公司进行共享。

（4）数据供应商后续审核。公司安全与合规部每年组织一次，审核供应商是否按照合同及相关协议内容进行数据处理。若发生因数据导致的相关合法合规事件，未按要求进行处理或未能有效履行数据安全保护责任，或者发现供应商未按要求进行处理或未能有效履行数据安全保护责任，则发行人将要求供应商停止相关行为，并采取有效的补救措施控制或消除可能存在的数据安全风险和影响。

发行人已建立相应机制以保障供应商提供数据的合法合规性。截至本回复出具之日，发行人不存在因数据采购产生的诉讼、行政处罚及纠纷的情形。

二、数据安全性

对国家而言，数据安全事关国家安全和经济发展；对企业而言，数据安全是确保业务连续性的重要基础。在数据的全生命周期里，数据运营正成为决定数据安全的重要因素。数据安全从传统的合规为主、被动防御变成融合威胁检测、分析、预警和处置的闭环方案。

近年来，《中华人民共和国数据安全法》《中华人民共和国网络安全法》《中华人民共和国个人信息保护法》《中华人民共和国国家安全法》等法律法规先后实施，明确了数据安全主管机构的监管职责，建立健全数据安全协同治理体系，提高了数据安全的保障能力，让数据安全有法可依、有章可循，为数字化经济的安全健康发展提供了有力支撑。2021年8月出台的个人信息保护法对个人信息做出了细化完善的规定。个人信息是以电子或者其他方式记录的与已识别或者可识别的自然人有关的各种信息；个人信息的处理包括个人信息的收集、存储、使用、加工、传输、提供、公开、删除等；任何组织、个人不得非法收集、使用、加工、传输他人的个人信息，不得非法买卖、提供或者公开他人的个人信息；不得从事危害国家安全、公共利益的个人信息处理活动；个人信息处理者需要对个人信息实行分类管理。目前，不少拟IPO公司在数据治理过程中已经对个人信息数据进行了分类管理。

（一）IPO审核关注要点

数据安全侧重于运用技术和管理措施来保护数据不受威胁，在IPO审核时应关注以下内容：

（1）发行人是否设计数据安全规范，包括数据资产的基本信息及数据分类的规范、数据分级的规范、数据外发的规范、数据审批的流程、数据访问的流程等，并按复杂程度和风险等级不同设计不同的规范；

（2）是否对数据实行分类分级管理；

（3）发行人业务开展过程中相关数据的获取、管理、存储和使用是否符合《中华人民共和国数据安全法》《中华人民共和国个人信息保护法》《中华人民共和国网络安全法》等相关法律规定；

（4）发行人是否存在超出授权范围使用数据的情形，是否存在法律风险及其防范措施；

（5）发行人相关App获取用户个人信息的具体情况，未来是否有受到行政处罚的风险，对发行人经营情况可能带来的影响；

（6）发行人针对数据安全和个人信息保护是否有具体应对措施和效果，相关内部控制制度是否健全有效；

（7）发行人涉密信息系统集成资质的剥离进展，是否构成发行上市法律障碍，是否符合《涉密信息系统集成资质管理办法》《涉密资质单位拟公开上市或者在新三板挂牌处理意见》相关要求；

（8）发行人业务开展过程中是否存在因相关个人或用户信息和数据安全方面的合规问题而被处罚的情况。

（二）审计应对思路

会计师在IPO审计中应重点核查发行人的数据安全和个人信息保护情况，并执行以下审计程序：

（1）查阅《中华人民共和国数据安全法》《工业和信息化领域数据安全管理办法（试行）》《中华人民共和国个人信息保护法》等相关法律法规；

（2）查阅发行人关于数据安全保护的相关制度、数据安全管理程序文件以及个人信息保护的相关制度；

（3）查询互联网公开信息，了解发行人及其子公司运营的网站、App、微信公众号和小程序、支付宝生活号和小程序等相关信息；

（4）查阅发行人出具的说明文件；

（5）查阅发行人就本次发行上市出具的信息豁免披露申请文件和发行人就信息豁免披露事宜出具的书面说明；

（6）查阅发行人内部保密审查文件；

（7）查阅发行人所在地国防科工主管部门就发行人首次公开发行股票涉及国家秘密及敏感信息有关情况向发行人出具的书面通知；

（8）查阅发行人主要业务合同的授权条款，核查相关隐私政策；

（9）查阅发行人的员工安全教育培训和测评记录、发行人的安全事件应急预案；

（10）对发行人业务开展过程中获取、管理、存储和使用相关数据的相关业务负责人员进行访谈，了解公司自主研发的核心技术、算法情况，以及其安全评估情况；

（11）通过中国裁判文书网、中国执行信息公开网、国家企业信用信息公示系统等公开信息平台查询，报告期内发行人及其子公司是否存在因个人或用户信息保护、数据安全相关方面受到行政处罚的情况。

（三）实务案例

案例 1

滴滴全球股份有限公司

2022年7月21日，国家互联网信息办公室对滴滴全球股份有限公司依法做出网络安全审查相关行政处罚的决定。

根据网络安全审查结论及发现的问题和线索，国家互联网信息办公室依法对滴滴全球股份有限公司涉嫌违法行为进行立案调查。经查实，滴滴全球股份有限公司违反《中华人民共和国网络安全法》《中华人民共和国数据安全法》《中华人民共和国个人信息保护法》的违法违规行为事实清楚、证据确凿、情节严重、性质恶劣。

7月21日，国家互联网信息办公室依据《中华人民共和国网络安全法》《中华人民共和国数据安全法》《中华人民共和国个人信息保护法》《中华人民共和国行政处罚法》等法律法规，对滴滴全球股份有限公司处人民币80.26亿元罚款，对滴滴全球股份有限公司董事长兼首席执行官程维、总裁柳青各处人民币 100 万元罚款。

经查明，滴滴公司共存在 16 项违法事实，归纳起来主要是 8 个方面。一是违法收集用户手机相册中的截图信息 1 196.39 万条；二是过度收集用户剪切板信息、应用列表信息 83.23 亿条；三是过度收集乘客人脸识别信息 1.07 亿条、年龄段信息 5 350.92 万条、职业信息 1 633.56 万条、亲情关系信息 138.29 万条、"家"和"公司"打车地址信息 1.53 亿条；四是过度收集乘客评价代驾服务时、App 后台运行时、手机连接桔视记录仪设备时的精准位置（经纬度）信息 1.67 亿条；五是过度收集司机学历信息 14.29 万条，以明文形式存储司机身份证号信息 5 780.26 万条；六是在未明确告知乘客情况下分析乘客出行意图信息 539.76 亿条、常驻城市信息 15.38 亿条、异地商务/异地旅游信息 3.04 亿条；七是在乘客使用顺风车服务时频繁索取无关的"电话权限"；八是未准确、清晰说明用户设备信息等 19 项个人信息处理目的。

此前，网络安全审查还发现，滴滴公司存在严重影响国家安全的数据处理活动，以及拒不履行监管部门的明确要求，阳奉阴违、恶意逃避监管等其他违法违规问题。滴滴公司违法违规运营给国家关键信息基础设施安全和数据安全带来严重安全风险隐患。因涉及国家安全，依法不公开。

案例 2

索辰科技

问询：请发行人说明：公司业务开展过程是否获取、管理、存储和使用相关数据，是否符合《中华人民共和国数据安全法》《中华人民共和国个人信息保护法》等相关规定，是否存在超出授权范围使用数据的情形，是否存在法律风险及其防范措施。

发行人回复如下：

（1）发行人业务开展过程中获取、管理、存储和使用相关数据的具体情况。

发行人业务开展过程中，仅在产品销售流程中的仿真产品调试／测试环节存在获取、管理、存储和使用相关数据的情况，其他业务开展过程不存在获取、管理、存储和使用相关数据的情况。

在产品调试／测试环节，发行人部分客户存在要求发行人使用客户提供的模型、工况等原始数据对仿真产品进行测试，将测试运行结果数据提供给客户，供客户用于与相关模型、工况的工程实验结果进行比对，以验证仿真产品运行结果精度的情况。在发行人客户提出前述要求的情况下，发行人客户将原始数据以光盘等物理载体运输的方式提供给发行人，发行人将原始数据存储于与互联网物理隔绝的计算机，并使用仿真产品对原始数据进行分析运行测试，最终将测试运行结果以光盘等物理载体运输的方式提供给客户。

在上述过程中，发行人获取客户原始数据后，仅参与相关仿真产品的特定业务人员有权限使用相关仿真产品对原始数据进行分析运行测试，且不将原始数据用于任何其他用途；分析运行测试完成后，原始数据的物理载体及测试运行结果数据将在一定时间内保存于发行人处及与互联网物理隔绝的计算机以备查阅，并在相关仿真产品经客户验收合格后送交专业机构销毁及自行进行数据清除。客户原始数据涉及国家秘密的，原始数据、测试运行结果数据的物理载体将根据相关保密要求由涉密人员或通过机要通信方式进行运输，涉密原始数据、测试运行结果数据将由发行人保密部门按照密级进行归档、管理，分析运行测试将由发行人涉密业务人员按照相关保密要求在涉密计算机上进行操作。

（2）发行人业务开展过程中获取、管理、存储和使用客户相关数据符合《中华人民共和国数据安全法》等相关规定，不存在超出授权范围使用数据的情形，已针对数据泄露潜在法律风险采取必要的防范措施。

发行人在业务开展过程中的仿真产品调试/测试环节存在以物理方式获取、管理、存储和使用客户相关数据的情况，不存在利用互联网等信息网络开展数据处理活动的情况。截至本问询函回复出具日，发行人已经就获取、管理、存储和使用客户相关数据行为建立了数据安全管理制度，对相关业务人员组织开展了数据安全教育培训，并已采取相应的技术措施和其他必要措施，保障数据安全，符合《中华人民共和国数据安全法》等相关规定。

报告期内，发行人在业务开展过程中不存在获取、管理、存储和使用个人信息、数据的情况，因此不适用《中华人民共和国个人信息保护法》的相关规定。

报告期内，发行人对获取的客户相关数据的使用方式仅限于根据客户要求使用客户提供的模型、工况等原始数据对仿真产品进行测试，将测试运行结果数据提供给客户，供客户用于与相关模型、工况的工程实验结果进行比对，以验证仿真产品运行结果精度，除此以外不会将客户提供的模型、工况等原始数据用于其他用途，不存在超出客户授权范围使用数据的情形。

针对发行人业务开展过程中获取、管理、存储和使用客户相关数据存在的数据泄露潜在法律风险，截至本问询函回复出具日，发行人已经就获取、管理、存储和使用客户相关数据行为建立了数据安全管理制度，对相关业务人员组织开展了数据安全教育培训，采取通过物理载体运输、使用与互联网物理隔绝的计算机存储使用数据、数据物理载体的销毁送交专业机构完成等技术措施保障数据安全，并对涉及国家秘密的数据严格按照相关保密要求进行管理，采取了必要的防范措施。

综上，截至本问询函回复出具日，发行人业务开展过程中获取、管理、存储和使用客户相关数据符合《中华人民共和国数据安全法》等相关规定；报告期内，发行人在业务开展过程中不存在获取、管理、存储和使用个人信息、数据的情况，因此不适用《中华人民共和国个人信息保护法》的相关规定；报告期内，发行人不存在超出授权范围使用数据的情形；截至本问询函回复出具日，发行人已针对业务开展过程中获取、管理、存储和使用客户相关数据存在的数据泄露潜在法律风险采取了必要的防范措施。

案例3

黔通智联

问询：请发行人结合《中华人民共和国个人信息保护法》《中华人民共和国数据安全法》等相关法律法规，说明在业务开展过程中相关个人或用户信息和数据安全方面的合规性。

发行人回复如下：

发行人及其子公司已就个人信息保护及数据安全建立了以下制度：《机房管理办法》《网络安全管理办法》《人员安全管理办法》《网络安全运维管理办法》《网络安全培训及教育管理办法》《信息系统账号密码管理办法》《网络安全事件应急预案》《个人信息泄露突发事件应急预案》《客户信息保护管理办法》《信息系统管理安全办法》。上述制度对个人信息的相关环节进行安全管控。

中共贵州省委网络安全和信息化委员会办公室出具专项证明，具体内容如下：

"1. 我办未收到中央网信办通报贵州黔通智联科技股份有限公司涉及个人信息保护的违法违规情况；

2. 自2018年1月起至今我办通报的网络安全事件（漏洞）中未发

现涉及贵州黔通智联科技股份有限公司的相关情况;自 2019 年 4 月起至今开展的舆论或社会动员能力新技术新应用安全评估检查工作中,未涉及贵州黔通智联科技股份有限公司有关 App 或网站。"

根据黔东南州市场监督管理局、雷山县公安局丹江派出所、中共贵州省委网络安全和信息化委员会办公室等单位出具的证明并经检索企业信息系统、公安部网站、工业和信息化部网站、国家互联网信息办公室网站、互联网信息服务投平台网站、12309 中国检察网、信用中国、中国人民银行贵阳中心支行等网站公开信息,发行人在业务开展过程中不存在因个人或用户信息保护、数据安全相关方面受到行政处罚的情况。

综上,发行人在业务开展过程中不存在因相关个人或用户信息和数据安全方面的合规问题而被处罚的情况。

第三节　劳务派遣和劳务外包合规性

一、劳务派遣和劳务外包概述

在企业的业务发展过程中，基于短期或周期性用工以及提高人员管理效率的需求，很多企业会选择采取劳务派遣、劳务外包等灵活用工形式，以满足日益多样的用工需求。这类灵活用工形式作为企业劳动人事的重要组成部分，其合规性历来都是 A 股 IPO 审核的重点关注事项。软件和信息技术服务业普遍面临招工难、渠道不畅等问题，部分企业对于技术能力要求低、可替代性强的辅助性工作，通常会采用劳务派遣或外包方式予以解决。

（一）劳务派遣

劳务派遣是指劳务派遣单位与被派遣劳动者建立劳动关系，并将劳动者派遣到用工单位，被派遣劳动者在用工单位的指挥、监督下从事劳动的用工形式。劳务派遣具有如下特征：

（1）劳动者的雇佣和使用相分离。这是劳务派遣的最本质特征。在一般劳动关系中，用人单位直接雇佣和使用劳动者，并向劳动者支付工资报酬，而在劳务派遣中，劳动者虽然与劳务派遣单位建立劳动关系，但实际使用劳动者的却是用工单位。

（2）劳务派遣中具有三个主体。由于劳务派遣中雇佣与使用劳动者的主体相分离，在劳务派遣关系中存在三个主体：劳务派遣单位、劳动者、实际用工单位。三个主体间的权利和义务由法律规定。

（3）劳务派遣关系中存在一组合同。其中一个是劳务派遣单位与被派遣劳动者之间的劳动合同，另一个是劳务派遣单位与用工单位之间的劳务派遣协议。

一般来说，劳务派遣具有灵活用工、节省企业用人成本和降低企业用工法律风险等优势。目前，软件和信息技术服务业部分企业对于技术能力要求低、可替代性强的辅助性工作，通常会采用劳务派遣方式予以解决，从而可能导致不符合《劳务派遣暂行规定》中"劳务派遣用工比例不能超过用工总量的10%"的规定。

（二）劳务外包

劳务外包是指发包方将某个相对独立的工作项目外包给专业劳务公司，由专业劳务公司依据发包方的要求，组织和直接管理劳务人员完成劳动服务且对项目成果和质量负责的劳务承包形式。

本质上，劳务外包是一种服务模式，以指定的工作成果为服务标的。在劳务外包的模式下，发包方与外包服务员工之间不存在用工关系，因此，无须承担《中华人民共和国劳动法》《中华人民共和国劳动合同法》等相关法律法规中规定的用人单位的义务。劳务外包法律关系主要受《中华人民共和国民法典》之合同编章节规范，外包服务单位为发包方提供劳务外包服务，双方依据民法典中合同编相关要求签署《生产外包合同》《业务外包合同》《业务流程外包合同》《岗位外包合同》等形式的外包服务合同，这些合同属于民法典项下合同编规范的民事承揽合同，双方按合同约定权利义务。区别于劳务派遣，劳务外包法律关系本身不受《中华人民共和国劳动合同法》《劳务派遣暂行规定》等劳动方面法律法规的监管。

（三）劳务派遣和劳务外包的区别

劳务派遣和劳务外包的区别主要体现在合同签署形式及合同标的、法律关系、资质要求、管理主体、用工风险承担、报酬的承担主体和费用的计算方式等方面，具体内容如表 6-5 所示。

表 6-5

劳务派遣与劳务外包的区别

项目	劳务派遣	劳务外包
合同签署形式及合同标的	用工单位与劳务派遣单位签署劳务派遣合同，约定派遣岗位和人员数量、派遣期限、劳动报酬和社会保险费的数额与支付方式等。	发包方与劳务外包单位签署劳务外包或者承揽合同，约定服务内容、服务方式与验收等内容。
法律关系	涉及用工单位、劳务派遣单位及劳动者三方法律关系，主要适用劳动法、劳动合同法。	发包方只与劳务外包单位之间存在合同关系，主要适用民法典之合同编章节。
资质要求	劳务派遣单位需要具备相应的劳务派遣资质——《劳务派遣经营许可证》。	劳务外包属于提供特定的服务内容，一般而言，需要根据劳务外包的具体内容确定是否需要取得相应针对该劳务外包具体事项的资质许可。但是经营范围应包含外包服务内容。
管理主体	用工单位直接对劳务派遣人员进行管理。	由发包方委托的劳务外包单位对劳动者进行管理，发包方不参与管理，发包方可依据合同对劳务外包单位提出要求和指令。
用工风险承担	用工单位承担实际用工风险，用工单位给被派遣劳动者造成损害的，劳务派遣公司与用工单位承担连带赔偿责任。	劳务外包单位承担用工风险，发包方不对劳动者承担连带赔偿责任。
报酬的承担主体	（1）由用工单位委托劳务派遣单位代收代付。 （2）应当由用工单位向劳务派遣单位按照劳务派遣协议的约定支付相应的劳务报酬。	发包方向劳务外包单位支付劳务费（服务费），劳动者的薪酬由劳务外包单位向其支付和发放。
费用的计算方式	一般按照所派遣人员的人数、工资标准来结算相应的费用，遵守同工同酬要求。	一般按照合同约定的具体工作量确定结算费用。

二、IPO 审核关注要点

根据已过会公司关于劳务派遣超比例的整改经验，将劳务派遣真实有效地转化为劳务外包是目前普遍采用的做法。但应注意的是，因不同区域对劳务外包监管政策的差异，在进行调整时需要格外关注地方劳务外包监管政策，或咨询当地劳动监管部门确认是否认可该工作模式。

此外，还应关注劳务派遣用工的合规性、劳务派遣单位是否具有相应的资质以及劳务派遣单位是否专门或主要为发行人服务、社保公积金缴纳的规范性及补缴后是否符合 IPO 发行财务条件等问题，IPO 审核具体关注要点如下。

1. 关注合法合规用工、缴纳社保情况

关注发行人及子公司的社保公积金规范程度及补缴后是否符合 IPO 发行财务条件，部分软件企业反馈问答中还关注了劳动用工合规性问题，因此在拟 IPO 软件企业报告期内，加上补缴社保公积金后，仍需符合 IPO 发行财务条件，并且在子公司劳动用工、缴纳社保公积金方面都需要合法合规。

2. 关注劳务派遣和劳务外包对业务的影响和合规性

根据《劳务派遣暂行规定》的相关要求，劳务派遣用工比例不能超过公司用工总量的 10%，从而导致拟 IPO 企业在使用劳务派遣用工时存在超比例的问题。根据劳动法及相关法律法规的规定，企业用工模式主要分为劳动合同工（正式职工）、临时工、实习生，或者通过劳务派遣、劳务外包方式在合理程度上化解用工难题。

企业 IPO 时劳动用工的审核关注重点主要为公司的人工成本和费用合理性，大量使用实习生和临时工会被质疑存在刻意规避缴纳社保和公积金的风险，同样会被测算实际缴纳后的成本对公司业绩的影响程度。

三、审计应对思路

会计师在 IPO 审计中应当充分运用以下审计程序，重点核查发行人合法合规用工、缴纳社保情况以及劳务派遣和劳务外包对业务的影响和合规性。

（1）访谈发行人人力资源部负责人，了解薪酬管理制度和工资发放、社保缴纳情况，取得不同级别人员工资总额和人数总额，分析员工社会保险费缴纳情况，并就变动情况与公司高级管理人员、人力资源部相关人员进行沟通。

（2）核对报告期每月人力资源部工资明细和财务部工资付款、社保缴纳记录，核查报告期发行人资金流水明细，确认发行人员工工资、社保等均通过发行人发放，不存在账外列支的情形。

（3）查阅同行业上市公司年度报告、薪酬总额、人数和平均工资、社保缴纳比率情况，并与发行人员工平均工资、缴费比例对比，就差异情况与发行人高级管理人员、人力资源部负责人等进行沟通。

（4）核查发行人的内控管理制度及采购管理情况。

（5）核查发行人与劳务外包公司在报告期内签署外包合同及主要合同条款，分析用工风险、用工管理主体、报酬结算方式；抽样检查劳务外包公司费用结算的支持性文件。

（6）对报告期内主要劳务供应商进行实地走访，核查劳务外包公司提供的营业执照及工商资料，取得劳务外包公司报告期内的财务报表。

（7）检查工商、税务等主管部门对劳务外包公司出具的合规证明，核查劳务外包公司是否存在于环保、税务、劳动保障等方面被行政主管部门予以行政处罚的情形。

（8）取得劳动社保主管部门出具的无违法违规证明，确认发行人不存在重大行政处罚的记录，了解律师实施的核查程序和专业意见。

四、实务案例

案例1

北京三维

问询：请发行人补充披露：发行人采购的外部技术服务是否属于劳务外包，是否符合客户合同约定要求，是否合法合规，采购外部技术服务的定价方式及合理性。

发行人回复要点如下：

发行人外采的技术服务主要为部分非核心组件模块开发、数据清洗、数据整理、技术培训、接口调试等工作。由于项目遍布全国各地，可能存在项目所在地员工人手不足、新增人员无法及时到位或者短期差旅费用较高等问题。发行人考虑客户需求的紧急程度、项目人员紧张程度、成本费用开支对比等各方面的情况，将部分上述非核心业务交由第三方完成，以缩短项目的实施周期，降低发行人人力成本。

发行人技术服务采购不属于劳务外包，主要原因如下。

（1）合同签订的约定：发行人与技术服务提供商签订的合同均为技术服务合同，而非劳务外包合同。

（2）合同签订的主体：劳务外包的劳务承包单位可以是个人，也可以是法人或其他实体，但是技术服务提供商必须是按照法律的有关规定设立的法人实体。

（3）合同的验收标准：技术服务提供商需按照指定的工作规范提供发行人要求的技术服务或在规定的时间内交付符合发行人验收标准的工

作成果，发行人对其技术服务质量进行监督管理。

（4）合同的计价模式：发行人的技术服务采购可分为两种计价模式，即人月计价和项目计价。人月计价本质上是以人员工作时间及服务质量为计价模式的技术服务采购；项目计价是以交付的工作成果为计价模式的技术服务采购，发行人对其考核以交付的任务内容质量为依据，而并非像劳务外包一样仅根据劳务承包单位完成的工作量进行结算。

（5）供应商资质：发行人技术服务提供商的经营范围一般包括"技术开发""技术服务"等，该等提供商是专业提供计算机软件技术服务的供应商，并非专门从事劳务外包的公司。由于供应商提供技术服务不需要取得国家相关部门的行政许可，所以发行人对技术服务提供商无强制资质要求。

综上所述，发行人采购的内容为技术服务，而非劳务外包。向第三方采购技术服务是软件开发企业在实施业务活动中的通行做法，属于行业惯例。根据公开信息披露资料，可比上市公司均存在向第三方进行技术服务采购的情形。技术服务采购的实质是为了优化发行人人力资源结构，满足项目交付时间的要求，将非核心模块或功能测试等工作向技术服务公司进行采购。发行人与客户签订的合同中并无对外采购技术服务的限制性条款，发行人对外采购技术服务符合与客户合同约定的要求，合法合规。

第四节　招投标合规性

一、招投标合规性概述

当前在国家大力推进信息化的进程中，众多政府部门、国有企业等采购软件的需求量较大，因此，针对该类企业的订单，软件企业招投标过程中的程序是否合法、价格是否公允、是否涉及商业贿赂、是否存在应招投标而未招投标的情形等问题成为 IPO 监管审核关注的重点。

（一）招投标流程

软件企业获取商业客户的主要方式有单一来源采购、竞争性磋商、招投标、邀请招标、询价以及商务谈判等，一般流程如下。

1. 获取项目信息及项目跟踪

营销或相关部门日常通过政府采购网、公共资源交易中心以及政府网关注项目信息，获取项目招标信息，将项目信息梳理后交由营销部门负责人。

2. 组织投标阶段

营销部门结合项目招标公告中对供应商的资格要求进行自查，对符合招标文件中对供应商的资格要求的项目提交评审。对招标文件评审后，由营销部门牵头组织咨询部、项目部、研发部、运维部等相关对口部门组织编制、把控、评审投标文件。之后，进行文件的装订、密封。同时，结合参与招标项目的内容，选派投标人员进行现场投标工作。

3. 合同评审阶段

中标后，根据该项目特点及招投标文件的具体要求，与发标单位就合同各项条款进行谈判，双方确认无误后，营销部门发起合同评审流程，合同经营销部门负责人审核、法务审核、总经理审批。

4. 合同签订阶段

合同评审通过后，由营销部门牵头与客户对接签署合同，双方合同盖章签字后，合同正式生效，根据合同约定提供相应服务。

（二）相关法律法规

法律法规规定必须通过招投标的业务有：（1）符合一定规模标准的工程建设项目，必须根据《中华人民共和国招标投标法》的规定进行招标；（2）符合一定数额标准以上的政府采购项目，根据《中华人民共和国政府采购法》应当采用公开招投标的方式，具体条款如表6-6所示。由该表可知，软件和信息技术服务业企业有较少业务属于招标投标法规定必须进行招投标的业务，更多的是由于客户性质原因，相应金额标准以上的业务依据政府采购法规定须履行相关招投标程序。

表 6-6

招投标相关法规及主要内容

序号	文件	颁布机构	内容
1	《中华人民共和国招标投标法》（2000年1月1日实施，2017年12月28日修订）	全国人民代表大会常务委员会	第三条 在中华人民共和国境内进行下列工程建设项目，包括项目的勘察、设计、施工、监理以及与工程建设有关的重要设备、材料等的采购，必须进行招标： （一）大型基础设施、公用事业等关系社会公共利益、公众安全的项目； （二）全部或者部分使用国有资金投资或者国家融资的项目； （三）使用国际组织或者外国政府贷款、援助资金的项目。

续表

序号	文件	颁布机构	内容
2	《中华人民共和国招标投标法实施条例》（2011年发布及历次修订）	国务院	第八条　国有资金占控股或者主导地位的依法必须进行招标的项目，应当公开招标。
3	《必须招标的工程项目规定》（2018年6月1日实施）	国家发展和改革委员会	第一条　为了确定必须招标的工程项目，规范招标投标活动，提高工作效率、降低企业成本、预防腐败，根据《中华人民共和国招标投标法》第三条的规定，制定本规定。 第二条　全部或者部分使用国有资金投资或者国家融资的项目包括： （一）使用预算资金200万元人民币以上，并且该资金占投资额10%以上的项目； （二）使用国有企业事业单位资金，并且该资金占控股或者主导地位的项目。 第三条　使用国际组织或者外国政府贷款、援助资金的项目包括： （一）使用世界银行、亚洲开发银行等国际组织贷款、援助资金的项目； （二）使用外国政府及其机构贷款、援助资金的项目。 第四条　不属于本规定第二条、第三条规定情形的大型基础设施、公用事业等关系社会公共利益、公众安全的项目，必须招标的具体范围由国务院发展改革部门会同国务院有关部门按照确有必要、严格限定的原则制订，报国务院批准。 第五条　本规定第二条至第四条规定范围内的项目，其勘察、设计、施工、监理以及与工程建设有关的重要设备、材料等的采购达到下列标准之一的，必须招标： （一）施工单项合同估算价在400万元人民币以上； （二）重要设备、材料等货物的采购，单项合同估算价在200万元人民币以上； （三）勘察、设计、监理等服务的采购，单项合同估算价在100万元人民币以上。 同一项目中可以合并进行的勘察、设计、施工、监理以及与工程建设有关的重要设备、材料等的采购，合同估算价合计达到前款规定标准的，必须招标。

续表

序号	文件	颁布机构	内容
4	《必须招标的基础设施和公用事业项目范围规定》（2018年6月6日实施）	国家发展和改革委员会	第一条 为明确必须招标的大型基础设施和公用事业项目范围，根据《中华人民共和国招标投标法》和《必须招标的工程项目规定》，制定本规定。 第二条 不属于《必须招标的工程项目规定》第二条、第三条规定情形的大型基础设施、公用事业等关系社会公共利益、公众安全的项目，必须招标的具体范围包括： （一）煤炭、石油、天然气、电力、新能源等能源基础设施项目； （二）铁路、公路、管道、水运，以及公共航空和A1级通用机场等交通运输基础设施项目； （三）电信枢纽、通信信息网络等通信基础设施项目； （四）防洪、灌溉、排涝、引（供）水等水利基础设施项目； （五）城市轨道交通等城建项目。
5	《工程建设项目施工招标投标办法》（2003年5月1日实施，2013年5月1日修订）	国家发展计划委员会	第三条 工程建设项目符合《工程建设项目招标范围和规模标准规定》（国家计委令第3号）规定的范围和标准的，必须通过招标选择施工单位。
6	《中华人民共和国政府采购法》（2002年发布及历次修订）	全国人民代表大会常务委员会	第二条 在中华人民共和国境内进行的政府采购适用本法。本法所称政府采购，是指各级国家机关、事业单位和团体组织，使用财政性资金采购依法制定的集中采购目录以内的或者采购限额标准以上的货物、工程和服务的行为。 第二十六条 政府采购采用以下方式： （一）公开招标； （二）邀请招标； （三）竞争性谈判； （四）单一来源采购； （五）询价； （六）国务院政府采购监督管理部门认定的其他采购方式。 公开招标应作为政府采购的主要采购方式。 第二十七条 采购人采购货物或者服务应当采用公开招标方式的，其具体数额标准，属于中央预算的政府采购项目，由国务院规定；属于地方预算的政府采购项目，由省、自治区、直辖市人民政府规定；因特殊情况需要采用公开招标以外的采购方式的，应当在采购活动开始前获得设区的市、自治州以上人民政府采购监督管理部门的批准。

二、IPO 审核关注要点

招投标合规性方面，在 IPO 审核过程中需重点关注发行人为获取订单或项目履行的招投标程序是否合法合规，具体内容如下：

（1）报告期内招投标、非招投标模式下各自的收入金额及占比，与同行业可比公司是否存在差异及合理性，与各期投标费用是否匹配；

（2）非招投标方式所获订单或项目的具体情况、获取订单的具体方式、未履行招投标程序的原因及合规性；

（3）报告期内公司主要订单获取是否符合招投标相关规定、主要客户采购要求等；

（4）应当履行招投标程序而未履行的项目收入及占比、执行情况、订单的有效性及合规性、未履行招投标程序的原因及合理性、是否存在被处罚的风险、是否存在纠纷或潜在纠纷以及对公司经营的影响；

（5）报告期内公司中标率情况及变动趋势，与为主要客户提供相同或类似服务的主要竞争对手相比中标率是否存在差异及合理性，订单获取过程中是否存在商业贿赂、回扣、不正当竞争等违法违规情形。

三、审计应对思路

会计师在 IPO 审计中应当充分运用以下审计程序，重点核查发行人为获取订单或项目进行的招投标程序是否合法合规。

（1）获取并查阅报告期内的重大销售合同、投标书、中标通知书等招投标书面材料，以及项目合同、项目实施过程等相关文件，分析报告期内开工时间早于合同签订时间的具体情况及原因；与报告期内的销售明细表进行比对，统计发行人以招投标模式及商务洽谈模式获取订单的情况。

（2）查阅同行业可比公司、竞争对手以及行业类型、产品类型相似或相近的上市公司/拟上市公司的招股说明书、问询函回复等公开信息，了解其客户结构及招投标与商务谈判占比情况。

（3）访谈发行人管理层，了解所处行业及同行业竞争对手关于订单获取方式普遍执行的行业惯例、业务获取方式，招投标和商务谈判模式的项目在规模、定价方式、毛利率等方面的差异情况。

（4）获取收入成本明细表，分析各项目的毛利率情况；获取招投标和商务谈判的客户清单、销售明细表、项目毛利率，分析不同获客模式毛利率存在差异的合理性。

（5）查阅《中华人民共和国招标投标法》《中华人民共和国招标投标法实施条例》《必须招标的工程项目规定》《必须招标的基础设施和公用事业项目范围规定》以及相关规章及规范性文件中有关依法必须招投标的项目范围，并结合发行人获取项目情况分析是否存在应履行招投标程序而未履行的情形。

（6）查询国家企业信用信息公示系统、中国裁判文书网等官方网站，核查发行人是否存在因招投标相关问题而导致的纠纷、诉讼、合同无效或被撤销，以及受到主管部门行政处罚、刑事处罚等情形。

四、实务案例

案例1

易诚互动

问询：关于订单获取方式，请发行人分类说明报告期内不同订单获取方式的销售收入金额及占比情况；发行人及其子公司是否符合招投标及主要客户采购等相关规定，是否存在应履行招投标程序而未履行的情形，如是，说明签署订单所涉项目具体名称、金额及占比、执行情况；发行人及其子公司是否存在商业贿赂、不正当竞争、违反招投标规定被行政处罚、被客户限制或暂停投标资格的情形。

发行人回复要点如下：

报告期内，发行人通过招投标方式取得的销售收入分别为 14 110.03 万元、24 642.35 万元和 29 218.41 万元，占营业收入的比例分别为 26.78%、39.23% 和 46.85%。

发行人主营业务为向以银行为主的金融机构提供包括软件设计、开发、测试、运行维护等一体化 IT 解决方案，不属于前述招标投标法及其实施条例规定的必须进行招投标的事项范围。发行人为客户提供包括软件定制开发、人月定量开发、维保、系统集成销售，属于《国有金融企业集中采购管理暂行规定》中分类的"购买服务项目"和"技术复杂或者性质特殊，不能确定详细规格或者具体要求的项目"，是可以采取非招投标采购方式的业务。

综上所述，报告期内，发行人及其子公司符合招投标及主要客户采购等相关规定，不存在应履行招投标程序而未履行的情形。

案例 2

长光卫星

问询：关于销售情况和主要客户，请发行人说明主要客户的获取方式及合规性，是否存在应当履行招投标而未履行的情况，如存在，说明具体合同金额及执行情况，是否存在合同被撤销或行政处罚的风险。

发行人回复要点如下：

发行人主要客户为我国央企及其下属单位、政府机构及事业单位、高等院校及科研院所、军方单位等。发行人合作的主要方式为招投标、商务谈判方式。

（1）发行人未从事《中华人民共和国招标投标法》规定的应招投标类业务。

发行人报告期内未从事传统工程建设项目，公司业务不属于《中华人民共和国招标投标法》规定的强制性招投标类业务的情形。

（2）政府机构及事业单位、高等院校及科研院所等客户的业务开展形式。

此类客户主要依照《中华人民共和国政府采购法》（2014年修正）（以下简称《政府采购法》）的相关规定采购相关产品或服务。

（3）发行人其他客户（如我国央企及其下属单位、军方单位等客户）的业务开展形式。

央企集团下属单位开展采购的主要情形如表6-7所示。

表 6-7
央企集团下属单位开展采购的情形

经费来源	常规采购方式	特殊情形采购方式	法律依据
财政批复资金（超过采购限额标准）	采用公开招标方式	采用邀请招标、竞争性谈判、单一来源采购等方式	《政府采购法》
财政批复资金（未超过采购限额标准）	不需要履行招投标		《政府采购法》
自筹经费	根据其内部制度决定采购方式		不适用，适用其内部规定
军方批复资金	由军方批复决定		不适用《政府采购法》

（4）上述客户之外的其他客户的业务开展形式。

发行人业务获取及拓展方式包括参加招投标（公开招标、邀请招标）和商务谈判（竞争性谈判、询价比价、单一来源等非招投标方式），但发行人在具体业务获取及拓展方式上不具有主导地位，无法决定业务获取方式，采购方有权根据《政府采购法》等相关规定以及经费来源、采购金额、项目实际需要等需求，确定是否采用公开招标或者商务谈判等方式。

经核查，按照前述不同客户类型的相关规定和业务开展形式，报告期各期，发行人的业务承接中，客户认为须履行招投标程序的，均履行了招投标程序。

第五节 未签合同先行实施项目

未招投标或未签署合同而先行根据客户要求提供产品或服务的情况在软件和信息技术服务业企业，尤其是系统集成类业务中时有发生。由于部分客户对项目建设周期的要求较紧，且内部审批流程相对较长，公司通常应客户要求可能会进行先期投入；或者为避免项目延期风险，公司会在充分评判项目风险及项目重要性等商业因素后，启动项目的前期投入，在客户内部审批流程完成后及时签署合同，并将已完成的前期工作包含在合同服务范围内，继续履行剩余合同义务。因此，未签合同先行实施项目的原因及合理性，以及发行人是否可以保障该类项目执行的规范性，成为 IPO 监管审核关注的重点问题。

一、IPO 审核关注要点

从发行人具体的会计处理角度来说，这种未签合同先行实施项目的情况，一般会分为两种情形来处理：（1）根据中标说明书、客户的约定书、商业沟通资料等证据，证明后续签署合同确定性非常大的情况下，项目实施的支出直接计入存货，等后续符合收入确认的情况下直接结转成本；（2）如果根据相关资料，不能非常确定后续可以签订合同，相关支出直接计入费用。IPO 审核时应当重点关注发行人是否出现未签合同先行实施项目的情形以及会计处理方法，具体关注要点如下：

（1）未签合同先行实施项目的原因及合理性，是否为行业惯例。

（2）先实施后签订合同对应的收入情况，合同签订相关内控是否完善。

（3）项目实施成本中已签合同和未签合同对应的金额及占比；存货中项目实施成本的成本归集和分配流程，是否包含与合同项目无关的支出；是否存在未按照合同约定时间开展工作、未按照合同约定时点进行验收或未按照合同约定时点收到相关款项等可能导致项目实施成本发生减值的情形。

（4）结合销售费用情况，关注是否存在商业贿赂、相关内控制度是否健全并得到有效执行。

（5）关注研发费用与营业成本列报的合理性，未签订合同的情况下，注意区分是先有产品后有客户需求，还是先有客户需求后有产品。

二、审计应对思路

会计师在 IPO 审计中应当执行以下审计程序，重点核查发行人是否出现未签合同先行实施项目的情形，并结合中标通知书、甲方出具的确认文件及与客户商务沟通文件等资料判断相应的会计处理是否谨慎、合规。

（1）了解并评价发行人销售相关内部控制流程设计以及运行情况，并对销售与收款业务流程执行穿行测试，以及针对销售流程相关的关键内部控制点执行测试。

（2）获取发行人报告期各期末未签订合同先进场实施、已实施完工但未签订合同项目明细表，复核订单数量、主要客户、存货余额与期后结转成本等信息；核实报告期内未签订合同先实施项目最终合同签订情况、项目实施情况和收入确认情况，对于报告期内及期后已经签订了合同的，获取最终签订的合同，核对订单金额，对于报告期及期后仍未签署合同的，获取经对方盖章确认的项目证明文件。

（3）结合收入穿行测试，分析内控制度的有效性；访谈发行人财务总监，了解其会计处理情况，分析发行人对未签订合同先进场实施项目的会计处理是否符合企业会计准则的规定。

（4）对发行人管理层、销售人员及项目部门负责人进行访谈，了解已完工但未签订合同项目的情况及未签订合同的原因，核实最终合同签订情况；获取已实施完工但未签订合同项目的《项目完工报告》，核实项目实施情况。

（5）获取发行人已实施完工但未签订合同项目的《提前启动申请表》，检查是否有对方客户的签字、盖章确认；检查期后的招投标及签订合同情况，结合提前启动审批单或招投标、签约合同中的预计合同金额分析是否存在存货跌价风险。

三、实务案例

案例1

大汉软件

问询：关于营业收入，请补充说明各期末已实施完成但未签订合同的项目情况，期后签订合同和确认收入的时点；截至2022年第三季度，已实施完成但未签订合同的项目具体情况，合同签订是否存在障碍，相关存货是否已足额计提跌价准备。

发行人回复要点如下：

公司的主要客户类型为国家政府机关，基于部分项目实施的时间紧迫性等原因，内部采购审批流程相对较长，客户要求先行启动部分项目工作为行业惯例。报告期内公司主要业务项目中，2023年6月末有2个已实施完成但未签订合同的项目，2022年末有2个已实施完成但未签订合同的项目，2021年末有1个已实施完成但未签订合同的项目，2020

年末有4个已实施完成但未签订合同的项目,主要原因是自2020年初以来地方政府财政预算审批速度有所放缓,公司部分项目合同签订滞后。报告期各期末公司已实施完成但未签订合同的主要项目情况已列表。

公司已实施完成但仍未签订合同的项目数量较少,存货余额占存货总额的比例较小。公司已完工但未签约的项目通常在一年以内会签订合同,合同金额通常会高于项目已发生成本,未发生亏损合同。

已实施完成但未签订合同的项目,合同签订不存在障碍,已实施完成但未签订合同已充分考虑了减值风险,不存在减值。

案例2

易诚互动

问询:关于营业收入,请说明报告期内尚未签署合约即开工的项目情况、收入确认金额,是否存在验收时仍未签订合同的情形,如是,列示相关合同情况并说明相关会计处理情况。

发行人回复要点如下:

报告期内,公司主要客户为各类银行,部分银行IT系统上线时间要求较为紧迫,而银行客户内部流程审批较为严格,签约流程时间相对较长。为满足客户对于开发成果按时上线运行的需求,在充分评判项目风险、项目重要性等情况下,公司在尚未签署合约的情况下启动项目先行投入,致使合同签订时间晚于开工时间。因项目在实施过程中具有一定的实施周期,实施项目过程中公司亦会督促客户尽早完成合约的签署。

报告期各期,公司尚未签署合约即开工的情况及对应各期收入确认的情况已列表。通过查阅公开披露资料，同行业已上市公司均存在部分项目开工时尚未签署合约的情况，属于行业普遍特征。

报告期内公司于客户验收时尚未签署合约的情况仅存在于2020年度，合计金额为37.85万元，公司2020年度营业收入为52 694.94万元，相关情况占公司2020年度收入的比例较低。发生上述情况主要由于银行客户内部流程审批较为严格，签约流程时间相对较长，个别情况下存在项目验收时仍未能签署相关合同的情形。公司在取得客户出具的确认文件以及签署相关合同后确认收入，符合企业会计准则的相关规定，收入确认不存在跨期。

第六章 行业技术与合规性审核要点及应对

第六节 信息系统

信息化高度发展的今天，信息系统的应用已经渗透到企业生产经营的各个环节，在企业日常经营与发展中发挥着不可或缺的作用。近年来，大数据、人工智能等新一代技术的商业应用亦不断加深，促使传统行业实现科技升级、转型变革；同时，依托新一代技术和互联网发展的电子商务、移动广告、视频直播、共享服务、金融科技等新兴产业层出不穷，业务模式越发复杂。其中，软件和信息技术服务业企业的信息化程度较高，其软件产品、技术服务的销售、客户、服务或其他营业数据的信息化程度也较高。信息系统环境是否安全、稳定，相关制度和内控是否健全，以及财务数据的准确性、完整性均依赖于信息系统。因此，软件和信息技术服务业要求更高的IT治理和控制，监管机构对软件企业IPO申请的审核也日趋严格。

如表6-8所示，自2017年起，证监会采用通过反馈意见函逐次问询方式向互联网类发行人提出信息系统专项核查要求，6年间，监管机构和行业协会的要求不断升级，2023年2月17日，证监会发布了《监管规则适用指引——发行类第5号》第5-13条和第5-14条，对信息系统专项核查提出新要求。不难发现，政策要求不断升级，信息系统核查重要程度持续得到关注。在上市过程中，信息系统核查所关注的不仅仅是系统本身，更是围绕着信息系统建立的内控体系，以及财务数据背后的业务数据、运营数据等能否支撑公司健康发展。

表 6-8

"信息系统专项核查"的发展历程回顾

发展历程	具体情况
2017 年"一事一议"	自 2017 年起，证监会对于互联网企业的信息系统专项核查已表现出极大关注，在审核期间往往通过"反馈意见函"的方式要求保荐机构和申报会计师利用数据分析手段开展信息系统专项核查工作，核查发行人的运营数据和财务数据是否真实、准确和完整，并明确发表审核意见。
2020 年"首发 53 问"	2020 年 6 月，证监会发布的《首发业务若干问题解答》第 53 问阐明需要进行信息系统专项核查的三类企业类型，包括通过互联网直接和间接开展业务的企业以及高度依赖于信息系统企业，提出信息系统专项核查工作要求，并正式将信息系统专项核查纳入保荐机构和申报会计师的任务清单。
2022 年专业核查	2022 年 6 月，中国证券业协会发布《证券业务示范实践第 3 号——保荐人尽职调查》，结合监管规定和行业通行的操作实践，进一步明确和细化了保荐人尽职调查的方法，对于信息系统专项核查的核查步骤和关注内容提出了专业指导和要求，同时，分行业提出信息系统专项核查需关注重点，涵盖互联网、消费类和医药类行业。
2023 年监管 13/14 条	2023 年 2 月 17 日，为适应全面实行注册制改革，增强审核工作透明度，统一审核理念和执行尺度，提高首发企业信息披露质量，证监会发布了与全面实行股票发行注册制相配套的业务规则、指引及指南。其中，《监管规则适用指引——发行类第 5 号》第 5-13 条和第 5-14 条，是监管机构对信息系统专项核查的新要求，在"首发 53 问"的基础上，进一步阐明"经营活动高度依赖信息系统"的发行人适用范围、更高的核查质量要求、更突出的核查重点以及更严谨的核查报告内容。

监管政策的升级远未到终点，或许还仅仅是个开端，包括适用的行业范围、核查的标准以及关注点等都将会持续迭代扩围。证监会信息系统核查要求的出台，明确了需要开展专项核查的企业类型，强调了企业必须配合的事项以及核查机构的责任，对于特定企业信息披露真实性予以充分重视，旨在于首发申请过程中有效识别企业内部虚假或异常的经营数据，确保拟上市企业，特别是互联网企业或高度依赖信息系统的企业的收入和用户的真实性，促进企业信息披露质量提升，进一步提高资本市场服务实体经济的能力。企业需要以发展的眼光审视自身的业务拓展，提前开展信息系统内控摸底排查或质量检查，确保业务、财务、运营数据的真实性、准确性、完整性、合理性，

避免因重要数据缺失等信息系统内控相关问题影响上市进程。

一、IPO 审核关注要点

对信息系统事项进行 IPO 审核,一般情况下应重点关注企业信息系统建设的合法合规性、内部控制的有效性、信息系统的安全性、业务流程的合理有效性、信息系统运行的经济性等内容。部分业务类型的软件企业 IPO 审核的关注要点存在一定的差异。

1. 通过互联网开展业务的企业

部分发行人,如电商、互联网信息服务、互联网营销企业等,其业务主要通过互联网开展。一般包括直接向用户收取费用的企业,如互联网线上销售、互联网信息服务、互联网游戏等,以及用户消费占整体收入比较低,主要通过展示或用户点击转化收入的企业,如用户点击广告后向广告主或广告代理商收取费用的企业。

(1) 直接向用户收取费用类企业 IPO 审核关注要点如下:

①经营数据的完整性和准确性,是否存在被篡改的风险,与财务数据是否一致;

②用户真实性与变动合理性,包括新增用户的地域分布与数量、留存用户的数量、活跃用户数量、月活用户数量、单次访问时长与访问时间段等,系统数据与第三方统计平台数据是否一致;

③用户行为核查,包括但不限于登录 IP 或 MAC 地址信息、充值与消费的情况、重点产品消费或销售情况、僵尸用户情况等,用户充值、消耗或消费的时间分布是否合理,重点用户充值或消费是否合理;

④系统收款或交易金额与第三方支付渠道交易金额是否一致,是否存在

自充值或刷单情况；

⑤平均用户收入、平均付费用户收入等数值的变动趋势是否合理；

⑥业务系统记录与计算虚拟钱包（如有）的充值、消费数据是否准确；

⑦互联网数据中心（IDC）或带宽费用的核查情况，与访问量是否匹配；

⑧获客成本、获客渠道是否合理，变动是否存在异常。

（2）用户消费占整体收入比较低，主要通过展示或用户点击转化收入类企业 IPO 审核关注要点如下：

①经营数据的完整性和准确性，是否存在被篡改的风险，与财务数据是否一致；

②不同平台用户占比是否符合商业逻辑与产品定位；

③推广投入效果情况，获客成本是否合理；

④用户行为真实性核查，应用软件的下载或激活的用户数量、新增和活跃的用户是否真实，是否存在购买虚假用户流量或虚构流量的情况；

⑤广告投放的真实性，是否存在与广告商串通进行虚假交易的情况；

⑥用户的广告浏览行为是否存在明显异常。

2. 通过互联网间接开展业务的企业

通过互联网间接开展业务是指主要经营活动并非直接通过互联网开展，但客户主要通过互联网销售发行人产品或服务。发行人该类业务营业收入占比或毛利占比超过 30% 的，IPO 审核应重点关注如下内容：

（1）该类客户向发行人传输交易信息、相关数据的方式、内容；

（2）该等数据与发行人销售、物流等数据是否存在差异；

（3）互联网终端客户情况（如消费者数量、集中度、地域分布、消费频率、单次消费金额分布等）是否存在异常。

3.日常经营活动高度依赖信息系统的企业

发行人日常经营活动高度依赖信息系统的，如业务运营、终端销售环节通过信息系统线上管理，相关业务运营数据由信息系统记录并存储，且发行人相关业务营业收入或成本占比、毛利占比或相关费用占期间费用的比例超过30%的，IPO审核应重点关注以下内容：

（1）IT系统控制。包括但不限于系统开发、访问逻辑、权限管理、系统运维、数据安全、数据备份等流程控制情况；重点关注是否存在过度授权，是否存在录入信息系统应用层数据或篡改信息系统后台数据库等数据造假舞弊的风险，是否发生过导致数据异常的重大事件；结合发现的缺陷，判断是否对信息系统存储数据的真实性、准确性及完整性产生影响，是否存在补偿性控制，并明确其性质是否属于重大缺陷以及对内部控制有效性的影响程度。

（2）基础数据质量审核。包括但不限于基础运营数据及财务数据在系统中记录和保存的准确性、完整性；基础数据直接生成或加工生成的主要披露数据的真实性、准确性及完整性；重点关注是否存在数据缺失、指标口径错误导致披露数据失实等事项。

（3）业务财务数据一致性。包括但不限于经营数据与核算数据、资金流水等财务数据的一致性或匹配性；重点关注财务核算数据与经营数据不一致、资金流水与订单金额不匹配等事项。

（4）多指标分析性复核。深入分析关键业务指标和财务指标的变化趋势及匹配性，通过多指标分析性复核找出"异常"趋势和交易；分析贯穿整个业务链条的关键业务及财务指标数据趋势，指标数据应至少以"月"为时间维度进行统计和分析，对个别关键指标数据应按"天"分析；重点关注关键业务指标和财务指标的变化趋势及匹配性，排查是否存在背离发行人业务发展、行业惯例或违反商业逻辑的异常情形，相关审核包括但不限于用户变动合理性、用户行为分布合理性、获客渠道等。

（5）反舞弊场景分析。应针对行业情况设计舞弊场景进行验证测试；基于业务流程可能出现舞弊造假环节的场景进行验证测试，分析核查期间用户行为及订单表现，形成异常数据临界值，识别脱离临界值的异常用户或异常订单并进行深入排查，包括但不限于用户真实性、收入分布合理性、获客成本变动合理性等。

（6）疑似异常数据跟进。包括但不限于排查有聚集性表现的疑似异常数据，除业务逻辑相互印证外，还应执行明细数据分析或实质性走访验证；对确实无法合理解释的异常情况，应分析对收入真实性的影响并发表明确意见。

二、审计应对思路

通常情况下，根据信息系统的测试内容不同，IPO审计采用不同的测试方法，包括现场访谈、观察、文档查阅及系统查询、重新执行、分析程序等。其中，对某一个控制点的测试可能需要结合各种不同的测试方法。具体审计程序如下：

（1）现场与发行人相关人员进行面对面交流，了解信息科技相关检查领域的管理流程、风险及控制现状。

（2）观察发行人控制的执行情况。

（3）查阅发行人信息科技管理相关的制度、流程、管理策略等文档，验证相关检查领域控制的设计有效性。检查信息科技管理机制下相关领域和管理流程的审批记录、审阅记录、测试记录、配置信息等，测试相关控制的执行有效性。现场查看并抽取系统账号、权限、参数、日志等，测试相关控制的执行有效性。

（4）重新执行程序，验证不同情况下经营数据形成的合理性。

（5）对业务数据进行分析，调查异常变动以及重要比率或趋势与相关信息的差异，以发现存在的不合理因素。

（6）针对业财数据分析结果，执行进一步的审计和核查程序，包括查看相关销售合同、物流单据、发票等。

此外，根据《监管规则适用指引——发行类第5号》规定，如企业的业务主要通过互联网开展，报告期任意一期通过互联网取得的营业收入占比或毛利占比超过30%，原则上会计师应对该类企业通过互联网开展业务的信息系统可靠性分别进行专项核查并发表明确的核查意见。如因核查范围受限、历史数据丢失、信息系统缺陷、涉及商业秘密等原因，导致无法获取全部或部分运营数据，无法进行充分核查的，会计师应考虑该等情况是否存在异常并就信息系统可靠性审慎发表核查意见，同时，对该等事项是否构成本次发行上市的实质性障碍发表核查意见。如发行人属于上述第三种日常经营活动高度依赖信息系统的企业类型，原则上会计师应对开展相关业务的信息系统可靠性进行专项核查并发表明确的核查意见。会计师应结合发行人的业务运营特点、信息系统支撑业务开展程度、用户数量及交易量级等进行判断。如会计师结合对发行人业务运营、信息系统以及数据体量的了解，认为存在覆盖范围等方面局限的，应考虑引入信息系统专项核查工作。

会计师执行信息系统专项核查，应以风险防控为导向，结合发行人业务模式、盈利模式、系统架构、数据流转等情况，充分考虑舞弊行为出现的可能性，识别业务流程中可能存在的数据造假风险点，合理设计核查方案，运用大数据分析和内部控制测试等手段逐一排查风险点，全面验证发行人信息系统中业务和财务数据的完整性、准确性、一致性、真实性和合理性。

三、实务案例

案例

汉仪股份

问询:安永咨询已对发行人进行了 IT 核查,并出具信息系统核查报告。请发行人:说明对安永咨询出具的信息系统专项核查报告的复核情况,申报会计师以及安永咨询出具的信息系统核查报告的核查程序、核查方法、核查结论是否存在差异,相关异常标准选定的合理性及准确性,对存在异常的情形是否履行了必要的关注,相关结论的准确性,对上述报告中发行人提供的说明或者解释是否进行复核及分析。

发行人回复如下:

1.对安永咨询出具的信息系统专项核查报告的复核情况

(1)对 IT 审计机构的核查背景及目标进行了解,对照发行人业务实际情况、信息系统及数据归属权、发行人权限、对财务核算和财务报告的影响程度进行分析;

(2)取得 IT 审计机构出具的信息系统专项核查报告(以下简称 IT 核查报告),对该 IT 核查报告进行查阅,了解 IT 审计机构的核查范围、涉及的信息系统及核查方法;

(3)检查 IT 审计机构的核查工作是否符合《首发业务若干问题解答》问题 53 的相关规定;

(4)取得并复核 IT 审计机构按照《首发业务若干问题解答》问题 53 的要求进行的数据分析工作的工作底稿;

(5)取得并复核 IT 审计机构对自充值记录进行定位和对自充值 ID

的全部消费进行反推的工作底稿。

2. 申报会计师以及安永咨询出具的信息系统核查报告的核查程序、核查方法、核查结论是否存在差异

根据《首发业务若干问题解答》中的问题 53 及其回复,发行人的互联网平台授权业务属于"发行人主要经营活动并非直接通过互联网开展,但其客户主要通过互联网销售发行人产品或服务"这一情形。

IT 审计机构与会计师均按照《首发业务若干问题解答》问题 53 的要求对发行人的信息系统进行了核查,双方的核查程序、核查方法对比如表 6-9 所示。

表 6-9

IT 审计机构与会计师的核查程序、核查方法对比

《首发业务若干问题解答》问题 53 中要求核查事项	IT 审计机构是否核查	会计师是否核查
1. 保荐机构和申报会计师应核查该类客户向发行人传输交易信息、相关数据的方式、内容,并以可靠方式从发行人获取该等数据,核查该等数据与发行人销售、物流等数据是否存在差异	是	是
2. 互联网终端客户情况(如消费者数量、集中度、地域分布、消费频率、单次消费金额分布等)是否存在异常	是	是

说明:由于发行人销售的是虚拟物品,因此不涉及与物流单据的核对。

IT 审计机构和申报会计师的核查范围均为自有业务和腾讯、华为、OPPO、VIVO 四个互联网授权业务平台;核查期间均涵盖整个报告期。

除按照《首发业务若干问题解答》问题 53 的要求进行核查外,IT 审计机构还进行了以下补充核查程序:

(1)根据自充值明细在底层数据中对自充值记录和自充值 ID 进行定位;

(2)对自充值 ID 的全部消费进行反推,并将反推结果与发行人提供的自充值金额进行对比;

（3）对剔除刷单定位结果后的底层数据进行进一步分析。

IT审计机构与会计师出具的IT核查报告中对底层数据的分析结果不存在重大差异。

3.相关异常标准选定的合理性及准确性

通过查阅IT审计机构与会计师出具的IT核查报告，结合发行人业务的实际情况、行业情况及生活常识进行判断，双方对异常标准的选定与发行人的业务情况相匹配且具有合理性。例如，在互联网平台授权业务的用户消费频率分析中，IT审计机构将年消费11次及以上的用户列为高频消费（异常）用户，会计师将年消费24次以上的用户列为异常用户，虽然双方对高频消费（异常）用户的具体标准不同，但均符合发行人的业务特点且高频消费（异常）用户的消费金额和消费占比差异较小。

4.对存在异常的情形是否履行了必要的关注，相关结论的准确性，对上述报告中发行人提供的说明或者解释是否进行复核及分析

对IT核查报告中提到的异常事项和发行人的说明，中介机构对该等事项的说明进行了分析性复核，检查了对应的支撑性资料，核实了说明的真实性、合理性，以及支撑依据的充分性。

附 录

软件和信息技术服务业 IPO 问询问题情况表

序号	问题类别	次数小计	问询问题	次数	问题关注要点
1	财务会计处理与分析	5 093	会计政策及估计变更情况	64	会计政策、估计变更情况
			会计政策和会计处理	847	会计政策、处理规范性
			利润分配及公积金转增股本	112	利润分配及公积金转增股本
			追溯调整及差错更正	153	追溯调整及差错更正
			合并报表范围	43	实际控制人、子公司
			同一控制下的企业合并	29	资产重组、收购
			财务报表项目变动幅度较大	53	财务报表项目变动幅度较大
			财务报表钩稽关系	181	财务报表钩稽关系
			摊薄即期回报相关	1	关于重大事项提示及风险因素、填补措施、未做量化分析
			股份支付	284	股份支付、股权激励
			收入确认	1 165	收入确认方法、政策
			成本核算	433	成本相关核算
			资产减值	823	存货跌价准备，固定资产、无形资产、长期股权投资、商誉计提减值准备，坏账准备，其他减值准备计提情况
			未弥补亏损	34	累计未弥补亏损、整体变更

289

续表

序号	问题类别	次数小计	问询问题	次数	问题关注要点
1	财务会计处理与分析	5 093	在建工程结转情况	21	在建工程、固定资产、非流动资产
			费用资本化	60	研发费用资本化、利息费用资本化、其他费用资本化
			转贷	29	财务内控有效性、转贷、票据融资、银行借款受托支付、非经营性资金往来、关联方或第三方代收货款
			第三方代收货款	8	转贷、票据融资、银行借款受托支付、非经营性资金往来、关联方或第三方代收货款
			票据融资相关	28	票据融资相关
			资金拆借	20	资金拆借
			应收款逾期	248	应收款逾期
			资金流水核查	385	资金流水核查
			其他应关注的财务或会计问题	72	日后财务信息及经营状况
2	资产负债表相关	2 612	货币资金	72	货币资金情况
			应收款项	714	其他应收款、应收利息、应收账款、应收票据
			预付款项	119	预付款项
			存货	421	存货相关问题
			可供出售金融资产	9	非流动资产、可供出售金额资产
			长期股权投资	35	长期股权投资、参股公司、子公司、商誉
			投资性房地产	18	投资性房地产、固定资产、无形资产、开发支出
			在建工程	33	固定资产及在建工程、非流动资产
			无形资产	125	无形资产、商誉、研发资本化

续表

序号	问题类别	次数小计	问询问题	次数	问题关注要点
2	资产负债表相关	2 612	商誉	52	无形资产及商誉
			长期待摊费用	20	长期待摊费用、非流动资产、其他流动资产
			递延所得税资产	24	递延所得税资产、其他财务问题
			递延所得税负债	2	说明各期递延所得税形成原因、计算过程及后续结转情况
			借款	154	股东借款，关联交易，短期借款、长期借款
			应付款项	184	应付款项、应付账款、应付职工薪酬、其他应付款、应付票据
			预收款项	162	预收款项、合同负债
			预计负债	79	诉讼事项
			递延收益	20	递延收益及政府补助情况
			固定资产	172	房屋建筑物、运输设备、专用设备、一般办公设备、机器设备、其他固定资产
			交易性金融资产	27	交易性金融资产和其他流动资产
			其他流动资产	16	其他流动资产
			合同负债	60	预收款项及合同负债
			其他资产负债表相关	94	其他资产负债表相关
3	损益情况	3 634	营业收入	1 410	经销模式、产品和市场竞争力、主要客户
			营业成本	703	营业成本、毛利率、存货、采购和供应商
			投资收益	47	投资收益情况
			汇兑损益	10	境外销售、海外收入、期间费用

续表

序号	问题类别	次数小计	问询问题	次数	问题关注要点
3	损益情况	3 634	公允价值变动损益	28	股份支付、股权激励、交易性金融资产、货币资金
			营业外收入	9	政府补助、税收优惠
			营业外支出	27	诉讼与赔偿、滞纳金、税收合规性、财务规范性
			净利润	295	净利润及业绩变动
			非经常性损益	43	非经常性损益
			扣除非经常性损益后的净利润	55	期后业绩、经营业绩及成长性
			期间费用	715	销售费用、财务费用、研发费用、管理费用、其他期间费用
			税费	206	所得税、增值税、营业税金、其他税费相关
			其他利润表相关	86	其他利润表相关
4	现金流量表相关	276	经营活动现金流	212	经营活动项目与相关科目匹配
			筹资活动现金流	23	银行借款、关联方借款、合同承诺债务、或有负债等筹资活动
			投资活动现金流	33	投资活动现金流
			其他现金流量表相关	8	现金流量表信息与其他披露存在钩稽差异
5	主要财务指标分析	1 387	偿债能力	61	偿债能力
			成长能力	33	业务结构、业绩收入波动、成本变动、持续经营、信用政策、应收账款及增长率
			盈利能力	1 162	资产收益率、毛利率、利润率、其他盈利能力指标
			营运能力	131	存货周转率、其他营运能力指标、固定资产周转率、应收账款周转率

续表

序号	问题类别	次数小计	问询问题	次数	问题关注要点
5	主要财务指标分析	1 387	其他财务指标分析	0	细分行业、可比公司财务指标对比及合理性,理财产品资金来源及投资收益
6	业务与技术	12 045	公司发展战略及经营计划	162	战略、市场定位
			主要经营业务情况	566	主营业务、客户、模式
			主营业务变化	43	主营业务变化及合理性
			持续经营	1 388	持续盈利能力、持续经营能力、业绩下滑、业绩情况、业绩预测
			核心竞争力	748	核心技术及竞争、技术先进性
			经营资质	359	生产经营合法合规性
			生产业务相关情况	409	劳务外包、外协加工、委托加工相关、生产设备及工艺、产能情况、产销率、厂房情况、业务外包、其他生产业务相关情况
			销售	1 091	销售结算方式、直销模式、代理模式、经销模式、线上销售、销售分区域、境外销售、销售模式、退换货及售后情况、销售合同情况、其他销售业务相关
			采购	983	采购业务相关,原材料采购相关,采购的必要性、合理性,采购价格及公允性
			公司产品及服务	1 143	产品/服务价格及定价政策、主要产品及服务、产品及服务质量、其他公司产品及服务相关
			租赁	183	租赁相关
			招投标情况	394	招投标情况

续表

序号	问题类别	次数小计	问询问题	次数	问题关注要点
6	业务与技术	12 045	安全生产相关	20	安全生产、劳动、劳务用工合法合规、经营资质
			技术和研发	784	核心技术来源、非专利技术、研发投入、合作研发相关、技术情况、其他技术和研发相关、研发项目及进展
			资产权属及完整性	641	商标、著作权、专利、其他知识产权、土地使用权、房屋产权、其他资产权属及完整性
			客户与供应商	1 642	重要供应商相关情况、客户集中度、主要客户变动、重要客户相关情况、主要供应商变动、供应商集中度、客户与供应商重合相关、其他客户相关、其他供应商相关
			公司所处行业及产品定位	110	公司所处行业及产品定位
			主板定位	0	主板定位
			科创板定位	69	科创板定位
			创业板定位	59	创业板定位、技术竞争力
			北交所定位	7	北交所定位情况、条件
			第三方回款	132	第三方回款
			行业情况	1 009	竞争对手、同行业可比公司、所处行业情况、行业地位
			现金交易	46	现金交易及规范性
			其他经营情况	57	业务责任、合规性、收入及增长、诉讼
7	公司治理	2 112	内部控制	1 047	内控制度、执行有效性
			组织架构	23	治理机制是否健全并有效运行、控股股东、研发、管理费用

续表

序号	问题类别	次数小计	问询问题	次数	问题关注要点
7	公司治理	2 112	资金占用	88	关联方资金占用、其他资金占用
			公司章程	6	实际控制人、董监高及核心技术人员、特殊权利
			公司治理有效性	33	公司治理独立性、内部控制有效性、控制权稳定
			三会运作	44	股东大会运作、董事会运作、监事会运作相关
			员工	854	员工薪酬情况、员工变动情况、研发人员、劳务派遣相关、员工基本情况、社会保障
			其他公司治理相关问题	17	特别表决权、关联交易与同业竞争、历史沿革及股东
8	历史沿革	960	历次资本运作	589	股东增资、历次融资、股东减资、收购资产、出售资产、重大资产重组、其他历次资本运作
			资产评估情况	103	资产重组、股权变动、股份支付、收购及商誉、出资、关联交易
			前次挂牌申报	104	曾在新三板申报挂牌、曾在境外上市、曾申报IPO
			公司改制与设立	38	分拆上市情况核查、集体资产改制、国有资产改制、改制与设立相关
			股东出资	73	出资瑕疵、无形资产出资、股东出资不实、股东以国有划拨土地用于出资、出资未经合法评估、股东置换出资、其他股东出资有关
			股份拍卖	0	股份拍卖

295

续表

序号	问题类别	次数小计	问询问题	次数	问题关注要点
8	历史沿革	960	股份增减持	5	股东及股权变动、实际控制人、股东股份锁定承诺
			股份质押	23	股权及转让、实际控制人、股权质押、控制权稳定
			股份继承	5	增资、股权转让、虚拟股权激励计划
			其他历史沿革相关问题	20	股东及历史沿革、历史主体及其他注销关联方
9	规范性及处罚	1 383	违法违规	583	立案调查或被处罚、违法违规行为核查、相关处罚的整改情况
			规范性核查	261	产业政策合规性审核、内幕交易核查、环保合规性审核、经营合规性、土地合规性、其他规范性核查
			审批程序核查	539	出资程序，历次增资、减资程序，招投标程序，重组相关程序，改制程序，投资程序，经营项目涉及程序，资质、权证取得程序，关联交易有关程序，其他审批程序相关
10	重大事项	2 438	税收优惠资格相关	98	税收优惠及对经营成果的影响
			对外担保	24	关联担保、资产抵押、质押及租赁瑕疵、向经销商提供担保、资金拆借、占用
			对外提供财务资助	6	为供应商、关联方、员工持股平台提供相关财务资助
			对外投资	109	对外投资情况
			政府补助	80	政府补助及递延收益
			媒体传闻澄清	100	媒体质疑情况、产品与技术

续表

序号	问题类别	次数小计	问询问题	次数	问题关注要点
10	重大事项	2 438	重大合同及其履行情况	1 088	合同及履行情况
			重大诉讼、仲裁事项	136	重大诉讼、仲裁事项
			重要项目实施进展	436	项目的具体执行
			内部交易	13	子公司、参股公司、内部交易、定价方式、税费
			重大事故核查	17	募投项目可行性与必要性、用途、合理性、产品情况
			资产质押	39	核心专利、著作权、知识产权质押，理财产品质押，房地产、土地抵押
			承诺事项	168	欺诈发行股份购回承诺、关于股份锁定承诺、关于增减持承诺、股份回购承诺、避免同业竞争的承诺、避免关联交易的承诺、其他承诺事项
			获奖情况	50	获奖情况
			债权债务处理	60	债权债务处理
			其他重大事项	14	业务模式及客户、业绩增长持续性、与财会信息相关的重大事项及风险提示
11	募集资金情况	593	募投项目合理性、必要性	189	募资或募投项目合理性、必要性
			变更募集资金用途	7	变更募集资金用途、合理性
			募集资金补充流动资金	79	募集资金补充流动资金、合理性、用途
			募投项目匹配情况	57	募投项目必要性及募资规模合理性
			募投项目实施情况	83	募投项目合理性、可行性
			募投项目投资构成	46	募投项目投资构成
			募投项目产品情况	24	安全生产及法律责任、合规经营、业务资质、运营系统和财务系统核查

续表

序号	问题类别	次数小计	问询问题	次数	问题关注要点
11	募集资金情况	593	募投项目效益	40	募集资金规模、投向、可行性、必要性、用途合理性
			新增产能合理性及消化措施	28	募集资金投向合理性及可行性,开发或消化募投项目新增产品或产能的能力及具体措施
			其他应关注的募集资金使用	40	募投项目的合理性、可行性与必要性、用途
12	信息披露相关	1 019	信息披露不完整	195	信息披露不完整
			信息披露存疑	536	信息真实性、完整性
			信息披露豁免	56	信息披露豁免
			财务数据一致性	34	财务数据一致性
			信息披露质量	59	信息披露质量问题
			引用第三方数据	93	引用第三方数据
			其他信息披露相关	46	风险因素、盈利模式、诱导消费或不正当竞争
13	发行上市相关	940	申报材料相关	636	申报材料更正修订、申报材料与前次对比、提供审阅财务报告等材料、语言表述的合理性
			发行条件	117	发行条件相关
			中介机构相关	101	核查反馈补充说明、中介机构及执业情况、中介机构变更
			市值预测及评估	78	市值预测及评估
			上市申请程序	8	信息安全、军工事项审查、业务资质
14	独立性(同业竞争与关联交易)	1 644	公司独立性	269	资产独立、财务独立、人员独立、机构独立、业务独立、其他独立性问题

续表

序号	问题类别	次数小计	问询问题	次数	问题关注要点
14	独立性（同业竞争与关联交易）	1 644	关联交易	1 188	与关联方设立子公司，关联关系核查，关联方情况，关联采购或接受劳务，关联销售或提供劳务，关联租赁相关，关联股权转让，关联担保相关，关联收购相关，关联资金拆借相关，关联交易合理性、必要性，关联方资金往来，关联交易核查，其他关联交易问题
			同业竞争	187	避免同业竞争措施、同业竞争核查
15	董监高及核心技术人员	433	核心技术人员	125	核心技术人员竞业禁止、核心技术人员变动、核心技术人员为实际控制人、核心技术人员为董监高、核心技术人员认定、其他核心技术人员相关问题、核心技术人员基本情况、核心技术人员薪酬
			董监高	308	董监高竞业禁止、董监高基本情况、董监高薪酬及领薪情况、董监高及亲属持股企业情况、董监高兼职情况、董监高变动、其他董监高相关问题
16	股东及股权结构情况	2 055	一致行动协议	140	一致行动人、一致行动协议
			实际控制人	276	实际控制人基本情况、无实际控制人、实际控制人认定、实际控制人变更、共同控制、实际控制人持股企业、其他有关实控人问题

续表

序号	问题类别	次数小计	问询问题	次数	问题关注要点
16	股东及股权结构情况	2 055	公司股东	318	公司股东情况、自然人股东、持股5%以上股东、国有股东、外资股东、股东关系、股东资格、申报前后引入新股东、股东人数、股东持股企业情况、证监会离职人员核查、其他有关股东问题
			发行人及股东纳税相关	86	增资、转增股本纳税情况，利润分配纳税情况，整体变更纳税情况，股权变动纳税情况
			股权结构	622	境外控制架构、股份代持、发行人股权结构、工会及职工持股会持股、交叉持股、对赌协议、其他股权结构相关问题、股权变动情况、股权结构稳定性
			三类股东	33	股东为信托计划产品，股东为私募股权投资基金，股东为资管计划产品，三类股东相关
			子公司、分公司	204	注销、吊销子分公司，子分公司的生产经营，境外子分公司，子分公司破产情况，子分公司与发行人业务的关系，转让子公司，子分公司的历史沿革，其他子分公司情况
			股票锁定期	47	股份支付、实际控制人、控制权及股份变动、员工持股平台
			股份权属清晰	81	股份权属清晰
			股权激励及员工持股	248	员工持股平台、员工持股计划、股权激励、其他股权激励及员工持股相关

续表

序号	问题类别	次数小计	问询问题	次数	问题关注要点
17	风险提示	2 482	经营环境	293	汇率变动影响、疫情影响、政策变动影响、市场供求变动影响、其他经营环境影响
			经营风险	2 189	人员及技术流失风险,控制权稳定性风险,募投项目风险,减值风险,处罚风险,纠纷、诉讼风险,技术风险,财务风险,数据安全及合规性、信息披露等其他风险提示
18	其他	179	其他	179	其他重要事项补充说明、其他

数据来源:易董金融。

参考文献

Caesar，2023.招投标的相关规定及 IPO 审核关注点［EB/OL］.（2023-08-14）https：//mp.weixin.qq.com/s/h2nLOKF_Esekwivkmy-vMg.

陈旭霞，2017.软件行业的收入确认：影响因素与盈余质量［M］.北京：经济科学出版社.

彭苏勉，2013.软件企业商业模式创新研究——基于价值网视角的探索［M］.北京：中国经济出版社.

吴军，2022.浪潮之巅［M］.北京：人民邮电出版社.

准则索引

《企业会计准则第 14 号——收入》（2017）

《〈企业会计准则第 14 号——收入〉应用指南》（2018）

《收入准则应用案例》

《企业会计准则第 13 号——或有事项》

《企业会计准则第 1 号——存货》

《企业会计准则第 4 号——固定资产》

《企业会计准则第 6 号——无形资产》

《企业内部控制应用指引第 10 号——研究与开发》

《企业会计准则第 8 号——资产减值》（2006）

《企业会计准则第 16 号——政府补助》

《〈企业会计准则第 16 号——政府补助〉应用指南》

《信息系统审计指南——计算机审计实务公告第 34 号》

《第 2203 号内部审计具体准则——信息系统审计》

《内部控制应用指引第 18 号——信息系统》

后　记

以下人员为本书提供了相关素材和意见建议，特此感谢！

陈永宏	邱靖之	向芳芸	胡建军	童文光	王清峰	闫　磊	王　玥
谭宪才	傅成钢	屈先富	申　军	王传邦	刘智清	刘宇科	黎　明
陈志刚	张　坚	叶　慧	张　嘉	张居忠	汪吉军	周百鸣	王兴华
刘雪华	朱耿斌	解小雨	梁　军	党小安	韩雁光	肖红英	覃继伟
王忠箴	曾　莉	乔国刚	丁　杰	汤凤琴	倪小平	赵永春	谭祖沛
李晓阳	李　明	郭海龙	迟文洲	乐君波	唐洪春	谭　学	陈柏林
梁晓东	郑　斐	丁启新	王　勇	李靖豪	马　罡	王守军	康代安
周春阳	付志成	张　卉	钟　斌	颜艳飞	刘　佳	申　旭	王　俊
严　力	扶交亮	陈子涵	曾春卫	陈　智	麦剑青	杨　勇	肖小军
王　璟	何　航	王金峰	苏菊荣	高　兴	史志强	曹　阳	许春秋
陈正星	户永红	刘华凯	周　曼	程　凯	刘宗磊	李　洋	崔志月
李永永	陈奂俊	王　巍	张定坤	徐新毅	冯飞军	贾立华	王晓蔷
何蓓蓓	李崇瑛	徐仲明	杨　江	顾　谦	王慕豪	杨宏浩	吴永杰
田慧先	段　姗	赵　阳	孟　双	徐兴宏	孔凡虎	陈　朋	张　磊
张利影	嵇道伟	杨　霖	冯　悦	李　丹	熊　尧	刘　学	陈　壮
李昭昭	黄芳菊	张贯立	周　阳	何　颢	潘竹筠	李　然	汤　拓